财政部规划教材
全国财政职业教育教学指导委员会推荐教材
全国职业院校财经类教材

银行大堂经理服务

胡冬鸣 编著

中国财经出版传媒集团
中国财政经济出版社

图书在版编目（CIP）数据

银行大堂经理服务／胡冬鸣编著. ——北京：中国财政经济出版社，2020.4

财政部规划教材　全国财政职业教育教学指导委员会推荐教材　全国职业院校财经类教材

ISBN 978-7-5095-9700-2

Ⅰ.①银… Ⅱ.①胡… Ⅲ.①银行－商业服务－高等职业教育－教材 Ⅳ.①F832.2

中国版本图书馆 CIP 数据核字（2020）第 039716 号

责任编辑：李　冰　　　　　　　　　责任校对：张　凡
封面设计：构远设计

中国财政经济出版社出版

URL：http://www.cfeph.cn

E-mail：cfeph@cfeph.cn

（版权所有　翻印必究）

社址：北京市海淀区阜成路甲 28 号　邮政编码：100142
营销中心电话：010-88191537
北京中兴印刷有限公司印刷　各地新华书店经销
787×1092 毫米　16 开　11.25 印张　271 000 字
2020 年 5 月第 1 版　2020 年 5 月北京第 1 次印刷
定价：45.00 元
ISBN 978-7-5095-9700-2
（图书出现印装问题，本社负责调换）
本社质量投诉电话：010-88190744
打击盗版举报热线：010-88191661　　QQ：2242791300

编写 说明

本书是财政部规划教材、全国财政职业教育教学指导委员会推荐教材，由财政部教材编审委员会组织编写并审定，作为全国中等职业学校财经类教材使用。

银行大堂经理是客户进入银行营业大厅见到的第一位银行员工。在客户面前，银行大堂经理是银行的"名片"，代表着银行的"形象"，建立和维系客户关系是银行大堂经理的基本职责。"赢在大堂"更是一语道出了银行大堂经理工作的重要。

银行大堂经理的工作实际就是处理各种各样的矛盾关系。首先，银行大堂经理要处理好与柜员之间的协作关系。银行大堂经理作为柜员和客户的桥梁，要团结柜员，尊重柜员，理解柜员。银行大堂经理与柜员之间应有思想沟通和业务交流，针对客户与柜员之间出现的异议提前做好处理预案，达到默契配合。在柜员与客户之间出现异议的情况下，银行大堂经理处理异议要坚持维护银行形象的原则，界定好异议性质，妥善安抚客户情绪。其次，银行大堂经理要处理好客户的疏导与情绪稳定关系。一是识别客户，了解客户业务需求，引导客户使用离柜渠道办理相应业务，最大限度缩短客户的等候时间。二是对需填单办理业务的客户及时进行识别，主动引导到填单台进行填单指导，按顺序办理业务，防止因客户填单不当造成同笔业务重复排队引发客户异议和纠纷。银行大堂经理应注重维持秩序，注意观察和发现客户情绪变动，提前做好预防措施，有意识使用一些工作技巧，起到稳定客户情绪的作用。第三，银行大堂经理要处理好问题解决和心情安抚的关系。客户对业务及其产品的异议可直接诱发对员工服务形为的异议。处理异议要优先安抚客户情绪，及时传递对客户的同情和理解，取得客户对制度的理解。其次是坚持具体问题具体分析，主观、客观有别的原则。三是对客户与员工之间的争议，银行大堂经理要当好调解员，及时安抚，防止势态扩大。四是促使异议在基层得到圆满解决。最后，银行大堂经理要处理好咨询宣传与产品营销的关系。咨询和营销是大堂经理的要任，贯穿大堂服务管理工作的始终。产品营销寓于咨询宣传之中。咨询是营销的开始，在咨询中做宣传，在宣传中做营销。银行大堂经理的工作是主动做好咨询宣传，识别有金融需求的潜在客户，及时将产品推荐给客户。通过营销活动使潜在客户成为现实客户。银行大堂经理要端正认识，理解"做好咨询也是成功营销"的观点，顺应客户心理而动。客户消费金融产品会有多重原因，银行大堂经理要学会激发客户消费欲望，在营销活动中快速找到产品及其服务的成交切入点。

这本教材积聚了商业银行转型工程中银行大堂经理工作新的内涵，提炼了众多银行大堂经理的工作积淀和智慧思维。语言朴实、案例丰富、训练有序。教材在内容安排上共由五个部分组成：认识银行大堂经理的工作性质；银行大堂经理的营业准备；银行大堂经理的客户现场管理；银行大堂经理的产品营销服务；银行大堂经理的客户维护。基本涵盖了银行大堂经理的主要工作内容。教材中的案例经历了精挑细选的过程，都是来自于一线银行大堂经理工作实践的案例，能够最大限度帮助职业学校学生全面理解和深度认知银行大堂经理服务工作的内涵，并有机会在更深的层次上去揣摩银行大堂经理服务一些细节性的东西。

这本教材站在银行大堂经理这个职业岗位的角度去规划学生的学习内容，能够帮助学生提前介入到这个工作岗位的丰富内容，帮助学生胜任这份工作的职业要求。这本教材适合现有职业学校准备进入金融行业特别是银行营业部门进行基层工作的学生的学习使用，同时也是现有商业银行对本行银行大堂经理进行培训的适合教材。银行大堂经理服务工作是要求操作性非常强的工作，需要实战的本领，学生必须学会基本的工作方法，特别是服务客户的方法和营销产品的方法。提供大量的案例学习资料也是为了学生能够更好揣摩和模仿服务和产品销售的具体"招数"。

本教材在编写过程中听取了相关专家、学者和教材使用者等多方面的意见和建议，充分考虑到了职业学校学生技能基础打造的需要，在怎样便于教师和学生之间的教学互动方面进行了比较全面系统的内容规划。

编　者

2020 年 3 月 18 日

目 录

第一部分　认识银行大堂经理的工作性质 ………………………………………（ 1 ）
　　第一课　银行大堂经理的工作内容是什么 ……………………………………（ 1 ）
　　第二课　熟悉银行网点内部外部环境 …………………………………………（ 4 ）
　　第三课　胜任银行大堂经理工作的最基本要求是要有责任感 ………………（ 9 ）
　　第四课　不同员工对优质服务的内涵会有不同的理解 ………………………（ 13 ）
　　第五课　职业素养会决定你是否足够"伟大" …………………………………（ 19 ）
　　第六课　学会自我情绪调整 ……………………………………………………（ 22 ）

第二部分　银行大堂经理的营业准备 ……………………………………………（ 26 ）
　　第一课　良好的仪容仪表及其礼仪表现会让你更加充满工作自信 …………（ 26 ）
　　第二课　开好网点的晨会和夕会 ………………………………………………（ 30 ）
　　第三课　网点开门前的准备工作检查 …………………………………………（ 36 ）
　　第四课　记录银行大堂经理工作日志 …………………………………………（ 39 ）

第三部分　银行大堂经理的客户现场管理 ………………………………………（ 44 ）
　　第一课　对客户进行排队管理要讲科学 ………………………………………（ 44 ）
　　第二课　分清事情的轻重缓急，学会聪明的工作 ……………………………（ 48 ）
　　第三课　遇到不合作的客户怎么办 ……………………………………………（ 51 ）
　　第四课　管理客户的等待过程 …………………………………………………（ 55 ）
　　第五课　积极应对客户投诉 ……………………………………………………（ 60 ）
　　第六课　学会服务补救以挽留客户 ……………………………………………（ 64 ）
　　第七课　银行设施故障的应对管理 ……………………………………………（ 69 ）
　　第八课　保护好公众人物的"隐私权" …………………………………………（ 72 ）
　　第九课　沟通协调是为了更好形成"凝聚力" …………………………………（ 76 ）
　　第十课　对或将产生的声誉风险迅速"干预" …………………………………（ 79 ）
　　第十一课　果断处理突发事件，最大限度保护客户利益 ……………………（ 83 ）

第四部分　银行大堂经理的产品营销服务 ………………………………………（ 89 ）
　　第一课　要知道客户也是分类型的 ……………………………………………（ 89 ）
　　第二课　发现不了商机是你自己不用心的事 …………………………………（ 93 ）
　　第三课　寻找营销的切入点 ……………………………………………………（ 97 ）

第四课　乐观面对客户的拒绝 …………………………………… (101)
第五课　学会倾听比什么都重要 ………………………………… (107)
第六课　把话说到客户心房里 …………………………………… (112)
第七课　帮助客户做决定 ………………………………………… (116)
第八课　把客户当回事客户才会有好事想着你 ………………… (121)
第九课　跟踪客户 ………………………………………………… (126)
第十课　来个时髦的"微沙龙"活动 …………………………… (132)

第五部分　银行大堂经理的客户维护 ……………………………… (140)
第一课　让客户变成你的忠实粉丝 ……………………………… (140)
第二课　面对职业投诉客户 ……………………………………… (148)
第三课　超越客户的期望 ………………………………………… (152)
第四课　要有自己的服务绝活 …………………………………… (158)
第五课　客户满意度调查 ………………………………………… (163)

附录：中国银行业营业网点大堂经理服务规范 ………………………… (171)

第一部分
认识银行大堂经理的工作性质

第一课 银行大堂经理的工作内容是什么

随着银行竞争的激烈，银行客户服务工作愈来愈受到重视和尊重。银行大堂经理是客户进入银行大堂后接触到的第一人，银行大堂经理给客户的第一印象至关重要。银行大堂经理是将客户与银行柜员、客户经理、信贷员进行业务连接的枢纽。其良好的服务形象、高度的责任感、文明的谈吐举止、丰富的金融知识、专业高效的工作效率，会给客户留下深刻美好的印象。银行大堂经理穿梭于客户之间，其一言一行、一举一动充分展示了所代表银行的形象，是名副其实的银行形象大使。银行大堂经理承担着教育、培训客户金融消费习惯和素质的责任，银行大堂经理的优质服务将会感染每一位来到银行的客户，提升客户对银行产品及其服务的满意度和信任度。银行大堂经理需要将银行的产品及其服务有效展现给客户，银行大堂经理的工作琐碎忙碌而且具体，在客户遇到困难或者疑惑的时候，银行大堂经理需要随时耐心解释、迅速解决客户困难。银行大堂经理还是银行贵宾客户挖掘者、维护者、跟踪的第一人。银行大堂经理的工作内容如下：

1. 业务引导分流。银行大堂经理应该文明、热情地对进出银行大堂的客户进行迎来送往。来有迎声、问有答声、走有送声。客户进入银行营业大堂时应主动同客户打招呼并礼貌询问客户的服务需求，根据客户的要求对客户进行服务分流及其业务引导。银行大堂经理应诚恳、耐心、专业地回答每位客户的提问，对大堂秩序适时进行维护，消灭现场矛盾。当客户办完业务离开银行营业大堂时，银行大堂经理应主动问询客户是否还有需要办理的业务，并礼貌目送客户离开和打招呼。

2. 银行产品推荐。银行大堂经理承担着向客户推荐银行产品的职责。银行大堂经理应该充分利用客户在等待休息区等待办理业务的空闲时间向对银行产品有兴趣意向的客户进行产品推荐，并积极争取与目标客户达成购买协议。银行大堂经理应根据自己多年累积的职业经验和职业素养，判断所接触客户的银行产品消费能力。银行大堂经理应具备挖掘潜在VIP客户的能力，通过积极有效的营销手段来增加银行产品的销售业绩。

3. 大堂客户分流。银行大堂经理应该根据不同客户的业务需求,引导客户在理财、咨询、自助、柜台等不同的功能区域进行分流;同时,根据客户所办理业务的复杂程度及其银行柜员的业务水平进行适度的匹配,保持银行大堂的秩序井然有序。时间和空间资源都能得到有效的使用。

4. 矛盾纠纷调解。客户由于对银行办理业务的流程、手续、员工服务态度、员工现场工作效率的认知存在着差异,因而客户在办理业务过程中极易在银行员工与客户之间对同一业务的办理方式方法特别是效率方面产生异议或矛盾,并因此产生服务投诉。出现客户批评意见或者服务投诉时,银行大堂经理应表现出诚恳忍耐的职业素养,在最短的时间内判断出客户解决问题的价值取向,同情客户感受,快速妥善处理矛盾,避免争执进一步升级,尽最大可能规避客户的投诉。银行大堂经理对矛盾现场要根据自己的职业经历进行预判,对可能危害大堂经营秩序的客户应带离现场进行安抚。对已经发生的客户投诉应及时认真回复处理意见,征询客户是否满意,并对投诉的客户进行回访。

5. 服务监督管理。银行大堂经理应对等待办理业务的客户及时提醒站在"1米线"以外的区域进行等候,保护前面正在窗口办理业务客户的隐私。银行大堂经理应对大堂内工作的银行柜员及其客户经理、信贷员在业务办理过程中的服务态度、服务效率、语言举止及时给予提示、指导和纠正,保证银行业务办理的规范。

6. 收集客户信息。银行大堂经理应利用客户咨询及其办理相关业务的过程中,及时搜集补充客户信息,利用大数据分析平台技术整理客户的金融消费习惯,挖掘客户的投资价值洼地。应充分利用银行APP软件建立银行的稳定客户群关系,掌握客户的银行产品消费习惯信息,利用APP软件了解客户的准确信息,向客户推荐更具有针对性的和更具个性特征的银行产品。银行大堂经理对于潜在的VIP客户即使未达成产品销售意向,也应该及时留下客户尽可能多的信息,以便在后期持续关注这些有产品消费能力的重点客户。

7. 进行安全检查。银行大堂经理有责任保证银行大堂内设备设施的安全运行,及时协调有关部门消除影响银行大堂设备正常运行的不利因素及其隐患。银行大堂经理对于发现的有碍业务正常开展的事故须及时汇报,妥善处理,发生安全事故必须按照规定的程序进行处理。银行大堂经理有责任维护银行及其客户的资金和人身安全,平时有处置突发事件的演习与预案。每天营业终了,银行大堂经理应对各个工作区域进行安全巡视后,使用电子锁具封门封窗。

8. 经营环境维护。银行大堂经理需要根据网点的经营特点及其周围客户生活习性,对所在银行网点提出环境布置方案。银行大堂业务较少的间隙,大堂经理应及时整理增添业务凭证,检查设备机具、大堂地面、绿植、宣传册页、饮品设备是否整洁并通知相关人员及时整理。

银行大堂经理的工作内容虽然很多,但银行大堂经理最主要的工作内容应该集中在以下4个方面:

1. 引导分流客户;
2. 维护营业秩序;
3. 识别高端客户;
4. 推荐银行产品。

银行大堂服务是指在银行营业网点大堂当值,承担主动迎送、引导、分流客户,维护正常营业秩序，为客户推荐本行销售产品并提供咨询职责的大堂综合服务。银行大堂服务的主要特征如下：

1. 银行大堂经理所提供服务是一种具有无形复合性特征的服务，银行大堂经理所提供的服务是银行大堂经理的服务态度、服务方式、服务语言、职业素养的集中表现。客户在接受或者购买银行大堂服务的时候并未得到相关的有形资产。同时，银行大堂服务没有库存且缺乏专利保护。优秀的银行大堂服务方式经常被模仿，但又存在着千差万别的差异，现实中很难找到像生产线生产出来的标准产品一样。

2. 银行大堂经理所提供服务与提供者和消费者相联系，不能分离。服务的提供者与消费者的满意度直接相联系，或者说是一种共同的感受。银行大堂经理在销售服务或者产品的时候，客户是否得到直接的尊享感受是整个服务过程成功的关键。当然，银行大堂经理也会面临着多个客户消费同一款产品或者服务的现象。但更多的情况是面对不同的客户要提供不同的产品或者服务。

3. 服务质量存在差异。银行大堂经理即使是对同一个消费者同一个消费项目，不同的银行员工与不同的银行所提供的大堂服务并不相同。换句话讲，银行大堂经理即使是销售同一款产品或者服务，其对不同客户所使用的方式方法也是不同的。服务差异性的存在使得银行大堂经理的服务很难呈现标准化的产品和整齐划一的同质性服务。银行大堂服务有千姿百态的特征。

4. 服务存在风险和变数。银行大堂经理即使是使用成功的优质服务方法，也会由于服务对象的改变而使得服务效果变得非常的不确定。银行大堂服务是一种即兴发挥的服务，服务结束后更不会形成库存，大多数情形下需要银行大堂经理在很短的时间内判断出客户的服务价值目标，因而服务过程中的变数非常大。所有的服务都让客户满意很难。

案例1-1：王女士是某知名品牌当地的市场总代理，生意做得火爆、性格也火爆。每次来到交通银行某营业网点汇款，总是带上一阵"抱怨"："你们银行网点少，人又多，除了汇款我从不来的……"柜员曾试着跟她解释，可解释多了王女士的情绪反而更加激动起来，沟通变得异常困难。有一天，王女士急匆匆地到支行柜台，反映自己双利账户里的5万元不知去向，还怀疑交通银行的账目有问题。由于王女士的账户交易来往频繁，短时间内不好查清具体原因。眼看矛盾的炸弹就要被引爆，银行大堂经理宁峰赶紧将王女士引导到低柜区进行安抚，并建议她先回公司上班，支行帮她仔细查询账户明细。经过一番努力，终于找到3个月前王女士部分提前支取5万元的交易记录，宁峰立刻通过电话联系并得到了王女士的确认。几天后，王女士来网点办理业务时，匆忙中又将太平洋卡遗留在柜台上。银行大堂经理宁峰发现后第一时间联系到王女士，并告知已将卡妥善保管。临近网点关门的时候，王女士赶到网点取回了自己的银行卡，看到大堂经理小宁为此事专门在等候她，王女士露出了笑容。宁峰顺势抓住这一心理转机，虚心地请她对网点的服务提出建议，打消她此前对交通银行服务的误解。了解到王女士的需求后，大堂经理又向其详细介绍了沃德客户专享的服务优势，得到了认可。经过一段时间的跟进营销，王女士正式成为了交通银行的沃德客户。此后，王女士每次来办业务不仅没了抱怨，还主动交流投资理财的话题。为进一步提高王女士的满意度，宁峰始终保持着与她的微信联系。持续的优质服务拉近了双方的距离。

案例1-2：离网点下班还有几分钟了，交通银行某支行的大堂经理小尉接待了一位前来办理定期存款提前支取的老先生。在办业务的过程中，大堂经理小尉得知老先生因为老伴重病住院需要用钱，家中的现金不够，只能提前支取即将到期的定期存款。了解到这一情况后，小尉建议老先生可以用定期存款办理交通银行的小额质押贷款业务，这样既可以解决燃眉之急，又可以减少因提前支取而带来的利息损失。虽然下班时间已过，但小尉还是耐心地指导老先生填写有关内容，并帮助他在自助设备上办理了小额质押贷款业务。当一切手续办妥之后，老先生高兴地踏上了回家的路。过了半小时，银行大堂经理小尉在下班后整理时，发现了老先生遗忘的身份证。小尉马上打老先生手机联系，但老先生因在医院照顾老伴而无暇取回身份证。想到身份证是客户的重要证件，担心老人着急的小尉下班后没有马上回家，而是冒着酷暑将身份证送去医院。第二天，老先生特意打电话到支行表示感谢，而这位大堂经理小尉只是淡然一笑："把方便留给客户是我的责任。"

服务是一个过程，客户是在一次次感受服务的过程中来积累满意度的。辩证看问题，挑剔的客户可能就是优质的客户，也可能是银行的目标客户，挑剔的客户是银行提升服务的助推器。如果银行员工都能坚守本职岗位，同时形成服务上的互补，把服务做好，让客户在享受服务的每一道环节上都能保持良好的情绪，那么我们的服务流程就会更加通畅，也势必会降低我们的服务成本，提高我们的服务效率。银行大堂经理的行为显示了真诚细致的服务，感动了客户的同时，还树立了优质银行的品牌形象。银行大堂经理合理的对客户进行业务指导，不仅方便了客户，为其减少了损失，而且还拓展了银行业务的发展。

☞ **案例分析**：阅读下面案例后，你如何理解服务与销售的关系？你是如何理解服务成本与服务收益二者之间的关系的？

清明节过后的第一个工作日，下午五点多，位于唐山郊区丰润支行网点的银行大堂经理翟珊珊找到客户经理张海飞，让小张回家时顺便捎一位老大爷回市区。原来这位70岁的老人是翟珊珊在原工作网点的一位客户，在她从市区调到丰润支行工作后，老人专程来找她购买理财产品。虽然翟珊珊在电话里一再对老大爷说，在原来的中信银行网点一样可以购买理财产品，不必专门来丰润支行，但是老大爷表示一定要过来看看她。就这样，一位70岁高龄的老人，独自乘坐公交车，历时1个小时来到了丰润支行。那天，张海飞的心里一直是热乎乎的，车开得非常平稳，生怕有任何闪失或过错。老大爷的信任是用多少金钱都买不来的。

第二课　熟悉银行网点内部外部环境

银行营业网点的外部环境是指一家银行内在底蕴和外在特征的综合呈现，是银行总体特征和风格的综合反映，对于提升银行整体形象起着不可或缺的重要作用。作为银行第一形象窗口，网点外部环境的标准化管理已经成为现代银行关注的重点。银行营业网点的外部环境管理主要是指银行大堂经理对于设置在银行大堂外部的便民设施、停车场及其户外卫生所进行的规范化、制度化的维护管理工作。

1. 银行大堂经理每日开门营业前应检查便民设施的配备及其管理是否完善，所提供的便民设施是否能够起到吸引客户、留住客户，为银行树立良好形象的作用。银行营业网点外部便民设施主要包括无障碍通道、主要提示牌（小心玻璃、正在维修、免费泊车、当心触电、小心地滑）、防滑垫、垃圾箱。银行大堂经理应在多级台阶的营业场所门口设立无障碍通道以方便残疾人通行。通道上应设置国际通用的无障碍通道标识。如果设置有困难的，需要张贴本网点专用服务电话标识或者配有其他相关服务设施。根据网点的实际情况需要，在营业网点靠近入口处明显位置放置"小心地滑"等安全提示标识。业务宣传横幅悬挂不影响人员进出和监控系统，过期横幅及时拆除。临街落地窗、入口玻璃门以及玻璃通勤门应加贴防撞警示标识；在网点玻璃入口门、自助银行入口玻璃门及通勤门两面，应分别加贴"拉""推"标识。如果遇到雨雪天气，应在银行网点入口处增设防滑垫。在营业网点入口处合适位置应该放置垃圾桶。

2. 银行大堂经理在客流高峰期应派专人做好客流指挥、秩序维护、指示标牌收放等工作，确保人行道、押款车的专用通道保持道路畅通。停车场必须在入口处设立明显的标志，写明停车场的名称、性质、类别。停车场必须备有消防器材，悬挂在场内方便取用之处。停车场主要用作机动车停放，场内不得进行车辆维修、装卸货物、拉客营运、摆摊售卖等经营活动。停车场内所有车辆摆放整齐划一，通道内严禁停车，装载易燃、易爆、剧毒物品的车辆禁止进入停车场。

3. 银行大堂经理对银行网点外部环境卫生的管理区域包括门头、门外、墙体、绿化区域。应保证银行机构名称牌、营业时间牌保持整洁并未被覆盖，门外悬挂的条幅、海报应保持美观、整洁，LED屏应能够正常开启，门窗、灯箱应保持干净明亮。网点外墙不得有乱张贴、乱悬挂现象。银行网点门外5米以内的地面应清洁、无污迹，雨后雪后应及时清扫客户通道。门前不得摆摊设点、无乱堆乱放现象，不得有任何让客户产生视觉障碍的物品堆放。门外绿化带、树木、花坛应排列整齐整洁。植物种类协调、有美感。银行大堂经理应适时适度清除枯萎枝叶。

银行营业网点的内部环境对银行网点是否能够实现业务资源的优化配置、提高网点盈利能力和业务贡献能力有着积极重要的作用。银行网点的内部环境管理主要是指银行大堂经理对视觉系统、功能分区、设施设备、宣传物品进行的全方位、规范化、制度化的管理。

1. 对于客户而言，便利实惠、放心舒适、充满乐趣的业务体验是选择消费的重要依据，营造出让客户喜爱和期待的效果是银行网点视觉管理系统的核心内容。银行大堂经理对银行大堂内视觉系统的管理是否成功和科学会对客户与工作人员的心理及其行为产生直接的正面作用。银行大堂的视觉系统应该遵循"统一形象、色调递进、信息密集"的基本原则。网点内所有的气氛元素均要以银行的标识设计为基础并按照统一要求进行配置，贯穿所有对内对外的视觉传达点，在整个网点内营造统一的展示形象。网点大堂应根据银行的统一要求进行配置，突出明亮的色调，配以适当的产品宣传营造出舒适的氛围；贵宾室应追求温暖、柔和、舒适、私密、安静的空间效果；通过主色调与辅助色的组合应用，组合分区平面布局，使空间的色调根据不同的区域功能设置有区别和层次递进的不同感觉。银行大堂经理应通过营造气氛向客户提供产品和服务，通过适当的视觉载体LED屏幕、门楣、海报、折页、营销墙、高清显示设备向客户传递产品及其服务信息，使客户在营业网点停留期间能够被适度有效的产品及其服务信息覆盖。

2. 对银行网点进行科学的功能分区，能够高效发挥各个功能区域的业务高效运作及其联动机制作用，提高银行网点的整体产能。银行营业网点的基本功能分区包括但不限于咨询引导区、客户等候区、现金柜台区、非现金柜台区、贵宾服务区、智能自助服务区、公众教育区。咨询引导区是对客户业务进行预处理的重要区域，是对客户进行分流分层服务的关键点和起始点。银行大堂经理可以借助银行排队机或者叫号系统，对客户的身份进行基本识别并进行分流预处理。银行大堂经理应向客户提供一系列服务，使客户一进入网点就感觉受到了受到"关注"。客户等候区是客户等候办理业务、休息或者接受产品宣传咨询的区域。银行大堂经理可以在客户休息等候区可以为客户休息、产品宣传展示、信息资料展示等项服务，既可以集中营销推介产品，还可以缓解客户排队等候的焦急心理。银行现金区主要是办理现金存取款、现金缴费、汇款、买买理财产品，或者是进行外汇兑换交易的现金交易服务区域。银行大堂经理应提示等候办理现金业务的客户停留在现金窗口1米线以外位置耐心等候。非现金区是个人业务咨询销售和某项业务集中办理的主要区域。非现金区实行开放式办公，为对公客户、个人客户提供开户、转账、挂失、产品销售等不涉及现金业务的服务。银行网点可以利用非现金区根据实际需要设置个人贷款、理财、开户、挂失、国际结算、对公业务专柜，实行专业化服务。贵宾区（VIP客户区）是中高端客户相对集中网点的选设区域，是为贵宾客户提供绿色通道服务的专属区域，主要提供信息咨询、产品推介销售、金融交易、理财服务等金融业务。有条件的区域可以设置单独区域或者单独楼层，在布局上面要相对独立并远离普通客户区。自助服务区为银行客户提供7×24小时存款、取款、转账、汇款、缴费、开卡、补登折、对账单及发票打印、查询账户信息、修改密码、网上银行、手机银行、电话银行、投资理财等项自助式服务。自助服务区多设置在客户进入网点的通道，或者客户进入网点后交易比较便利的区域，或者是单独划出的相对比较封闭的区域，大堂内的自助服务区有银行大堂经理值守。公共教育区域是宣传推介金融知识及理财产品，提醒客户预防非法集资等银行主要产品宣传讲解区域。可以通过摆放宣传资料、金融期刊、金融知识展示屏来加强金融产品消费者的保护工作，增加客户对金融知识及其相关信息的了解。

3. 银行网点实行分区管理，不同的功能分区需要配备不同的专属设备及其服务物品。银行大堂经理应对银行网点不同功能区域的物品摆放、设施维护和管理提出具体规范的要求。咨询引导区应配备咨询引导台、排队叫号机系统或者客户识别导向系统、填单台、意见簿、电子回单柜、功能分区指示牌。填单台上应有填写范例，点验钞机能正常使用。电子回单柜清洁，使用正常。客户等候区的设施物品应该整洁整齐，主要配备有等候座椅、公告栏、宣传折页。现金服务区金融营业许可证、营业执照等证件，装框挂置在柜台内墙面。工作台面印章摆放在盒内，点钞机、刷卡槽、密码键盘、对讲设备、服务进程显示及评价终端摆放有序，现金、重要空白凭证放置在有锁尾箱内或抽屉内，各类凭证及账表、营业用具、打印纸等物品摆放整齐。星级柜员牌保持清洁、使用正常。现金服务区内桌面不摆放与业务无关的物品，椅子上无不统一的座、靠垫，椅子靠背不挂有衣物。非现金服务区采取隔离段的独立单元设计，以保护客户私密性和亲切感。贵宾服务区主要功能是为中高端客户提供全方位的服务。贵宾服务区应设置咨询引导区、客户等候区、现金服务区、非现金服务区等区域，咖啡机、沙发、黄金制品展示柜等设施设备的布局既要便于客户识别，又要提供标准统一的视觉感受，着力为客户营造轻松愉悦、独享尊贵的气氛。自助服务区的网银设备、ATM机、取款机、自助缴费机、自动查询机、智能综合业务设备应方便客户操作及其银行大堂经理进行指导。公共教育区域应根据实际情况摆放书报架、折页架、公告板及其影音播放设备。

4. 银行宣传物品是银行将相关产品和服务传递给客户的重要媒介及其主要途径之一，同时也是将银行新产品和新业务快速传递给客户的最佳途径之一，可以帮助客户全面认识银行产品和服务。银行纸质宣传物品、多媒体广告播放、银行设备设施上面的标识共同营造出视觉、听觉相结合的多维度、多感观的良好气氛，从而提升客户体验的品质，有效刺激客户的需求。银行大堂经理既要避免种类过杂过多，又要避免宣传册页的过于单调。银行宣传产品的设计制作要能够粘住客户的手、吸引客户的眼、留住客户的心。严禁摆放过期、破损的宣传资料。宣传册页不得混放。尽量避免手工制作的银行产品和银行业务宣传册页上架。贵宾区的产品海报不宜过多，音乐播放音量不宜过大。银行高清屏幕播放的广告影像不能连续不间断播放，应有适当的插放其他娱乐节目的机会。呼叫系统的女声发音应该标准柔和，不能让嘈杂声音充斥着银行整个营业大厅。

案例1-3：由于营业面积较小，不少银行的营业网点并未对普通客户与贵宾客户进行分区接待，而是混在一个营业厅内，只不过是服务窗口固定一下，或者在客户接待过程中贵宾优先。家住静安社区的刘先生由于急着汇款而走进了建设银行静安支行网点。在取完号后刘先生同大厅里多数客户一样坐在椅子上面静静等候，但过去了1个多小时也不见办理业务的窗口有新的客户更换。眼看排在自己前面的一个普通号客户办理完了业务正在起身离开窗口，而此时显示屏上开始显示的却是在自己后面进入营业厅的贵宾客户号码。老刘急了，找到银行大堂经理理论起来，火药味很浓。银行大堂经理一边安抚，一边将其安排到另一窗口才算平息了矛盾。客户分区的最大好处就是"眼不见心不烦"，但未分区条件下此类事件由于银行与客户站在各自利益基础上对待同一事物观念上的不同而产生分歧，处理起来颇为棘手。如何理性面对、合理处置这种服务中的分歧，能够检验银行网点的服务水准和处理矛盾的能力。银行对贵宾客户的服务承诺中明确提出了"优先"服务这一项目，本意是提高贵宾客户在办理业务时的良好服务感受，充分体现对贵宾的礼遇和尊重。银行的排队叫号系统会识别贵宾卡并给予分类排号处理，但会出现同时进入网点甚至先于贵宾客户进入网点的普通客户办理业务反而落在后面的现象。即使是普通客户区和贵宾区分开营业，只要是网点业务繁忙，就会经常出现该种现象。而此类现象发生在银行业务繁忙的时段，常常会引发网点大堂内普通客户的不满，争吵现象时有发生。

银行服务的对象是所有客户，但对于客户的关注与营销不可能全都用力。普通客户"矛盾"直接指向贵宾客户群体是可以理解的。处理不当，普通客户和贵宾客户都会产生怨言或发生不满举止。目前在有条件的网点实行贵宾客户与普通客户分区服务，能够基本解决上述问题，但由于条件所限，好多网点并不能实现对贵宾客户的分区服务。这时候，及时进行厅内安抚显得非常重要了。大厅内客户较多时，银行大堂经理一定要注意观察和安抚客户，发现等待时间较长的客户应及时上前询问，提醒客户完成单据填写，询问客户办理什么业务、手续是否齐全，或者提前引导持卡客户向自助区分流。安抚既是识别业务的过程，也是心理安慰的过程，让客户充分感受到银行员工对其的关注和尊重，使客户情绪处于较好状态，认可和理解银行的服务。银行大堂经理遇到贵宾客户优先办理业务受到其他客户质询时，要合理解释，态度不能生硬。客户问"我比他先来，怎么他倒先办理了？"此时如果直接解释"他（她）是贵宾客户（大客户），我们规定是给予优先办理的！"或者"他（她）持有VIP卡，所以可以先办！"必然让客户难以接受，一番争吵在所难免。若换一种方法解释，可能效果会好一些"这位先生之前来过了，有个手续需要补一下，同时还有点儿急事要处理,所以先给他办。跟您打个招呼,不好意思了,您的业务是……"

案例1-4:经常来农业银行崇文支行网点存款的客户王某被银行大堂经理提醒在ATM上照样可以办理存款业务后,觉得银行看不起他们这些存款来源主要靠工资收入积累的"普通客户",随即产生了"故意刁难"银行的想法。某日早上营业刚一开始,王某提着一袋子硬币要求兑换;看银行柜员面有难色就改成存款要求;等柜员辛辛苦苦忙活了半天点完存好后,王某转身换个柜台从账户中又取了出来,而后又再次提出存款要求。第二天,王某因为对柜员的一句话表示不理解,先从储蓄卡中取出现金1000元并要求换成1元硬币,再1元一笔重新存入账户,以此来"折磨"柜员。网点被王某这样的客户"光顾",员工总感到无助且惶恐,也为这些不理解银行业务的举动而感到委屈。其实,多数情况下,这些客户都是一些需要别人尊重而且愿意讲道理的人,胡搅蛮缠的少之又少,那么他们为什么会如此这般"折磨"银行的员工呢?无外乎在业务办理过程中银行员工的一些做法或者某些言行冒犯了他,令他觉得自己没有受到足够的重视,才用这样的行为发泄自己的情绪,强烈表达对银行服务的不满。遇到这样的情况,如果不按他的要求办理,他就会投诉银行拒绝办理业务。一些柜员为了避免投诉,只得忍气吞声地一遍遍将客户的1元钱存进账户,直到客户气消后离开。柜员自己承受着委屈的同时,也对后面来办业务的客户造成相当大的困扰,并且极易引发负面舆情。打破这种在服务中形成的尴尬局面,首先要找到客户生气的原因,主动化解客户的怨气。当事柜员应在客户有不满情绪时,主动向客户致歉,了解客户的真实想法。如果柜员自身情绪不稳或者缺乏应有的沟通能力,应立即由银行大堂经理出面补台。最好是将客户带离矛盾区域,避免采取由柜员机械地按客户要求存上几十笔、上百笔的方式"软顶"客户的情况。客户此时是希望银行有人出面听取他的诉求的。由银行大堂经理或者相对资深的员工出面能够很快了解客户生气的缘由,进而"对症下药",快速解决这一问题。

银行大堂内外的所有设备或服务设施都是让客户享受到更加体贴的服务或者专属的服务,都是银行大堂经理服务的动能因子。但更重要的是银行大堂经理学会做个有心人,善于发现客户的情绪变化,用细致、温暖的服务将客户的不满情绪控制在发生的初期,避免在工作中陷入被动。

问题研讨:对于银行自助设备使用指导,几乎所有银行都规定不允许现场工作人员亲自进行操作,以免产生误会或者不必要的业务纠纷。下面的问题来自实际,请大家研究一下解决问题的好办法。

参加工作不久的银行大堂经理宋显周总是在大堂里忙个不停。这天中午,一位年轻的客户询问怎样在智能设备上面兑换日元,小宋一面热情招待着客户,一面示范讲解给年轻人怎样使用智能设备。当操作界面出现需要兑换的日元金额数字框的时候,小宋手快直接上手操作,结果多摁了一个"0"。这位年轻人一看需要多换10倍的日元一下就急了,后来从服务柜台里拿了不少礼品给了这位年轻人才算平息了事。小宋觉得今天真是"晦气",好心办成了坏事。从第二天开始,小宋手里拿了个能自由伸缩的教鞭,只要是再遇到操作银行自助设备的客户求助,小宋就提示自己千万不要上手,而只是动用教鞭"指点"客户操作。这天,网点里来了一位近80多岁的老人询问小宋自助设备的使用方法。小宋还是遵照规定动用教鞭"指点"客户在设备界面上操作。业务办完后,老人家拉长语气告诉小宋"我80多岁了又在你面前做了一回小学生!",小宋觉得老人话里有话,自己感觉到非常的不自在。

第三课　胜任银行大堂经理工作的最基本要求是要有责任感

有责任感是做人做事的基本原则，我们要本着干一行爱一行的思想，努力做好自己的本职工作。高标准严要求，自觉遵守规章制度，认真履行职责。为客户提供更好服务的同时，最大限度的保护客户利益。一名在韩国工作的中国外交官，有一次驾驶韩国产的现代汽车外出办事。路上恰巧有人给他打电话。由于韩国交通规则规定行车途中不允许接打电话，他便把车停在路边，接通了对方的电话。就在这时，一对韩国现代企业的年轻夫妇正好驾车路过此处，当看到路旁的韩国现代车主在车旁打电话时，误以为是车主发生了车辆故障，立即停下来询问中国的外交官是否需要帮助。当了解事情原委后，才放心的驾车离去。在韩国工作的这位中国外交官十分感动，没想到，这对韩国夫妇对使用自己企业产品的客户这么负责，这种高度的责任感让他由衷敬佩。高度的责任感不仅可以感动他人，还会提高所在企业的广信度。银行大堂服务经理，每天都要想一想问一问自己，我今天为客户做了些什么？服务做得怎么样？还有哪些工作做得不够好？那么，我们的工作面貌就会一天一个样，一天比一天更好。

目前，大多数银行对大堂经理的岗位职责从网点服务管理、营业环境管理、营业秩序维护、引导分流客户、解答客户咨询、处理客户投诉、挖掘客户需求、进行安全检查8个方面进行了规定：

1. 网点服务管理。银行大堂经理应该协助网点负责人对营业网点服务质量进行管理，协调网点资源，组织服务培训，整理服务档案，组织好营业网点的晨会夕会，进行安全检查。银行大堂经理应该督导网点服务人员的服务符合文明优质的要求，营业终了应认真填写《银行大堂经理工作日志》。

2. 营业环境管理。银行大堂经理应该检查营业厅、自助银行、智能设备区域、玻璃门窗环境卫生状况，确保营业环境整洁，物品摆放有序，设施设备运行正常。应对银行网点的标牌标识、液晶显示屏幕、宣传资料、便民设施及时进行整理清洁，保证银行大堂整洁温馨。

3. 营业秩序维护。银行大堂经理应该维护银行大堂正常的经营秩序。礼貌提醒准备办理业务的客户在一米线外进行等候。根据柜面客户排队情况，及时进行有序疏导，减少客户等候时间。同时监督客户经理、理财经理和柜面服务人员在业务办理过程中是否遵守文明礼仪规范，服务效率是否高效便捷。银行大堂经理须密切关注网点营业动态，发现异常情况及时处理，维持网点营业秩序。

4. 引导分流客户。银行大堂经理应主动迎送进出大堂的客户。询问识别客户需求，指导客户填写各类单据，诚恳、耐心、准确地解答客户提出的问题，引导客户到相应区域办理业务。银行大堂经理应积极推荐并辅导客户使用自助设备、电子银行和智能设备机具，提高自助设备、电子银行和智能设备机具使用率和客户安全友好体验，减轻柜面业务压力。对不同业务需求的客户在理财、咨询、自助、柜台不同的区域进行分流，满足客户的不同业务办理要求。银行大堂经理应密切关注等候区客户，及时进行再次分流引导。

5. 解答客户咨询。根据客户需求，热情、诚恳、耐心、准确地解答客户的业务咨询；对不能立即明确答复的业务，应承诺客户在最短时间内给予答复。

6. 处理客户投诉。银行大堂经理快速妥善处理客户投诉，及时安抚客户情绪，积极协调解决问题，避免投诉升级。在客户提出批评性意见时，需要银行大堂经理快速妥善进行处理，尽最大可能化解与客户之间的矛盾，真诚关怀客户感受，避免发生直接争执，降低客户投诉的机率，保证银行网点经营活动的持续性开展。

7. 挖掘客户需求。银行大堂经理应积极与客户沟通、交流，收集客户信息，识别中高端客户，发现客户其他业务需求，适时将客户引见至客户经理。银行大堂经理应懂得维护、跟踪潜在客户的需求，及时推送银行相关产品，将潜在客户转化成银行的忠实客户。银行大堂经理对自己发展的客户须有一定的"粘性"。银行大堂经理应该借助于现代媒体及其互联网技术，尝试用恰当的方式与重点客户建立长期稳定的关系，协助理财产品经理做好客户的维护工作，将自己搜集到的有效客户信息转交给理财经理。

8. 进行安全检查。银行大堂经理对自己所在银行网点的安全运行负有不可推卸的重要责任。银行大堂经理发现有碍客户安全的事件或者设备故障的时候，应处事机敏、及时消除影响安全的隐患并向网点负责人及其上级行相关管理部门进行汇报。银行大堂经理应按期组织网点工作人员进行突发事件发生后的应急演练，一旦出现严重治安事件，银行大堂经理应临危不惧，果断采取措施最大限度保护现场客户及其钱款安全。每天营业终了，银行大堂经理应该关闭班后停运的系统和设备，检查相关重要工作区域是否加封电子锁具。

责任是包括银行大堂经理在内的银行员工必备的基本素质。银行大堂经理管理头绪多，接触人多，客户素质参差不齐，但只要银行大堂经理工作有责任感，同样会达到预期效果并带来精彩。清代诗人袁枚写了一首诗《苔》对苔花大加赞美：白日不到处，青春恰自来。苔花如米小，也学牡丹开。苔藓多寄生于阴暗潮湿之处，可它也有自己的生命本能和生活意向，并不会因为环境恶劣而丧失生发的勇气与责任。虽生于阴暗潮湿之处，可是苔藓却长出绿意来，展现出自己的青春，而这青春从何而来？是苔藓自己的责任！苔藓开花虽小如米粒，但却靠着自己生命的自强力量，争得和牡丹花一样开放的权利。银行大堂经理的工作看似单调乏味，但需要有责任感才能做好，有责任感才能像"牡丹"一样盛开。

案例1-5：下午5点半钟，下班铃声与小夏的手机铃声几乎是同时响了起来。由于悦耳的铃声十分清脆，小夏却有点分辨不清了。"小夏，有一个俞新明的贷款客户，资料刚刚报到你那里了，明天客户要去开产品订购会，购买新型茶叶加工设备有很大优惠，因为时间很紧资料刚报上来，客户担心贷款批不下来明天赶不上订购会，你一定要帮忙审批完啊！"电话是农行新脾县支行信贷经理小熊打来的。"熊经理怎么样了，贷款今天能批下来吗？"小熊刚打完电话，客户就开始急切地问着小熊。接完电话，小夏犹豫了一下，看来今天他又要和家人"失约"了。"小熊今天说话这么着急，客户担心明天赶不上订购会，一定是非常急需要这笔贷款资金。"小夏心里这样想。客户的担心牵动着小夏的心，他立刻知道自己该要怎么做了。"小夏，吃了晚饭再来加班呀，经常这样会对胃不好，再晚了食堂会关门的。"同事小肖提醒小夏去吃饭。小夏只是轻轻地点了点头，他顾不上说什么，心里总是在想：要早点加班完成审批流程,早点将批复结果给客户,然后才可以下班回家。窗外,滨海大道上面车流如梭,前方不远处的天虹购物广场灯光闪烁、夜色繁华美丽。此刻正是晚上9点,授信管理部的灯光柔和明亮,电脑上传递出来的客户贷款信息格外清晰,小夏完成了贷款的全流程审批程序,明天客户就可以拿到贷款了,他及时将审批结果告诉给小熊。踏着夜色,小夏匆忙赶到医院,问了急诊医生才知道儿子感冒发烧已经出院,刚回家了。其实,上午老婆打电话来说儿子感冒发烧在医院,小夏答应老婆下班后才有时间……

案例1-6：2018年7月的一天,中信银行一期高端客户专属理财产品次日发行,银行大堂经理王博乐准备电话通知大客户李总,但无论怎么打电话就是联系不上。因为此款理财产品推出之前,已经有很多高端客户进行预约,作好了充分准备。如果联系不到李总,李总也不会说什么,但职业的责任感促使小王必须尽快与李总取得联系。只有这样,才能使李总存款账户里的闲置资金产生更大的效益。下班后,小王顾不上回家,赶到李总所在单位,但他发现李总已经人去楼空,无奈的小王又打听到李总居住小区,保安却告诉他李总一早出门到现在未见回来。小王看了看李总的停车位确实一直是空着。没办法,只能在这里等了。晚上8点多,小王拖着疲惫的身体,饥肠辘辘地蜷缩在小区的凉亭里面。就在他也快失去信心的时候,李总的宝马车出现了,这个车号他太熟悉了。说明来意,李总激动地拉着他的手说：太感谢你了,我现在就回家从网上把300万资金准备好,明天一开始营业,我就去网点买好理财产品,你到我家里坐坐吧……

案例1-7：从事银行大堂工作,需要每时每刻和不同的客户打交道。怎样留住产生"误会"的客户,怎样发展网点业务是银行大堂经理需要经常思考的问题。有时候以为会很难,但责任感驱使着银行大堂经理尽其所能去做出各种努力并留住客户。客户其实也是有感情的,他们能感觉到银行大堂经理是否真诚为他们考虑,时间久了,自然而然就会对你产生信任。建设银行某个网点工作的楚赖俊曾遇见过这样"刁蛮"的客户,他对银行极度不信任,取出的现金总是要叫柜员再过两遍点钞机,自己还要数两遍。数完以后还是怀疑我们在点钞机上做了手脚,无论我们怎么解释都不满意,总是要闹一番才肯罢休。而他每次取款的数额又比较大,占用的时间很长,柜员都是苦不堪言。有一次,他照例取了十来万,柜员给他过了机,他自己又在大厅里过机。可能没有注意的时候,飘落了三张。当时现场大家都没有发现。直到银行大堂经理小楚巡视大厅时才发现地上有钱。营业主管马上调阅了监控。查看后发现是这位客户过机时掉落的。考虑到这位客户平时对银行颇有微词,主管也不敢耽搁,立即拨打了客户留存的电话。可这位客户一听说是银行,马上挂断了。再拨就不接。最后只好由银行大堂经理亲自上门将这300元送还了客户。经历这件事后,这位著名的"难缠"客户终于被银行大堂经理的责任感与真诚彻底打动了,主动将他在其他银行的存款转了过来,对银行的印象也大有改观。事后回想,如果没有小楚与客户的及时联系,或许当客户自己发现少钱时他心里就会坐实了银行点钞机有问题这种想法,也许就从此再不进建行办理业务了,而建行就因此失去了一个客户,更影响了建行的声誉。这确实只是一件小事,但却可以说明很多问题。因为银行大堂经理平时能为客户做的,看似都是些鸡毛蒜皮的事情。但只要银行大堂经理坚持做好了这些小事,就一定能赢得客户的理解和信任。

根据上面三个典型的案例来观察分析,我们还是可以观察出作为银行大堂经理应该具有的责任感包括以下4个方面的内涵：

一是对工作不推诿。银行大堂经理对自己的本职工作必须认真负责,完不成的工作不能找借口进行责任推脱，领导交办的任务和客户交代的事项应努力尽职尽责完成，同时对求助的同事顶鼎力支持。银行大堂经理对待工作的态度不是所谓的尽力而为而已，而是全力以赴，力求做事完美无缺。

二是对客户不抱怨。银行大堂经理每时每刻面对的客户形形色色、要求不一。客户受教育程度、个人素养水平千差万别，因而银行大堂经理在接待工作中难免受到挫折、折腾、委屈、甚至挑衅。但是这都没有关系。银行大堂经理在工作中遇到困难不怨天尤人、不责怪自己，迅速调整好自己的心态，给客户展现出来的始终是银行大堂经理的责任感。

三是遇到误解不解释。银行大堂经理工作中被客户误解属于正常的事情，但是服务中最忌讳的是无谓地解释。解释自己就是推卸责任。水越洗越脏，事越说越乱。有的人在工作出现问题时，为了让领导了解所谓的"真相"，自己燃尽口舌，做了一大堆解释，给人以推卸责任之嫌，结果反而是得不偿失。遇到问题的时候，应尽快判断出客户的价值取向并找到适宜的解决问题的办法。

四是不计较个人得失。在一家银行里面，大家虽然有着工作分工，但总会有交叉的地方。责任感强的银行大堂经理不应计较分内分外之事，做到分工不分家，尽量配合同事做好工作，对客户交办的事项，即使需要加班加点，也应尽力完成，给客户一个满意的答案。

☀ **案例分析**：根据下面的案例，分析王勇的做法体现了银行大堂经理责任感的那些具体内涵？如果是你遇到这件事，你会采取什么办法解决好这位老大爷的困难？

初春的早上依然寒意料峭。工商银行南充支行银行大堂经理王勇正在营业大厅进行着开门前的准备工作。按平时的工作习惯，他注意到在营业厅外有一位手拿一大块纸牌子的老年客户正在与门口保安大声吼闹，他预感到老年人可能是遇到了"大麻烦"，于是赶紧到门口拉着老年客户的手，微笑着说"老人家，什么事惹您生气了，来，到我们的贵宾室坐下说，我来帮您解决！"老人家盯了一眼王勇的工作牌，停止了吵闹。到贵宾室后王勇先沏上一杯热茶，请老人家喝下暖暖身子，缓一缓气，见老人家情绪平静许多，他一边递上自己的名片一边对老人说"老同志，您别急，到了工商银行有什么难处我们都尽力帮您解决的。"原来，老人在广东工商银行曾经办理过1张低额度信用卡，之后，他用这张卡在异地取款机上支取1笔款项。但老人对异地取款有手续费并不知晓，没有及时存款到卡归还，数年下来，信用卡年费及该笔取款手续费产生的滞纳金、超限费、违约金等已累计至1万多元。2年前，工商银行南充支行为该客户发放社保卡，该客户每月到账低保金从2016年11月起陆续被系统全部自动扣收归还信用卡欠款，而老人最近返回南充查询社保卡余额才得知信用卡欠款及扣款的信息。老人接受不了，又不知怎么与广东银行联系，一怒之下便跑到工商银行南充支行营业室讨要说法。在了解事情的原委以后，王勇对老人安抚说："老人家，这件事您跑了几个地方都没有解决好，是我们的工作没做好。这件事只管找我负责就是了。您先回家休息，一周之内一定给您满意答复。"王勇向领导汇报后安排工作人员快速与工商银行广东分行联系，在向兄弟行陈述客户欠款情况以及客户被扣划还款系低保资金后，得到对方行理解。下午，客户扣划低保金返回账户，信用卡累计欠罚款也与客户协商后妥善处理。这起小风波看来结束了。2月15日上午，王勇一早到办公室刚坐下，突然，门外传来一阵爽朗的笑声，只见那"闹事"的老人家举着一面锦旗大笑着风一般涌入办公室，"谢谢工行！我没有想到你们这么快就帮我解决了大问题，前几天我是急得整宿没睡觉啊！"听着老人诚挚的话语，王勇感慨万千。

第四课 不同员工对优质服务的内涵会有不同的理解

只要我们提供了优质的服务，就会得到客户的真诚回报。一个阴云密布的午后，由于瞬间的倾盆大雨，行人们纷纷进入就近的店铺躲雨。一位老妇人也随着众人蹒跚地走进费城百货商店避雨。面对她略显狼狈的姿容和简朴的装束，所有的售货员都对她心不在焉，视而不见。这时，一个年轻的店员诚恳地走过来对她说"夫人，我能为您做点什么吗？"老妇人莞尔一笑："不用了，我在这儿躲会儿雨，马上就走。"老妇人随即又心神不定了，不买人家的东西，却借用人家的店堂躲雨，似乎不近情理。于是，她开始在百货店里转起来，哪怕买个头发上的小饰物呢，也算给自己的躲雨找个心安理得的理由。正当她犹豫徘徊时，那个年轻的店员又走过来安抚说："夫人，您不用为难，我给您搬了把椅子，就放在门口，您坐着休息就是了。"两个小时后，雨过天晴，老妇人向那个年轻的店员道谢，并索要他的名片，随后颤巍巍地走出了商店。几个月后，费城百货公司的总经理詹姆斯收到了一封信，信中要求将这位年轻的店员派往苏格兰收取一份装潢整个城堡的订单，并让他承包写信人家族所属的几个大公司下一季度办公用品的采购订单。詹姆斯惊喜不已。这封采购订单所带来的利益，相当于他们公司两年的利润总和。他在迅速与写信人取得联系后方才知道，这封信出自美国亿万富翁"钢铁大王"卡内基的母亲之手。詹姆斯马上把这位叫菲利的年轻人，推荐到公司董事会上。毫无疑问，当菲利打起行装飞往苏格兰时，他已经成为这家百货公司的合伙人了。那年，菲利22岁。随后的几年里，菲利成为卡内基的左膀右臂，事业扶摇直上，成为美国钢铁行业仅次于卡内基的重量级人物。现实中，银行大堂经理其实都会认可优质服务的重要，但当每天都如同菲利一样面对来去匆匆的普通的不能再普通的客户，其实很难再想到怎样去提供充满温馨的"优质服务"了。因而不少银行大堂经理的服务总是在"疲于应付"，自然也就很难得到像卡内基母亲这类重量级客户的"真诚"回报了。

对银行大堂经理优质服务的内涵，国内不同的商业银行都有着的具体的诠释和规定，中国银行业协会自律工作委员会也通过制定《中国银行业营业网点大堂经理服务规范》对银行大堂经理营业前、营业中、营业终的服务规范提出了最基本的要求。综合来看，银行大堂经理优质服务应该从以下5个方面进行理解：

1. 优良的服务态度。服务态度是指服务人员在对服务工作认识和理解基础上对客户的情感和行为倾向。良好的服务态度，会使客户产生亲切感、热情感、朴实感、真诚感。具体来说，为客户服务第一是符合认真负责的要求。就是要急客户之所需，想客户之所求，认认真真地为客户办好每件事。无论事情大小，均要给客户一个圆满的结果或答复，即使客户提出的服务要求不属于自己岗位的服务，也主动与有关部门联系，切实解决客户疑难问题，把解决客户之需当作工作中最重要的事，按客户要求认真办好。第二是符合积极主动的要求。就是要掌握服务工作的规律，自觉把服务工作做在客户提出要求之前，要有力求让客户完全满意的思想，做到处处主动，事事想深，助人为乐，处处为客户提供方便。第三是符合热情耐心的要求。就是要待客如亲人，初见如故，面带笑容，态度和蔼，语言亲切，热情诚恳。在川流不息的客户面前，不管服务工作多繁忙，压力多大，都保持不急躁、不厌烦，镇静自如地对待客户。客户有意见要虚心听取，客户有情绪尽量解释，不能与客户争吵，发生矛盾要严于律己，恭敬谦让。第四是符合细致周到的要求。就是要善于观察和分析客户的心理特点，懂得从客户的神情、举止，并且能够及时发现客户的需要，正确把握服务的时机，服务于客户开口之前，超越超乎客户的期望之上，力求服务工作完善妥当。第五是符合文明礼貌的要求。就是要有较高的文化修养，语言健康，谈吐文雅，衣冠整洁，举止端庄，待人接物不卑不亢，尊重不同国家、不同民族的风俗习惯、宗教信仰和忌讳，事事处处注意表现出良好的精神风貌。银行大堂服务最大的特点就是直接性，由银行大堂经理面对面为客户服务。银行大堂的服务质量包括有设施设备的质量、银行产品的质量、大堂服务的质量。而大堂服务质量包括有服务态度、服务知识和服务技能三个方面。在这三个方面中，服务态度最为敏感。就是礼节、礼貌。礼节、礼貌是银行大堂服务质量的最基本的要求，是银行网点生存并能够竞争致胜的最重要因素。银行大堂经理要提高服务质量，就不能不讲究礼节、礼貌。礼仪、礼貌表现在外表上，就是要衣冠整洁，讲究仪表仪容，注意服饰发型，在外表形象上要给人以庄重、大方、美观、和谐的感受，显得清爽利落，精神焕发。在语言上要讲究语言艺术，谈吐文雅，谦虚委婉，注意语气语调，应对自然得体。在行动上要举止文明，彬彬有礼，服务的动作幅度不要太大，动作要轻，坐、立、行都要有正确的姿势，注意克服易引起客户反感的无意识小动作。银行大堂经理在服务工作中要杜绝出现推托、应付、敷衍、搪塞、厌烦、冷漠、轻蔑、傲慢、无所谓的态度。

2. 快捷的服务效率。服务效率是指为客户提供服务的时限。服务效率在服务质量中占有重要的位置。银行大堂经理向客户提供服务都有着时限标准，但设置时限标准要在保证服务质量的前提下进行，这是时限是否具备合理性的问题。必要时要根据服务的步骤设置不同的时限标准。实际工作中要处理好及时与迅速高效之间的关系。讲究效率不等于瞎忙，要力求服务快而不乱，反应敏捷、迅速而准确无误。服务效率不仅体现出服务人员的业务素质，也体现了银行大堂的管理效率。银行大堂每项服务都有具体的效率要求，银行大堂经理在部门的岗位技能培训中，应参照各项服务标准，刻苦训练。

3. 娴熟的服务技能。娴熟的服务技能是决定服务质量水平的基础，它包括服务技术和服务技巧两方面。娴熟的服务技术，要求各项服务操作和服务接待符合数量标准、质量标准和速度标准，操作规程科学。而且向客户提供的某些服务可能还会引起不同的服务系统之间的相互配合或者整合问题。银行大堂服务流程的控制必须研究业务停滞后怎样尽快恢复正常的问题，而且要有可测的指标进行监督。服务技巧，是指在不同场合、不同时间、针对不同服务对象而灵活做好服务接待工作，达到良好效果的能力。这种能力在银行大堂经理的服务工作中尤具重要意义。银行大堂经理服务最大的特点就是直接面对客户，而客户是复杂多样的。银行的服务规程只能提供指南，却不可能提供判断某种服务方式是对或是错的绝对标准。因此，灵活处理更显重要。不管采用哪种方式、手段，只要达到使客户满意的效果，银行大堂经理提供的服务就是成功的。

4. 懂得客户服务需求。能否懂得客户服务需求是银行大堂经理能否准确提供服务及其销售产品能否成功的关键，也是化解银行大堂服务纠纷的前提条件。懂得客户服务需求要求银行大堂经理的服务手段及其服务方式能够根据客户需求的不同或者改变而适时做出调整，具有一定的弹性。银行大堂经理要时刻关注客户对服务便利程度的回馈反映，有提升服务便利程度的具体措施。银行大堂服务的内容与客户的需求要有紧密的联系。银行大堂经理对客户的需求要能够进行有效的预测，有效挖掘客户的潜在需求并及时提供相应的服务，要能够建立表明你的服务能够准确进行预测的指标。银行大堂经理要知道了解客户需求的主要途径及其客户对服务是否满意的途径。银行的客户反馈系统要与银行大堂服务质量提升目标相对接。

5. 建立良好的客户关系。建立良好的客户关系应注意并努力做到：第一是记住客户的姓名并以客户的姓氏去适当的称呼客户。对客户来说，当员工能认出他时，他会感到自豪。第二是以恰当的词语与客户搭话、交谈、服务、道别，可以使客户感到与服务员的关系，不仅仅是一种简单的商品买卖的关系，而是一种有人情味的服务与被服务的关系。第三是注意与客户交流时的语气、语调。声音是讲话内容的"弦外之音"，往往比说话的内容更重要，客户可以从这些方面判断出你说的内容背后的东西，是欢迎还是厌烦，是尊重还是无礼。银行大堂经理要清楚与客户沟通的具体方式，还要知道与客户沟通受阻的表现形式以及有效沟通的评价标准。第四是面部表情的使用。面部表情是服务员内心情感的流露，即使不用语言说出来，表情仍然会告诉客户，你的服务态度是怎样的。第五是与客户有恰当的目光接触。眼睛是心灵的窗口。当银行大堂经理的目光与客户不期而遇时，不要回避，也不要死盯着客户，要通过适当的接触向客户表明你服务的诚意。当客户同服务人员讲话时，服务员应暂停手中工作，眼睛看着客户，立即予以回应。第六是聆听的倾诉：听与讲是银行大堂经理对客服务中与客户沟通的一个方面，注意聆听可以显示出对客户的尊重，同时有助于银行大堂经理多了解客户的服务需求，更好地服务，注意不随便打断客户讲话。银行大堂经理对客服务要言行一致，重视对客户的承诺，不但要说得好，而且要做得好，行动胜过千言万语。银行大堂经理对客户一视同仁，不以装着、肤色、国籍取人，礼貌待客。

案例1-8：建行南京鼓楼支行的所在地原有一个聋哑人工厂，工厂倒闭后，工人还生活在附近，虽然其他银行也很多，但他们都喜欢到建行南京鼓楼支行来享受专属服务。为了做好与特殊客户的沟通，大家利用工余时间学习日常手语。大家认为：多学习一种语言不仅仅是多掌握了一种服务技能，它反映的是对客户的尊重与平等地交流。一天，来了一位聋哑人，在场的客户惊奇地发现，大堂经理颜萍竟然在用手语同这个聋哑人流畅地交流着。到了柜台，柜员朱丹也打着手语同这位聋哑人对话，丝毫没有半点障碍。最后聋哑人顺利地存了定期还取了钱，感动地竖起了大拇指。周围的客户被感动了，连连惊呼"你们还会手语"。员工们也会心地笑了。

案例1-9：担任储蓄银行资阳雁江区支行大堂经理的朱晓萍是一名地道的川妹子。面对不同类型的客户，她都会采用不同的方式去服务客户并开展业务。一天，一位50多岁的女客户气冲冲地来到营业厅要投诉。朱晓萍立即微笑着迎上去，并递上一杯水让其缓缓气。原来，因客户把存单日期看错，5万元的三年定期存款提前一天支取了，而柜员一时大意也没有发现。客户损失后的心情自然也不用说。详细了解情况后，引导员一方面对客户进行安抚，一面留意其在言语中的信息，思考着解决问题的办法。当她得知该客户这笔存款是三年前因为想在本行购买国债，没买到才存的，另外还有50万元存款存在本行时，她心想：解决问题的办法有了！她向该客户诚恳致歉后又向该客户介绍，理财金卡不仅可以优先购买国债和本行的理财产品，还有专职的理财经理可以提供一对一的理财服务，以最大限度弥补损失。客户听了介绍后，承认自己也有过失，并接受了她的建议，购买了国债、基金等理财产品，不久就弥补了损失，还赚了一大笔钱。

案例 1-10：有一位做房产投资的客户在中国银行某营业网点有五六百万元的存款，而这位客户和家人长期都在国外，只有逢年过节才回来。房地产开发投资热的时候这位客户回当地投资了一栋商用楼，走的时候商用楼的后续安排就成了问题。出于信任，该客户把其商用楼的招租直接委托给了中国银行营业网点的大堂经理小张处理。为了不辜负客户的期望，同时也是想客户之所想，小张做了一次非常合格、没有任何回报的"经纪人"。先是在当地最知名的网站代其发布商用楼的招租信息。在网站发布信息虽然无需费用，但要不断更新。鉴于此，每天晚上除要与咨询和有意向者及时沟通外，还要关注信息所在位置并视情况适时"顶贴"或更新，每次都是与有意向的人联系好了后再向该客户反馈，最后才由客户与租房人联系。该客户后来回报给了该网点更大一笔存款。

从上面的三个案例来分析，银行大堂经理的优质服务都涉及两个基本特征：程序特征和个人特征。程序特征是指银行大堂经理提供产品和服务的方法和程序；个人特征是指银行大堂经理在与客户打交道时采用怎样的态度、行为和语言技巧。程序特征虽然受到银行大堂服务规范具体要求的约束，但也会由于具体服务对象的职业、年龄、性格特征及其价值取向的不同，特别是银行大堂经理自身的服务方式方法的习惯而产生着不同的差异性。银行大堂经理服务个人特征中的语言把握、专业特长、沟通技巧则更是仁者见仁智者见智之事，很难找到一个统一的尺度。银行大堂经理的优质服务具有明显的差异性，是千人千面的，不会是标准化的产品。

《中国银行业营业网点大堂经理服务规范》对银行大堂经理营业前、营业中、营业终的服务规范提出了最基本的要求。其中：

对银行大堂经理营业前的服务要求是：大堂经理自查仪容仪表，并对网点其他员工的仪容仪表是否符合规定提出相关建议；对于已配备叫号系统的网点，应及时开启叫号机，检查设备运行是否正常；对凭证填写台等辅助服务区域进行检查，检查为客户提供的点钞机等辅助服务工具运行状况是否正常；检查宣传资料、相关业务凭证、意见簿等，是否摆放整齐，种类是否齐全、适时，及时更换过时的业务或宣传资料；巡视营业大厅及在行自助服务区的卫生状况，检查营业环境是否整洁美观，确保营业厅客户进出通道畅通；检查利率牌、外汇汇率牌、查询机等设备信息显示是否正常。

对银行大堂经理营业中的服务要求是：大堂经理与客户交流时，大堂经理须态度良好，言语简洁，语速平稳，努力保持微笑。对熟悉的客户应主动尊称其姓或职务，使客户有亲切感；当了解到客户业务需求后，大堂经理应按照服务礼仪规范，及时引导分流客户到相应功能区域办理业务；大堂经理应注意观察客户的需要，及时帮助有需求的客户；当客户咨询银行产品或服务时，大堂经理可简要进行介绍。当客户有需要时，大堂经理应迅速、礼貌地将客户推荐给有关专职人员接受咨询或办理业务；大堂经理应加强在叫号机、自助服务区等区域的巡视，及时指导有疑惑的客户正确操作，对客户的不当操作予以及时提醒，帮助客户维护信息安全；遇到客户投诉，应引导投诉客户到营业厅洽谈室或其他相对封闭区域，予以及时安抚，了解客户投诉原因；对于难以处理的投诉，应及时向上级报告；处理客户投诉时，大堂经理应注意及时为客户送上茶水，做好相关服务，努力稳定客户情绪；当营业厅客流量较大，出现严重排队，大堂经理应及时向上级汇报，根据网点统一安排，做好客户疏导；应注意查阅客户意见簿上的意见和建议，及时回复；积极维护客户等候秩序，对不遵守排队秩序的客户予以礼貌地提醒；整理填单台面，及时清理客户废弃的凭条、申请书等单据；巡视营业大厅卫生状况，及时维护营业环境，保持整洁美观；大堂经理应注意为老人、孕妇、残障等特殊客户提供周到的服务，如有必要，需引导客户到优先服务窗口办理；遇到网点服务突发事件，按照中国银行业营业网点服务突发事件应急预案开展处理工作，并及时向上级汇报。

对银行大堂经理营业终的服务要求是：营业结束时，协助营业大厅内客户及时完成业务办理，做好清场工作；关闭营业大厅内叫号机、点钞机、显示屏等夜间无需使用的电子设备；整理环境卫生，及时补充各类单据凭条和宣传资料；归纳总结客户意见簿和其他途径收集的客户意见，提出相关改进建议，传递反馈给网点有关部门；整理维护营业厅各项设施设备，确保符合本单位营业厅服务环境管理要求。

当今已经迈入互联网时代，银行客户的行为和期望开始发生了改变，银行优质服务也将会被赋予新的内涵。麦肯锡的调研数据表明，75%的银行客户希望在5分钟之内得到在线帮助，61%的客户更愿意选择提供定制化的服务，79%的客户偏爱在线社交。银行仅就产品和服务展开竞争已不再奏效，为客户提供产品和服务的方式，已经与产品和服务本身一样意义重大。客户体验转型已经成为提高业绩和优质服务的制胜法门。目前，金融科技企业倒逼银行业提升客户体验。以蚂蚁金服、腾讯为代表的科技公司持续撼动银行柜面业务，从"无现金支付"到"无感支付"的种种创新带给广大客户无尽的金融服务体验。时下利用数字化渠道获取金融服务已成为主流，而且随着线上线下渠道的融合，客户对于银行提供全渠道体验、定制化内容、智能数据、实时便捷及移动等服务的期望值也不断提升。现如今，颠覆性技术成为提升客户体验的重大机遇。大数据、云技术、区块链、人工智能、物联网等快速发展的新技术，为客户体验提升提供了新动能。

数字技术非但没有使银行网点过时，反而是未来银行网点的关键。现在，大多数客户都在口袋里装着下载了银行APP的智能手机，他们到一家银行网点实体店的时候可能是为了存钱，也可能是为了得到某些理财方面的建议。目前，全球范围内金融机构处理数字交易数量远远超过分支机构处理的业务数量。进入21世纪以来，逾1万家美国银行分支机构已经关闭了。尽管发生了这些系统性变化，但目前银行网点仍是银行业务和客户咨询职能实现的主要载体。实体店仍然是重要的销售渠道之一。即使是数字技术发达的欧洲，根据麦肯锡的研究数据显示，30%到60%的客户仍旧喜欢在银行分支机构里面至少办理几项金融业务。改变客户行为的新技术的出现并不是银行分支机构的结束，而是"智能银行网点"的到来。智能银行网点使用技术来促进销售和改善客户体验。从运作方式结果看，银行分支行至少是减少了人员配置，显著降低了网点面积需求，改变了银行大堂经理与客户的互动方式及其产品的销售的方式。

智能银行网点优质服务转型建立在三个支柱之上：分支技术的无缝集成已经变得更便宜、更可靠、更容易获取；银行营业网点采用无出纳员和无桌面的网点格式；利用数字分析技术，改进网点的运营模式，包括数据驱动的销售和实时绩效管理。客户能够在白天或晚上的任何时候进入智能银行网点，并迅速得到他们需要的任何东西。而无论使用什么设备，用户体验都应该是一致的。平板电脑让银行大堂经理可以自由地在各个部门就像苹果商店员工那样，使他们能够更从容高效提供的客户服务并增加产品销售额。以下四个关键特征让银行大堂经理的服务变得真正优质：使用客户信息透明的仪表盘，当客户在智慧设备进行交易时，这些仪表盘会提醒银行大堂经理提供支持或个性化的服务。客户关系管理软件给银行大堂经理提供了客户关系和与银行互动历史的整体视图，包括应用程序、支付和产品持有。新的客户关系管理平台基于全面的客户数据分析模型来生成实时的产品推荐。数字销售模块允许银行大堂经理使用他们的平板电脑来满足客户的产品需求，包括信用卡、汽车贷款、抵押贷款、保险、透支保护和存款账户。当然还支持新客户登录。

在智慧银行网点里面，银行大堂经理使用的平板电脑具备扫描和上传文件的功能；能够阅读指纹、身份证和护照；还能够搜索信用评分信息；而与网点技术集成后，能够即时进行信用卡开卡操作。欧洲、中东和美国的许多银行都看到了客户体验的显著改善。协助迁移模块允许银行大堂经理将客户迁移到数字渠道，以获得转账、地址和电子邮件更新、支票兑现、大额支票存款和取款服务。智能银行网点还设计了一种"自助"体验软件，银行大堂经理可以带领客户走过业务经办过程，从而实现数字化客户教育。视频会议房间主要为中小型企业或具有复杂产品需求的个人客户提供服务。客户可以使用视频会议获得那些较为复杂的建议，开放信用额度，签署担保函，并在保密的环境中更新他们的商业需求。想象一下，一位客户经过银行网点里的一个大型视频监视器。她被面部识别软件识别，并通过数据分析确认她没有汽车。她的形象叠加在一辆新汽车前面；屏幕提示她敲敲车窗，打开"车门"，让她看到坐在驾驶座上能看到的风景。银行大堂经理问她是否对展出的那辆车感兴趣，如果她回答说"是的"，银行会根据她的现有数据向她提供一笔低成本贷款。在更基本的层面上，交互式欢迎屏幕可以问候客户，并立即将他们引导到适当的渠道。智能银行网点会更小、更简单、更流线，并紧缩成以下三个板块：自助服务区占据大部分空间，提供自助存取款机、智慧综合业务服务、自助缴费机、交互式数字墙、机器人迎宾器和视频会议室；使用站立式办公桌的银行大堂经理可以主动联系客户进行销售和提供一站式服务；站立式办公桌还向客户发出信号，表明交易将迅速有效，无需长时间坐着办公。

未来的银行大堂经理会承担更多的业务。关系经理会在特定的分类领域帮助服务客户。在智能银行网点，银行大堂经理90%的时间将花在面对客户有针对性的分析活动上面。简单的销售和服务客户需要则通过自助工具来满足，迎宾员和出纳员的需求将会减少。有效的工具可以帮助银行大堂经理提供销售建议的高价值服务，根据客户的表现量身定做服务和产品。数字绩效管理工具可以随时显示智慧银行网点及其银行大堂经理的绩效信息，挖掘其价值潜力。

☯ **问题拓展**：请你对银行大堂经理在服务中的只是完成规定的程序、充分展示友好、提供优质服务三种服务类型的主要行为特征及其服务意识进行观察分析后，填写在下列表格中的空格里。

表1-1　银行大堂经理在服务中的三种服务类型的主要行为特征总结提炼

服务基本类型	只是完成规定的程序	充分展示友好	提供优质服务
服务特征描述	对客户的服务只是按照规定的工作程序进行操作而已	总是微笑面对客户，但拿不出任何解决问题的有效办法	真诚对待客户的需求，高效帮助客户解决问题
面部表情特征			

续表

服务基本类型	只是完成规定的程序	充分展示友好	提供优质服务
语言特征表现			
肢体动作表现			
行事风格表现			
服务意识根据			

第五课　职业素养会决定你是否足够"伟大"

　　银行大堂经理的职业素养是银行大堂经理职业内在的规范和要求，是其对银行大堂服务工作了解与适应能力的一种综合体现。专业素养则是职业素养中第一位的要素。但除了专业素养之外，职业道德也是其必须拥有的重要因素。专业素养是指根据银行大堂经理职业的活动内容，对银行大堂经理从业人员工作能力水平的规范性要求。它是银行大堂经理从事职业活动，接受职业教育培训和职业技能鉴定的主要依据，也是衡量银行大堂经理从业资格和能力的重要尺度。职业道德是指银行大堂经理同其服务活动紧密联系的符合职业特点所要求的道德准则、道德情操与道德品质的总和。它既是对银行大堂经理在职业活动中的标准和要求，同时又是银行大堂经理这个职业对社会所负的道德责任与义务。讲到职业素养就不得不提出生于美国密歇根州底特律的乔·吉拉德。乔·吉拉德是吉尼斯世界纪录大全认可的世界上最成功的推销员，从1963年至1978年总共推销出13001辆雪佛兰汽车，连续12年荣登世界吉尼斯纪录大全世界销售第一宝座，他所保持连续12年平均每天销售6辆车的世界汽车销售纪录至今无人能破。乔·吉拉德是全球单日、单月、单年度，以及销售汽车总量的纪录保持者。1978年1月宣布退休后，他所缔造的纪录，迄今未被打破。乔·吉拉德15年的汽车销售生涯，碰到美国经济大环境最紊乱的时刻，1964年越战开打，美国经济受战事拖累，1973年全球又爆发第一次石油危机，不景气使得美国汽车销售量下滑，但他在逆势中，一年还能卖出1400多辆车。乔·吉拉德认为："如果你想要把东西卖给某人，你就应该尽自己的力量去收集他与你生意有关的情报……不论你推销的是什么东西。如果你每天肯花一点时间来了解自己的客户，做好准备，铺平道路，那么你就不愁没有自己的客户。"乔·吉拉德曾经把搜集到的客户资料写在纸上，塞进抽屉里。后来，有几次因为缺乏整理而忘记追踪某一位准客户，他开始意识到自己动手建立客户档案的重要。他去文具店买了日记本和一个小小的卡片档案夹，把原来写在纸片上的资料全部做成记录，建立起了他的客户档案。乔认为，推销员应该像一台机器，具有录音机和电脑的功能，在和客户交往过程中，将客户所说的有用情况都记录下来，从中把握一些有用的材料。乔·吉拉德说："在建立自己的卡片档案时，你要记下有关客户和潜在客户的所有资料，他们的孩子、嗜好、学历、职务、成就、旅行过的地方、年龄、文化背景及其他任何与他们有关的事情，这些都是有用的推销情报。

所有这些资料都可以帮助你接近客户,使你能够有效地跟客户讨论问题,谈论他们自己感兴趣的话题。有了这些材料,你就会知道他们喜欢什么,不喜欢什么,你可以让他们高谈阔论,兴高采烈,手舞足蹈……只要你有办法使客户心情舒畅,他们不会让你大失所望。"每一种产品都有自己的味道,乔·吉拉德特别善于推销产品的味道。与"请勿触摸"的作法不同,乔·吉拉德在和客户接触时总是想方设法让客户"闻一闻"新车的味道。他让客户坐进驾驶室,握住方向盘,自己触摸操作一番。如果客户住在附近,乔还会建议他把车开回家,让他在自己的太太、孩子和领导面前炫耀一番,客户会很快地被新车的"味道"陶醉了。根据乔·吉拉德本人的经验,凡是坐进驾驶室把车开上一段距离的客户,没有不买他的车的。即使当时不买,不久后也会来买。新车的"味道"已深深地烙印在他们的脑海中,使他们难以忘怀。乔·吉拉德认为,人们都喜欢自己来尝试、接触、操作,人们都有好奇心。不论你推销的是什么,都要想方设法展示你的商品,而且要记住,让客户亲身参与,如果你能吸引住他们的感官,那么你就能掌握住他们的感情了。

履行好银行大堂经理岗位职责,展现银行大堂经理的职业素养,要求从事银行大堂服务的员工必须具备"四种能力"。一是具备职业忍耐的能力。银行大堂经理的岗位职责要求其在营业过程中必须站立服务,没有多少时间坐下来休息。既要克服双腿运动的压力,又要克服客户有时对我们工作不理解、不支持的压力。如果没有一定的忍耐力,我行我素,"我的事我做主",难以胜任这一岗位工作。二是具备职业观察的能力。银行大堂经理是连接客户和银行的桥梁。桥梁作用发挥得好,就能让客户与银行距离更近、更亲。作为一名大堂经理,面对人来人往的局面,必须眼观四面、耳听八方,及时发现各种问题,主动解决各种问题,既要当好服务员,也要当好指挥员,做到让大堂秩序忙而不乱。三是具备产品营销的能力。产品营销,是银行大堂经理必须抓好的工作。客户走进营业厅第一时间见到的正是银行大堂经理。银行大堂经理是抓好产品营销的"第一人",这个"第一人"工作做得好,往往起到事半功倍之效。银行大堂经理必须加强学习,钻研营销产品卖点,理清做好产品的营销方式,差别开展营销。四是赢得信任的能力。没有让客户信任的能力,绝不是一名优秀的大堂经理。银行大堂经理对客户来说就是"一堂之主",有什么问题,他们第一时间想到的可能就是你。如果很多问题集中到了你这里,而你却是"一问三不知",损害的不仅是个人形象,而且是整个银行的形象。银行大堂经理必须是银行的"事事通"、客户的"活字典"。

案例 1 – 11:金融专业的瑞紫薇在中国银行安定门外支行大堂服务岗位实习期间遇到一位非常任性的"理财户"老奶奶到银行网点要求找回个人存款密码。原来,这位老奶奶在这个网点曾经存过钱取过钱,她固执的认为银行工作人员应该知道她的银行卡密码或者能够帮助她找回银行卡密码。小瑞及柜员告诉老人密码设置和保管是其本人的"隐私"问题,银行工作人员不可能知道,"老奶奶,您的密码是您自己设置的,我们根本从电脑上面看不到,我们怎么知道您的存款密码哪?""不可能,钱是存在你们中国银行,你们不知道,谁知道?"这位老奶奶根本就不信,而且连续数日到银行网点,大有"不达目的决不罢休"之势。由于是新建的网点且都是些年轻人,再加上大堂经理权苏岑正在外面接受培训,因而直到权苏岑回到网点后事情才出现了转机。早上9点一开门,这位老奶奶就一屁股坐在大堂的休息等候区里开始"数落"银行里的员工来。这时候,权经理端着一杯水走到老人面前对老人说"老人家,是我们的工作没有做好,没有密码,耽误您取款存款都办不了,发生在谁身上都得急!"看到老人安静下来,全经理微笑着继续说到:"您的密码我们银行工作人员是没有权限看到的,但我建议您今天可以申请卡挂失业务,7天期满后,麻烦您再到银行网点来重新申领一张新的银行卡并重新设置卡密码,您看行不行?"看到自己的问题在权经理面前这么快就"圆满"了断,老奶奶连连点头称是。7天后,权经理亲自陪同这位"理财户"老奶奶在柜台补办了新的银行卡,并将卡密码写在一个信封里交给老奶奶,嘱咐她千万别再弄丢了。老奶奶高兴的合不拢嘴,中秋节那天亲自拎了盒月饼送到了网点,非要让权经理尝一尝。

案例1-12:工商银行龙岩支行的大堂经理金晶正在组织召开晨会,"嘭嘭嘭……"卷帘门外传来急促的拍打声,经验丰富的金晶立即感知有不同寻常的事情发生了。果然,客户周女士存款账户上的19996元刚刚不翼而飞了,周女士及其儿子一进门就大喊大叫要让工商银行赔钱。安静的银行大堂开始骚动起来。金晶当即将母子二人请进贵宾室详细了解事件经过,并安抚说工行一定尽所能跟客户一起追索丢失款项。该母子二人心态渐渐平息下来后,金晶跟柜员详细梳理了整个过程,分析是周女士不小心链接了不法网站后资金被盗刷了。金晶一边安排柜员详查收款单位信息,一边协助周女士赶紧报警。在获得收款方开户行联系电话后,立即与对方开户行取得联系,根据对方开户行要求将报案回执等材料通过内部邮箱发过去,请对方开户行协助追回客户被盗金。经过一个多月的不懈努力,经与收款单位开户行、第三方公司及客户无数次的沟通协调,该笔被盗的资金终于被全额追回。资金划回到账的那天,两眼泪花的周女士握着金晶的手久久不愿松开,并交代子女今后有钱一定要存到岩城支行。

许多媒体会把银行大堂出现的服务纠纷归结于银行员工服务态度问题,但从调查数据来看,世界各国银制服务纠纷产生的原因,并非服务态度问题,而是服务效率问题。即使是金融业务发达的美国,其银行营业大堂里熙熙攘攘的人群也是让美国的实体银行陷入效率低下的被动局面而怨声载道。包括银行大堂经理在内的银行员工的职业素养高低,特别是处理相关业务时候的专业水准及其效率快慢是客户最敏感的问题,也是客户是否认同银行提供服务品质的关键。这也要求踏入银行大堂服务职场的新人的主要任务是弄懂、搞清银行大堂服务游戏规则,接受他人有关如何最好完成银行大堂服务工作的智慧与指导,承受对新生活想象和实际情况有落差的现实,克服某些方面比别人差的不安,特别是接受客户的批评指责。银行部门的工作还涉及国家金融政策的方方面面,自然要求银行大堂经理能够正确解释相关的法律法规,遵守相关的金融法律法规,按照金融法律法规的要求办事。银行大堂服务工作对银行大堂经理的职业素养的要求非常全面,客户对银行大堂经理的专业素养要求非常高。

问题研讨:阅读下面的案例后,体会专业素养水平对银行大堂服务工作质量保证的重要性,同时对银行大堂经理的工作安排做出专业性的评价。

当客户遇到问题的时候,最先想到的就是向银行大堂经理进行专业性求助或咨询。临近网点关门也就不到两分钟了,一名姓苏的女士提着一个钱袋子飞快冲进了交通银行宏福大道支行营业大厅,气喘吁吁地冲银行大堂经理小朱说道:"我要存钱,我要存钱!"而就在此刻,押款车已经开到了宏福大道支行的门外。看到客户非常着急的样子,小朱立即上前询问客户存款的金额及要求:"女士,您要存多少钱呢?""40万元,还本月的房贷,赶紧给我存一下吧,到ATM机存款太麻烦!"小朱看看时间,略微想了一下。由于平时对网点柜员的点钞验钞水准太熟悉了,小朱立即安排柜台进行清点,并且同时和押款车的调度员进行沟通,争取来十分钟的时间。苏女士看到这一切后,不停地赔礼道歉说:"真是不好意思啊,给你们添麻烦了。"数分钟后，银行工作人员把钱存进了客户卡里并在十分钟内顺利交接了款箱。银行大堂经理的岗位虽然普通，但现场的表现要相当专业。

第六课　学会自我情绪调整

　　情绪压力更多是由于行业间的激烈竞争所致。联想集团客服会通过三级预防体系的建立支援员工积极进行情绪上的自我调整。其中，初级预防体系是借助宣传册子或电子邮件来向员工提供心理学的基本知识和自我情绪调整技巧，使多数员工能对自身的心理健康和心理性质逐渐形成重视的态度和科学的认知，目的是减少或消除任何导致职业心理健康问题的因素，建立一个积极正面，支持性的和健康的工作环境。二级预防体系则是借助于培训手段，进行管理层及其员工的健康及其工作技巧培训，从技术层面提供尽可能多的减少服务"摩擦"的方法。三级预防体系则是借助于电话，个别或者团体咨询手段来让员工感受到公司圈子的温度与亲情，促使员工形成长期稳定的工作情绪。银行大堂经理的情绪是个感性的过程，会影响到银行大堂经理具体的理性行为表现，而且容易受到非理性的情感因素的干扰。学会自觉控制和主动调节情绪有利于银行大堂经理采取合理、恰当的方式来服务客户。银行大堂经理的情绪管理主要包括情绪理解、情绪表达、情绪控制三个方面。其中，情绪理解是指银行大堂经理敏感准确理解自己和他人的情绪。银行大堂经理首先要客观全面认知自己和他人的情绪表现，才谈得上有针对性的去面对这些情绪。能准确预感自己的情绪的变化，是主动有效克制自身不良情绪，让自己的职业情感和谐的前提。银行大堂经理只有准确地认识他人的情绪，识别他人情绪所带来的信息，才能准确调整自己面对客户的方式，有效分类别采取不同的方法。和谐的客户关系是银行大堂经理事业成功的重要基础。情绪表达是指银行大堂经理须用恰当的方式表达自己的情绪。良好的情绪表达能力是指银行大堂经理能够把自己的情绪特别是消极情绪合理表达出来，并且保证不影响到自己和客户关系的维系与修复。情绪表达能让银行大堂经理主动宣泄自己内在的负能量的东西，有利于情绪舒缓，达到情感和谐、心平气和。银行大堂经理遇到情绪爆发的客户会由于客户的情绪语言和过激行为而让自己陷入委屈甚至是恼羞成怒的恶劣氛围。但换个角度看待这个问题，客户的情绪表达能够让客户有一个宣泄不满的渠道，有助于银行大堂经理接下来解决问题。银行大堂经理通过倾听和共情的情感技术让客户通过情绪表达来舒缓情绪，迅速判断客户价值取向并解决问题。当然，银行大堂经理更应该学会控制自己的情绪。情绪控制是指克制情绪的冲动，即自我控制的过程。是否会自我控制是影响银行大堂经理成功与否的非常重要的因素。深一层讲，自我控制就是让银行大堂经理具备理性的素质。客户的情绪看上去更多的还是像一种"压力"表现，且这种压力有一定相对性。压力的相对性跟银行大堂经理自身的能力有关系，能力越强，越有把握环境应对环境对自己的要求，其压力相对变小，其实这就是我们所说的自信。

　　银行大堂经理应该学会寻找工作的意义，从中可以得到更多的感悟和快乐。银行大堂经理与客户的关系并非金钱关系，而应该从以下5个方面来理解与积极应对自己所面对的情绪压力：

1. 认识与接受自己。当银行大堂经理自己承受很大的工作压力，出现抑郁、悲伤，或愤怒、焦急等情绪时，要敢于面对自己的情绪，要敢于认识到这种情绪与工作压力的关系，及时识别出这种情绪。同时，采取必要的方式和途径与别人讨论这些情绪，获得别人的支持和理解，从而接受自己的这种感受。另外，也要注意分析过去的成功经验对目前情绪的积极作用，消除过去失败的痛苦体验所形成的不正确观念对目前工作造成的消极作用，从而加强自己对工作压力的积极情感反应。

2. 建立和利用良好的社会支持网络。当银行大堂经理感到工作压力过大时，要有意识的去寻求更多关注与帮助。当别人提供帮助时，银行大堂经理要乐于接受别人的帮助。把自己工作中的体验或苦恼，向自己的家人、朋友或者同事进行倾诉，获得他们的理解与支持。从专业的角度来看，都是从事银行大堂服务工作的经理相互之间更容易理解对方的感受并成为倾诉的最佳搭档。需要强调的是，银行大堂经理在平时要有意识地培养与发展良好的人际关系，如夫妻关系、朋友关系、同事关系，建立自己良好的社会支持网络。

3. 发展新的更加科学有效的银制服务技术。工作的压力过大往往限制了银行大堂经理的理性思维能力、行为和决策能力。使银行大堂经理的工作效率下降，许多工作不能及时完成。日积月累，银行大堂经理会感到工作负荷越来越大，难以自负，进入一个恶性循环。摆脱这一恶性循环影响的方法就是银行大堂经理就要建立自信，避免工作中的拖拖拉拉或过于细腻完美的缺乏效率的工作作风，不要陷于工作中的枝节末梢问题的纠缠而忽略最终目标的实现。要发展和培养新的有效服务技术，采用更加客观理性且符合实际的思维方式，有效合理安排服务时间，制定更加明确的服务目标，多点多面为客户提供更具科学含量的银行大堂服务方式。

4. 保持健康的生活方式。银行大堂经理有规律地锻炼身体，保持规律的作息时间，平衡自己的工作安排。改变生活中的不良行为习惯，减少不良应对方式的采用，如吸烟、酗酒。适当改变或者调整一下自己的生活和工作节奏，拿出时间来进行放松和娱乐，使自己放松下来。银行大堂经理最好每天都要拿出一定的时间进行娱乐与放松自己一下。有自己的休息计划，如午休、周末休息或度假。建立健康的娱乐消闲行为模式，培养健康的业余爱好，积极参与健康的消遣娱乐活动。

5. 养成不断反省自己的习惯。银行大堂经理在工作百忙之中，要留出时间让自己进行必要的工作方式方法的反思，分析自己的成功与不足的工作案例。在日积月累中逐步认识与评估自己工作中最有价值的东西，不断调整自己的工作目标。银行大堂经理应该随着自己年龄的增长而使自己应对服务挑战的能力越来越强，使自己在未来能够自由面对不同的工作压力，理智方面变得更加成熟和自信。

银行大堂经理遇到客户由于不良情绪表现而带来的委屈、冤枉，甚至是误解的时候，需要快速调整好自己的现场情绪并积极服务客户，同时还要有自己的发泄渠道。以下的方法是实践中银行大堂经理们经常使用的方法：

1. 理性客观认同客户。阴差阳错、阅历不同、信息不对称，自然会形成千差万别的看法。客户有意见和发脾气是正常的现象，所有的银行营业网点都会发生。银行大堂经理的服务不可能让所有的服务对象都百分百满意，有部分客户不满意自然是正常的表现。银行大堂经理的服务是让更多的客户表达满意，而让更少的客户产生不满。让所有来到银行网点的客户都享受到满意的服务是银行大堂经理始终追逐的目标。银行大堂经理应该能够理解和接受客户由于情绪原因而产生的无理行为并进行客户安抚。

2. 被误解肯定有原因的。其实，站在第三者的角度来分析客户发脾气的原因，会发现客户提出大部分的服务异议并非因为银行大堂经理或者银行柜员自身服务做得不好，而是由于客户对银行办理业务的相关规定暂时不能很好理解而造成的。若理解了银行的相关业务办理规定，提出异议的客户最终会理解并认同银行大堂经理和银行柜员的现场业务处理及其服务方式方法。银行大堂经理具备这种自信、平静、客观预期的情绪，自然会得到宁静而不是抱怨。

3. 坚信自己的服务都遵循着公平。银行客户往往会因是否服务收费及其收费标准问题而对银行大堂经理的服务产生不满或者质疑，脾气不好的客户还会产生愤怒的情绪。银行大堂经理自信自己的服务都遵循着公平的原则，且在工作中客观坚持了公平的原则，银行大堂经理自然会平静解释出现收费的原因并真诚面对情绪烦躁的客户。

4. 向好友同事进行倾诉。银行大堂经理每天都会接触不同脾气秉性的客户，客户对银行大堂经理的服务也未必都是认同的，银行大堂经理同时还需要完成规定的面对客户营销指标。对服务提出异议甚至投诉既是客户的权力，也使银行大堂经理的工作几乎每天都面临着巨大的压力。营业中银行大堂经理遭受委屈及其服务和营销的双重压力，自然会出现情绪低落的问题，而找到都是从事银行大堂服务的同行好友相互倾诉服务苦衷、相互理解委屈、相互介绍减压方法，会快速有效调解不良情绪，银行大堂经理心理压力迅速得到释放，也会更加热爱银行大堂服务工作。

5. 最大宣泄自己的悲伤。银行大堂经理可以每天通过体育健身的方式来宣泄自己的委屈，或者通过深呼吸放松自己的心情，或者采用文娱消遣的方式来排泄糟糕的情绪。当然，找到一个封闭的场所来大哭大叫一番，或者通过郊游及其远足旅行而让自己融入自然之中，也是快速逃离痛苦、平复自己情绪的好办法。

案例 1-13：中午时分，一声怒吼打破了工商银行营业厅的宁静，一名中年女坐在柜台前大发雷霆道："办，马上给我办！"银行大堂经理小陈立刻将客户请到休息室并为客户送上一杯热茶，刚开始客户怒气冲冲还斜着"眼神"瞟着小陈，一副打架的样子，但小陈始终保持微笑。原来，客户的儿子多次使用信用卡未还并大额套现，银行电话催缴及取消用卡资格冻结锁定，客户要求代儿子销户但没法出示其身份证，而柜台则按规定要求要信用卡本人办理。了解到客户儿子就在门口的轿车内，只因母子吵架才坚决不肯走进银行营业厅。小陈认真倾听客户诉说，及时安抚客户情绪后再做出解释。慢慢的，客户焦躁的情绪逐渐平静下来，最终母子办好业务一起离开网点。下班后，忙了一天的小陈正在认真填写银行大堂经理工作日志，一名客户拍打卷闸门并盛气凌人的在门外叫嚷着"开门，我要还钱。"小陈通过沟通得知客户是忘记了今天是信用卡最后还款日，由于未及时办理还款而显得非常急躁。小陈一面向客户解释下班后无法办理柜面业务，一面指示客户将百元钞方便存入 ATM 机，客户当即表示从未使用过 ATM 机存钱。眼看天色已晚，但小陈仍平静有序指导客户将所有钱款存好才离开网点。刚才还怒气冲冲的客户自知理亏而连声道歉起来，并留下自己的名片"以后需要存款指标尽管告诉我，我会尽力而为的。"

案例 1-14：5 月的一天上午，一名老人走进交通银行平原路支行。银行大堂经理小蒙马上站起来亲切地向他询问办理什么业务，老人说家里着急用 2 万元钱，要把定期存单中的钱取出来。小蒙发现客户的定期存款距离到期还差一个月，于是细心提醒这位老人："老爷爷，您的存款还没到期，现在取会损失不少利息，您确定要取吗？"老人说没办法家里急用钱，小蒙耐心地再次提醒："您可以先提2万元走，剩下的13万元等到期后再取，这样可以将利息损失降到最低。"客户兴奋地再三叮问大堂经理小蒙："姑娘，还能这样取哪？真是太感谢你了！"业务处理完毕，老人仍是一直说个不停："你们交通银行服务就是好，每次来你们银行办业务感觉就是想客户所想。"

　　银行大堂经理是否能够微笑服务而向客户传递更多正面的信息，从而减少客户的服务误判，或者至少在感情上面让自己的客户不至于把自己放到对立面的位置，是一个减少摩擦或避免招致客户愤怒的基本要求，因为此时至少银行大堂经理营造的气氛是和谐温暖的。同时，银行大堂经理能够专业且有预见性的提出解决问题的办法，也是完美做事、不留隐患的前提条件。针对客户的提款要求，小蒙如果未能提出这种专业且有预见性的解决问题办法，日后也会随着老大爷的信息交流而得到正确的答案，自然也会与银行网点间爆发一场服务投诉"恶战"。利用自己的专业知识帮助客户消灾减损，再积淀客户信任的同时，自然也会减少不必要的来自客户的情绪压力。

　　文章阅读：阅读下面文章后辩证思考这样一个问题：是否应该认同服务客户是企业生存的唯一理念？怎样证明我们更加勇于面对来自客户的批评和不理解？

　　任正非很早就形成了服务客户的重要价值理念。华为成立最初的20年间，在活下去的过程中逐渐被迫接近并最终认同了服务客户的理念并将它作为企业的真理，但探索真理的过程却是痛苦的：首先是客户方面的巨大压力，包括部分客户不认可及其客户自身发展所带来的巨大压力。在这种压力下，公司短期的经营结果表现出根本无法让客户满意或者接受的矛盾；其次是公司内部大多数不直接面向客户的部门很难真正理解服务客户的重要，研发很容易寻找自己的技术、财经自然会钻研财务经营；而来自资本方面诱惑，诸如房地产投资、股票投资、ICT行业中的一些机会主义诱惑使得公司整体很难形成一个像样的合力。服务客户的意识并没有被公司的所有人认同并接受。委屈和不合作在公司内部蔓延。任正非后来回忆道：华为那时常常对客户说，你们应该做什么，不做什么……我们有什么好东西，你们应该怎么用。其明显的例证是在NGN的推介过程中，华为曾以自己的技术路标，反复去说服运营商而听不进运营商的需求，最后导致在国内相关部门设备选型过程中华为产品被淘汰出局，甚至连一次试验的机会都不给。后来，华为坚持客户满意是衡量一切工作的准绳，客户利益最大化是企业的生存之本，企业很少在服务客户的目标上产生不同的声音。依照任正非的观点，从企业活下去的根本来看，企业要有利润，但利润只能从客户那里来。华为的生存本身是靠满足客户需求，提供客户所需要的产品和服务并获得合理的回报来支撑。员工是要给工资的，股东是要给回报的，天底下唯一给华为钱的，只有客户。为客户服务是华为生存的唯一理由。

第二部分
银行大堂经理的营业准备

第一课　良好的仪容仪表及其礼仪表现会 让你更加充满工作自信

　　行业与行业之间，其实都有着鄙视链。热爆网络的顺丰"联名款"工作服脱胎于耐克黑款 Nike Shield 运动服，优秀的防水抗雨性能刚好适应快递员风吹雨打的工作环境，大衣左侧印有顺丰的 Logo，右侧则是经典的耐克"对勾"，二者搭配起来竟毫无违和感，倒是颇有时尚范儿。顺丰员工感觉自己很牛。IBM 恐怕是全球迄今为止对员工的服装要求最为严格的一家公司了。它要求自己所有的销售人员在会见客户时，必须身着西服，且西服的颜色必须是深色，衬衫要穿白颜色衬衫，领带也必须是深颜色的，而皮鞋只能是黑色的，而且必须系好鞋带。IBM 的做法是给客户一种很沉稳、干练、传统的感觉，从而使客户觉得 IBM 提供服务的员工很职业，很值得信赖，所提供的服务与其他店里看到的根本不一样。外在的、标准的职业化的形象，会给客户带来很好的视觉效果，会提高客户的信任度，这一点在提供面对面服务工程中非常重要。日本的销售大师原一平每次见客户之前都会在镜子前进行一番精心的打扮。他说："当你站在镜子前面，镜子会把映现的形象还原给你；当你站在准客户前面，准客户也会把映现的形象还给你。"如果你想从客户那里获得你想要的反应，那么你必须把自己的形象磨练得无懈可击。仪容仪表是指一个人的容貌外表，它是一种无声的语言，显示着一个人的个性、气质、素养及其精神状态。礼仪则是行为的基础，能够帮助我们正确把握与外界交往的尺度，合理的处理好交往中的人际关系。如果没有礼仪规范，往往会使人们在交往中感到手足无措，乃至失礼失态。礼仪是塑造形象的重要手段。交谈讲究礼仪，可以变得文明；举止讲究礼仪可以变得高雅；穿着讲究礼仪，可以变得大方；行为讲究礼仪，可以变得美好。讲究礼仪，事情才会办的恰到好处。讲究礼仪，才可以让你充满魅力。有礼仪的交往蕴含着相互的尊敬。礼仪作为行为规范，对人们的社会行为具有很强的约束作用。礼仪一经制定和推行，便形成社会习俗和社会行为规范。任何一个生活在某种礼仪习俗和规范环境中的人，都自觉或不自觉受到礼仪的约束。自觉接受礼仪约束的人是成熟的重要标志。银行大堂服务的工作是直接服务于客户的工作，是直接和客户交往并需要礼尚往来的工作，其仪容仪表的好坏自然会对客户产生积极或者不良的后果。目前，各家商业银行都对银行大堂工作人员的仪容仪表进行了严格的规定。

对银行大堂工作人员有关仪容仪表的规定主要是：上岗时，统一穿制式制服，保持整洁。男员工穿制式制服时，内着长袖衬衣，衣摆束入裤内，系领带、穿黑色皮鞋。女员工穿制式制服（裙装）时，内着长袖衬衣，衣摆束入裤（裙）内，佩戴统一的丝巾（领带），穿黑色皮鞋。着裙装时，应配穿不带图案的肉色长袜，袜口、衬裙不外露。穿着制服时应保持平整、干净、得体，无油渍、汗迹或折皱，袖口、裤口不翻卷。新员工和实习生在尚未配发制式制服时，须穿款式、颜色与制服相近的职业装。女员工怀孕期间不便穿制服时，可穿颜色与制服相近的服装。网点其他驻点人员，须穿职业装，佩戴明确身份标识，仪表、言行举止符合服务规范。着制服时，男员工将工号牌佩戴在左胸前的兜口正上方，女员工将工号牌佩戴在左胸前正上方，工号牌的右上角贴于西装制服的领边沿。夏季着衬衣时，男员工将工号牌佩戴在左胸前兜口正上方一厘米处，女员工将工号牌佩戴在左胸前正上方。男员工不留长发，发型前不过眉、侧不及耳、不染彩发、不剃光头、不蓄胡须、不留长指甲、不佩戴有色眼镜和其他夸张饰物。女员工应淡妆上岗，使用香水以清新淡雅气味为宜。留短发时，刘海不过眉毛，过肩长发应束起盘成发髻，并佩戴统一发饰。不染彩发、不留长指甲、不涂彩色指甲油、不做各类美甲造型、不佩戴过多的包括耳环、夸张的项链、手链、多枚戒指、标记、吉祥物及其他休闲、装饰饰物。

对于银行大堂工作人员行为礼仪的主要规定有：客户进门时应行鞠躬礼。行鞠躬礼时迎面对客人，目视对方，立定站好，伸腰；男士双手贴裤线放在体侧；女士双手在体前下端轻搭在一起；脚跟靠拢、双脚尖微微分开。鞠躬过程中将伸直的腰背由腰开始的上身向前弯曲，弯腰速度要适中。之后抬头直腰，抬起慢于下弯。应先说问候语再鞠躬。迎面遇到长辈或者贵宾行鞠躬礼应在鞠躬之后向右跨出一步，给对方让开路。银行大堂工作人员接待客户时应面带微笑，神情专注。不在营业场所聊天、说笑、打闹、瞌睡、吸烟、看书报、吃东西、接听或拨打业务电话、手机应回避客户。在客户面前应禁止打哈欠、咳嗽、打喷嚏，难以控制时应适当遮掩。银行大堂工作人员在服务中要使用服务用语问候客户，表现出愿意为客户服务的意识，提倡使用"有没有需要我服务的？"这样的问候语，不要使用"找谁？有事吗？"这样的问候语。银制服务人员在引导客户的时候要注意引导的手势。男性引导人员的正确手势应该是当客户进来的时候需要行礼鞠躬，当你的手伸出的时候，眼睛要随着手动，手的位置在哪里眼睛就跟着去哪里。女性服务人员在做指引时，手要从腰边顺上来，视线随之过去，很明确地告诉访客正确的方位；当开始走动时，手就要放下来，否则会碰到其他过路的人，等到必须转弯的时候，需要再次打个手势告诉访客"对不起，我们这边要右转"。禁止单手指客户的不礼貌现象出现。银行大堂工作人员受理业务时，应双手接过客户递交的现金、凭证、票据，以适宜的音量复述客户所办的业务。审核现金是否相符，要素是否齐全，填写是否正确。在和客户交流的时候一定要注视客户眼睛，并尽量传达给他你的真诚、友善、专注。对于特殊的客户，比如老人、儿童、残疾人等更要表现出工作人员的耐心与爱心，不怕麻烦，用尊重的神情予以回应。银行大堂工作人员应在认真操作，集中精神办理业务的同时兼客户户问话，做出及时的应对和解答。如果此项工作允许可边操作边与客户交流，多了解客户的情况，增进沟通。银行大堂工作人员处理业务后应将处理结果主动告知客户，双手将现款、票据、交给客户，并请客户当面仔细核对。

对银行服务语言的使用，是银行工作人员最重要的基本功。在与客户打交道的过程中熟练运用银行服务语言，让客户满意是银行从业人员必须掌握的礼仪规范。服务用语应礼貌、规范，语言亲切、语调适中、语气平和，提倡讲普通话，也可根据区域习俗使用方言，实现语言无障碍服务。杜绝使用蔑视语、烦躁语、否定语和斗气语。银行服务语言应具备准确性。准确性是传达信息工作的基础，银行工作人员回答客户的询问时，一定要确保准确无误。不能含糊其辞，模棱两可，更不能断章取义，随意解释。银行服务语言应具备鲜明性。银行工作人员在熟练掌握银行业务知识的基础上，还应注重服务用语的锤炼和提升，使交流的效率更高。银行服务语言应具有艺术性。银行服务的语言应扎根于丰富的银行业务知识之中。业务知识是土壤，语言艺术是种子，二者结合才能让客户轻松愉悦消费服务和产品。

银行大堂工作人员在大堂里面标准的站姿，从正面观看，全身笔直，精神饱满，两眼正视，两肩平齐，两臂自然下垂，两脚跟并拢，两脚尖张开，身体重心落于两腿正中；从侧面看，两眼平视，下颌微收，挺胸收腹，腰背挺直，手中指贴裤缝，整个身体庄重挺拔。正确的坐姿应是上身挺直、收腹、下颌微收，两下肢并拢。入座时要稳要轻，一般只能做满椅子的三分之二。如有可能，应使膝关节略高出髋部。如坐在有靠背的椅子上，则应在上述姿势的基础上尽量将腰背紧贴椅背，这样腰骶部的肌肉不会疲劳。久坐之后，应活动一下，松弛下肢肌肉。腰椎间盘突出症患者尽量坐有靠背的椅子，可以承担躯体的部分重量，减少腰背劳损的机会。走姿的要求是身体直立、收腹直腰、两眼平视前方，双臂放松在身体两侧自然摆动，脚尖微向外或向正前方伸出，跨步均匀，两脚之间相距约一只脚到一只半脚，步伐稳健，步履自然，要有节奏感。起步时，身体微向倾，身体重心落于前脚掌，行走中身体的重心要随着移动的脚步不断向前过渡，而不要让重心停留在后脚，并注意在前脚着地和后脚离地时伸直膝部。银行大堂工作人员拿取低处的物品或者地面上的东西时，可使用蹲姿。下蹲时，应该自然、得体、大方。女士无论采取何种蹲姿都要将腿靠紧，保持身体自然下蹲。采取高低式蹲姿，左脚在前右脚在后。左脚应完全着地，高低式下蹲时左脚在前，右脚稍后，两腿靠紧向下蹲。左脚全脚掌着地，小腿基本垂直于地面，右脚脚跟提起，脚前掌着地。右膝低于左膝，右膝内侧靠于左小腿内侧，形成左膝高右膝低的姿态，臀部向下，基本上以右腿支撑身体。交叉式蹲姿非常适用于女性，尤其是穿短裙的人员，特点是造型优美典雅。蹲下后两腿交叉在一起。下蹲时，右脚在前，左脚在后，右小腿垂直于地面，全脚着地右腿在上，左腿在下，二者交叉重叠；左膝由后下方伸向右侧，左脚跟抬起，并且脚掌着地；两脚前后靠近，合力支撑身体；上身略向前倾。在行走时可以临时采用身体半立半蹲式的蹲姿。在下蹲时，上身稍许弯下，但不要和下肢构成直角或锐角；臀部务必向下；双膝略为弯曲，角度一般为钝角；身体的重心应放在一条腿上；两腿之间不要分开过大。采用蹲姿时要注意不要突然下蹲或者离人太近；不要方位失当；切忌两腿叉开、两腿展开平衡下蹲以及下蹲时露出内衣裤。

案例2-1：刚刚毕业不久的王新宇同学被分配到中国银行昌平科技园支行从大堂服务开始实习。小王是个非常勤快的小伙子，当日趁着大厅里客户不多的时候，他拿起墩布在客户等待休息区开始认真仔细清洁起地面来。见小王辛苦勤奋的样子，坐在椅子上面的客户分别抬起脚以方便小王清洁椅子下面的区域。站在一旁的银行大堂经理蔡占祥看到眼里，急忙把小王叫到一边并没有表扬的任何意思，而是低声把小王批评了一顿，指示他刚才清扫客户等候休息区的时候应该礼貌轻声提示客户"老大爷,您好?麻烦您配合抬下腿,我把下面的地面清洁一下""这位先生,您好!也麻烦您配合抬下腿,我把下面的地面清洁一下""谢谢您的合作!"小王开始觉得自己非常委屈且不服气,那些坐在椅子上面的客户虽说年龄大了些,但都是看到自己正在做清洁的,而且自己的动作都是很轻很慢的,整个过程并没有失礼的表现?下班后,小王把这件事说给了较自己的早一届进入银行工作的校友,前辈告诉小王:你缺少的不是勤快,而是"礼"。

案例2-2:客户高先生从公司跳槽后想把原来的工资卡注销了,于是就近来到一家银行网点办理销卡手续。接待的银行柜员得知高先生是办理销户业务后,认真检查了高先生办理销户的条件。柜员发现高先生的工资卡并不是在本网点办理的开户手续,于是有礼貌地说道:"对不起,您这卡不是在我们这里开户的,请麻烦到开户网点办理销户。"高先生正要离开的时候,银行大堂经理走上前来忙给予纠正:"搞错了!搞错了!现在改了,任一网点都可以销户的。"银行柜员一本正经的讲:"我没错!咱们网点办不了销户!"银行大堂经理一听就有些急了:"不信,我拿文件给你看。"站在一边的高先生一时间是丈二摸不着头脑:"我到底该听你们俩谁的呢?"

服务语言的使用需要配合具体的服务行为举止,恰当的服务语言会让客户更加准确理解你的服务动机,觉得你的服务不但有品质而且还是很善解人意的一名银行大堂经理。银行大堂服务内容存在不同岗位的交叉问题,因而不同岗位的员工在银行大堂内的服务语言口径需要统一。银行大堂里面不同工作人员对客户"说法"不一,往往会使客户对银行员工产生业务不熟、管理不上档次的感觉,客户的错误体验常常会抹杀银行整体美誉度。纠正同事错误要讲究艺术性。发现伙伴说错了,应该说出让客户听起来"有道理"的原由,求得客户谅解。应对得当,合适的话,美好的语言能帮助我们赢得客户的理解。

☽ **案例分析**:根据下面的案例分析银行工作人员在事件经历过程中的仪容仪表及其礼仪方面存在的主要问题?给我们的启示是什么?

家住静安里社区"红军楼"里的孙福顺可是一位赫赫有名的老将军。老将军平日的生活都由自己的警卫员照顾,而今年的国庆节老将军特意给警卫员放了假,自己开始招待起过去的老战友及其部下。高兴自不必讲,但所剩的现金还有不少。老将军在家的抽屉里找了半天终于翻出了自己的储蓄卡,于是快步走进住家附近的银行网点要求存个定期。柜员小宋询问后得知老人家需要办理的是定期存款业务,于是便询问老人是否带着身份证,老将军一脸茫然:"必须要用身份证吗?""是的!""我忘带了身份证,怎么办?""那只能麻烦您回去取一趟了!""小鬼,先把钱给我存了,我就住在红军楼,身份证待会儿肯定给你送过来!"双方各自都不让步,眼看一场争执就要沾上"硝烟"味了,站在前台的银行大堂经理老张赶紧走了过来帮忙"柜台存钱要身份证这是规定,您自己还是麻烦跑一趟吧?"老将军吃了"闭门羹"有些受不了,自己可是指挥过千军万马的人。一怒之下打上车到分行投诉去了。下午,分行行长亲自开车把老将军送回到银行网点。刚一进门,行长就发现大堂经理老张并未按照规定佩戴胸牌,经提示后的老张未辨别出行长身份而是随便给了一句话"坏了"。行长将老将军带到柜员窗口坐下并嘱咐柜员给老人家存好钱,这时候大家才想到,原来是行长亲自陪着老将军回趟家取了身份证后又折回到网点来办业务。大堂经理老张和柜员小宋都感觉自己今天的服务好像缺了些什么东西。

第二课　开好网点的晨会和夕会

在京东集团,每一天的工作从早会开始。早上8点30分,京东集团所有CXO、负责各个板块的VP和部分业务总监都会准时进入会议室。同时,京东分别位于北京、上海、沈阳、成都、武汉、广州和西安七个大区的区总和关键业务负责人,以及位于江苏宿迁的客服中心负责人都会以视频会议的形式参加早会。在京东的管理层看来,早会制度意味着高效。2013年4月,浙江、江苏地区确诊了几例禽流感病例。在北京亲历了2003年非典的刘强东在当天的早会上重点放在传达如何防御禽流感上,他还亲自列了10多条要求,甚至细化到各地财务必须提前取出一些现金,如果有员工感染禽流感,第一时间能够有财务保证。而集团早会一结束,各高管回去以后的第一件事情就是向刚上班的员工准确地传达好这方面的信息。从8点半到9点半,整个集团上上下下就全部了解清楚了。据京东高层讲,晨会是一个特别方便和高效的平台,公司领导层的决策和需要实施的规定通过这个平台特别迅速地发布下去,各地遇到什么特殊情况、需要总部支持的,也可以迅速得以解决。邮储银行商城支行组织开展了"学合规、讲合规、合规实例感染我"专题晨会。通过晨会的开展,该行强调了"合规不是一日之功,违规却是一念之差"的合规理念。示范网点理财经理李勤为大家讲解了自己实际工作中的经验和感悟,结合自身实际从"用心学习"到"恒心工作"生动讲解了合规内容。合规人人有责,合规创造价值。一个个实例贴近工作,形象生动,全体员工认真听讲,深受启发和教育。据介绍,该行通过晨会开展的"每日合规一讲"活动,有效地组织了员工进行业务操作流程和风险防范内容学习,多形式地促进了员工深刻理解业务流程风险点,更好地激发了员工风险防范意识。晨会和夕会制度简单易行,并非难事。但要把这简单易行的事情做好并不是那么容易,它取决于网点银行大堂经理的自身素质以及员工对晨会和夕会的认知和重视程度。晨会和夕会是银行大堂经理与其他岗位的同事沟通交流的重要平台,有效组织晨会和夕会将会为流畅内部沟通、全面服务客户奠定基础。

晨会作为一种系统性的管理手段已经成为银行大堂管理的首要环节,其意义是使每个员工都处在良性的宽松环境之下,运用必要的督促管理手段,达到管理者心中所确定的目标。首先,网点晨会可以以高效的服务促进业务发展。银行每天坚持召开晨会,可以使员工养成在上班前提前到岗的好习惯,做好各项班前准备工作,通过晨会适时把握最新的业务动态,不断练习标准服务用语和手势,积累经验,总结教训。从而可以提高自己的工作效率,达到以高效的服务促进业务发展的效果。第二,网点晨会能够有效激励员工士气,加强团队意识,调整员工的情绪。利用晨会给员工提供一个相互交流的舞台,通过让员工轮流成为晨会的主持人为员工提供一个施展自己能力的舞台,通过激励员工学习业务知识和服务技能,使员工相互学习、互相促进,取长补短。在争先比学的氛围中,提高员工的服务意识和团队意识,从而使员工将优质服务变成一种自觉的追求,变成一种长期坚持的工作习惯。同时,通过集体喊口号、唱歌、讲故事等多种方式而将员工的情绪调整到积极亢奋状态。营造出一个让员工有成就感的工作环境，营造出一个互帮互助的团队气氛。晨会是喊醒员工的"闹钟"。第三，网点晨会是进行工作通报的一个重要平台。利用晨会时间，网点领导可以传达一下近期工作重点，通报工作业绩，传达相关精神，组织对新产品、新业务、新制度、新流程的学习，从而做到上通下达，使员工明确工作重点，更好更快的开展工作。网点晨会具体化员工的工作目标，明确工作重点，让所有的员工都知道当天的工作重点。第四，网点晨会是激励表现好的员工的重要平台。特别是表扬昨天表现好的员工及其团队中的重要作用。晨会要成为团队建设的"拉拉队"。要利用晨会的机会分享经验。让服务表现好的员工分享他们的服务秘籍，让业绩优秀的员工分享他们营销法宝。晨会应该是银行网点的工作"沙龙"。

网点晨会虽然没有整齐划一的要求，但是以下的基本原则把握对于银行大堂经理来讲还是很重要的：

1. 合理安排晨会召开时间。因为每个网点在开门之前都有押款车送款过来，款车到达网点的时间也是各不相同的，这就需要网点根据自身的情况做出合理的安排。很多网点存在这样的情况，要么晨会正在召开的时候，款车到了，晨会开到一半就结束了；要么晨会还没召开的时候款车到了，员工们忙着接收款项，做营业前的准备，无暇召开晨会；这几种情况都使晨会无法发挥其应有的作用。所以应根据网点实际情况，合理安排晨会的时间，既能有效发挥晨会的重要作用，又能保证各项工作有条不紊的进行。

2. 网点银行大堂经理亲自参与，避免使晨会流于形式。目前不少银行网点虽然有晨会，但这种晨会主要定性为一种工作例会，主要是银行大堂经理进行前一日的工作通报，前一日的工作总结，大堂里所有员工被动的在听。有的网点银行大堂经理对晨会中的激励互动环节不能适应，面对员工也觉得不好意思，害羞，所以在召开晨会的时候就安排其他员工去展开活动，自己在旁边做看客。殊不知，领导坐下来，员工就能躺下来。银行大堂经理自己参与主动性不高，会直接影响员工对晨会的重视度和参与度，从而使晨会有形无神。所以在晨会制度实施时，一定要确保银行大堂经理或者网点负责人亲自参与，有足够的重视。

3. 要使晨会召开多样化。首先是形式多样。在晨会召开时，我们通常采取站立式的形式，主持人站在中间，员工站成两列。因为这样有助于振奋员工精神，使员工尽快从生活状态转向工作状态。但在主题培训环节，如果内容是重在学习的，则可以让员工坐下来，这样员工可以边听边用笔记下来，提高学习的效果。也就是在晨会召开时可以尽量使形式多样采取站立式与坐记式相结合的形式。其次是内容多样。晨会的内容应该是丰富的，不仅包括工作通报，还应该有相互激励，主题培训，愉悦分享等等。晨会的内容不仅仅是工作安排，更多的是学习，激励士气，振奋员工精神。晨会内容尽量涉及到点点面面。第三是主持多样。网点晨会是一个展示网点员工个人才华的一个重要平台。如何展示员工的才华就是通过让员工轮流做主持人来实现。晨会单调沉闷。在我们的晨会中应能动员每一位员工的积极性，并使员工广泛参与进来。工作通报的时候由网点经理主持，进行工作互动的时候由大堂经理主持，反馈客户信息的时候由理财经理主持。第四是声音多样。改变单调沉闷就要使晨会的声音多样且有感染力。晨会开始的时候要有问好声来激励员工士气；精彩的讲评后要有掌声来及时鼓励；气氛活跃时要有笑声来创造愉悦的心情；结束的时候要有口号声激励大家精神饱满的投入工作。

4. 揣摩总结经验。银行大堂经理应该就晨会中出现的问题做好重点记录，提供事后有效的工作思路。由于晨会的主持人每天都不一样，主持风格也各有不同，进行晨会总结可以把当日比较有特点的内容记录下来，为以后晨会的召开提供学习样本。在进行总结的时候可以有效结合《银行大堂经理工作日志》相关晨会的记录。

如何设计组织好网点晨会，是每一位银行大堂经理都必须面对的问题。由于网点晨会是银行目前普遍坚持的工作程序和工作惯例，因而长时间坚持下来并且生动活泼有效还是有一定的难度的，需要银行大堂经理进行认真揣摩。

1. 晨会的组织者要有掌控能力。银行网点召开晨会，作为晨会的组织者需要一些具备掌控能力方面的训练。控制节奏、控制时间、控制情感、控制内容、控制效果。网点晨会的召开应该准备充实、程序紧凑、前后贯通、知性感人、激励鞭策、活动有力、督导贯彻、团结配合。

2. 要确定主题内容。银行大堂经理应将网点晨会的内容分解形成服务回顾、新产品学习、内控风险、营销目标、业绩回顾、工作安排、经验共享、难题破解、知识竞赛等不同的模块内容，根据网点或者分行的工作部署来规划近一段时间的晨会主题。除上级统一布置的晨会内容外，由自己确定的晨会内容，至少要提前一天，甚至提前几天就要考虑好。需要注意的是，内容丰富并不是要把晨会开得花里胡哨，想一些舍本逐末、哗众取宠的游戏，而是要紧扣经营的主题，让大家在晨会上耳濡目染的都是与精准营销、提升业绩、团队建设有帮助的内容。内容要能让员工开眼界，得到他们亟需的专业营养，帮助他们找到与客户沟通的最佳点，特别是解开员工们工作中的"困惑"

3. 选择好晨会形式。是让被听者认真领会的文件宣读，还是员工为主角的主题式的演讲；是提问式的启发，还是研讨式的互动？是"官教兵"，还是"兵教兵"？所有这些都需要事前有一个"策划"。如果长期坚持一种形式且还是"板着脸"训人，效果肯定不如人意且遭到大家的反感。内容决定形式，形式服从内容。晨会形式最终从网点工作效果出发。银行大堂经理应适时准备一些服务及其营销的故事，在需要的时候用故事开头会收到更好的效果。讲了故事后重要的是要和大家分享对故事的感受。

4. 要注重学习和积累。网点晨会要做到"专博合一"。"专"是指管理中的专业知识要掌握，不说外行话；"博"是指古今中外，天文地理都要懂一点。网点晨会是个"工夫在诗外"的活儿。要想开好晨会，必须学习学习再学习，积累积累再积累。"腹有诗书气自华"。只有底气底蕴扎实，才能艺高胆大，游刃有余，风度翩翩。

5. 要注意语言表达。银行大堂经理也许很难达到电视台节目主持人的水平，但是银行大堂经理完全做得到吐词清晰、流利磁性、声音跌宕、富有激情。或许略带一些身体语言会让你的晨会更具备吸引力。

网点夕会最主要的目的便是总结提炼业绩提升的经验，分析解决存在的问题。银行大堂经理通过网点一天的运作应该能够发现员工工作中的闪光点，提炼出成功的重要经验，推荐次日晨会经验分享的个人。同时，总结本日的营销目标是否达成，未达成的障碍主要是在哪里。本日遇到的主要工作困难有哪些，通过大家的共同分析找出解决问题的有效办法。银行大堂经理应对当天的服务经营过程仔细观察、缜密思索，特别是利用夕会的机会及时发现潜在的问题及服务隐患，调动员工的兴趣来查找原因和办法，同时做好次日的工作部署。

网点夕会的时间相对应该充裕，可以就重点解决的问题展开深度分析。和晨会多是鼓舞士气的做法有所不同，夕会多是总结当天经营情况并组织大家积极研讨、寻求答案。其相关的内容会有：统计当天的产品销售业绩，检视员工目标达成水平，评估员工工作效果；倾听员工的对相关问题及其措施的反应及其看法，形成必要的意见反馈，了解员工的真正想法；激发员工对当日问题特别是棘手问题提供解决的思路，群策群力想办法，鼓励员工勇于面对困难；发现当天的服务和营销的"冠军"，安排其在次日晨会上面与大家共同分享心得，同时针对第二天上市的新产品进行深入学习和系统准备。

案例 2-3：工商银行长阳支行的吴文是个点子颇多的银行大堂经理，今天是小吴主持晨会，已主持过多次的小吴对晨会流程已经驾轻就熟。开场问好后，小吴对大家说："请大家上前一步，相互检查仪容仪表。不过检查完毕后都要说一句赞美对方的话，让对方赏心悦目。"小吴说完，大家开始还有些愣怔，以前从没有说过赞美的话。不过大家还是按小吴的要求相互赞美起来。一名女员工赞美其对面的男员工："王哥，你今天好帅呀，玉树临风，我真的好崇拜你啊……"这名男员工立即回应对面的女员工："林妹妹，你今天好漂亮呀，我发现你比昨天又年轻了十岁……"自然略带夸张的赞美，立刻把大家的现场情绪调动起来。小吴看到每个人都在发出爽朗的笑声，自己也笑了起来。大家都觉得今天的晨会开得太有趣，以至于临近下班时分还在回忆着那些暖人的话语……

案例 2-4：交通银行长阳支行的大堂经理孙文珍准备了自己的晨会故事脚本：自己平时工作中总是会遇到形形色色的客户，而耐心地帮助客户达到他们的要求，已经形成自己的习惯。今天我讲述的就是我遇到的一件不大，却让我难忘的事情。那天，我在厅堂里遇到了这样一位客户，她看上去年纪已经很大了，在取号和等待时又表现出了些许的局促，于是我便询问她要办理的是什么业务，并告诉她不要着急，耐心等候。轮到她办理业务时，我便陪着她一起来到柜面。果然，在柜面同事让她输入密码的时候，她迟疑了很久，才开始输入。第一遍，超时，第二遍，密码错误，第三遍，还是密码错误。老人的额头上沁出了汗水，五官都挤在了一起，似乎是在回忆，也像是有点急躁。我告诉她不要急，再试一试，有没有平时常用的密码，也眼神示意柜面同事情况特殊，不要催促。老人想了很久，期间还打了个电话给自己的孩子，最后终于输对了密码。这时，已经过去了半个小时。看到终于取到了工资的老人有些放松却略显疲惫的脸庞，我给她倒了杯热水，引导她到客户洽谈区稍作休息。老人逐渐平稳了情绪，和我聊了起来，而我也终于知道老人试了那么久密码的原因了。

（情景再现）

老人：姑娘啊，今天幸亏你了，要不是你啊，我还真不知道怎么取工资呢。

讲述人：阿姨，那您以前的工资都是怎么取的呢？

老人（有些悲伤的叹了口气）：以前啊，都是我们家老头子帮我取的，上个月啊，他说走就走了，孩子也不在身边，留下我一个人，什么都不懂，什么都不会，要不是你们啊，我真不知道该怎么办了。（抹眼泪）

讲述人（走上前轻抚阿姨后背）：阿姨，对不起，提您的伤心事了。老人家要想开一点，以后您就到我们这里来取工资，我专门为您提供服务怎么样？

老人：姑娘，你太好了，我会记住你的好的！

（独自讲述）

讲述人：作为银行员工的我们，不仅要为客户提供优质的服务，更要在客户脆弱、无助的时候给予客户人性的关怀。

银行大堂经理应在前期精心策划并提早排出一周的晨会内容，让每一位参与者都能做到心中有数，同时还便于员工对晨会上面将要讲到的内容进行一个预先的思考，这样参与的积极性才会有所提高，达到的效果也才会更好。千万不能让主持人从头讲到尾，大包大揽，而要适时补充新的面孔出现，将新的观念和思路带进网点的经营之中，也才能活跃职场的整体气氛。让一线员工融入到晨会活动中来，会让晨会的效果更加精彩。

☝ **经验分享**：《晨会引入晨练机制　培养员工职业素质》中国工商银行深圳市分行晨会创新工作情况介绍（原作者：王雪涛有改编）

要想改变一些员工长期养成的不良习惯是非常艰难的事情。素质方面的差距，是目前一些员工改变职业习惯的症结。在晨会进行中养成良好的职业习惯，目前员工还较为缺乏。晨会要开好，员工的职业习惯要在训练中形成两者并不矛盾，完全可以在晨会过程中实现。

1. 晨会引入晨练机制创新工作的思路。

晨练是网点在每日晨会进行过程中对员工自身的行为、礼仪所进行的一种常规性训练和提示、检查的过程，是晨会的一个组成部分。晨练改变了晨会的组织形式，采取了集中列队式的晨会办法，并加入了职业素质训练的内容。意义是要让员工养成遵纪守时、步调一致、精力集中、精神振奋、训练有素、相互监督、自我约束的良好职业习惯。晨练的作用则在于它形成了晨会的组织形式，带动了晨会的开展。晨练调动的是整体，形成的是一种强势，创造的是一种氛围和精神。晨练能够把员工的精神和行动统一到一个明确的基础上，在此基础上培育出良好的职业习惯。

有些素质上的缺陷完全可以通过长期实践和学习获取不同程度的补偿。网点实行和不断完善的晨会、晨练制度，无疑为员工思想的升华、行为的规范、服务水平的提升及晨会质量的提高提供了时间、场合、机会和条件。随着时间的推移及晨会、晨练效果的显现，对自身的业务发展具有现实意义。

由于晨练需要在每天晨会过程中进行的例行训练，其具有检阅性、培训性和时间性强的特点。所谓"检阅性"就是要全体员工列队接受负责人的指挥和检查，每个员工要求严肃认真，着装整齐，训练有素，达到职业规范化，并通过一些口号加强员工的组织和集体观念，振奋精神，提高自信度。"培训性"就是全体员工每天晨会必须参加，并在主持人的指令下接受职业训练，规范个人的职业行为，提高个人的服务水平。"时间性"就是晨会、晨练的时间上要求列队准时、到位，形成习惯；内容要求简短精练，在有限的晨会时间过程中完成晨练的内容，既不能占用晨会的时间，又能使员工达到训练的目的。

晨会与晨练相互补充、相互完善。通过规范晨会形式，便于岗前开好晨会；而通过晨练强化形象训练，又能让员工学习和掌握服务技巧，促进员工养成一种可行的、规范的礼仪和行业行为。首先，从组织形式上讲，晨练列队集中的会议形式无疑是开好晨会的积极方法，全体员工在一种定时列队、整齐划一、集体形象的感染下形成良好会议氛围和团队精神，是进行晨会的前提，也是开好晨会的重要保证。其次，从时间上讲两者之间并不冲突。从晨练办法的时间设计看，除列队组织、行为检查及相互问候是晨会过程中本身就要进行的事项以外，其他无外乎就是服务用语、服务礼仪、营销技能的练习，其时间最多不超过2分钟，而且当晨会内容较多时，就以晨会为主；当晨会内容较少时，就以晨练为主。相互不存在固定的模式，灵活应用。而晨会中对环境的检查一项内容还是在晨会之后、员工进入岗位时进行的例行检查。从表面看晨练是一种形式，但形式是内容的体现，是为内容服务的。抓晨练就是从形式抓起，通过一定的组织形式达到引导员工自我约束和倡导银行形成职业化的目的，并通过这一形式推动晨会、晨练制度的结合、发展和完善，促进员工良好形象、礼仪的养成，以便在服务和工作中驾轻就熟，树立工行良好的形象。

2. 晨会引入晨练机制的实施办法和开展。

会前的准备工作。晨会的主持人或网点的负责人要千方百计让晨会、晨练在有限的时间里获取最大的收益。主持人必须提前精心准备，对晨会、晨练要有设计，有安排。要掌握最新文件，最新信息、动态以及新业务的办法、操作规程，了解上一日的营业情况，准备业务的指导内容以及要训练的内容。讲话要言之有理，要有吸引力和鼓动力。对晨会、晨练的事项，要事先告知员工。各级主要负责人也要作好发言的准备，要按时参加晨会、晨练，关注和指导晨会、晨练。

晨练的组织形式。队伍组织形成：员工15人左右，形成三面站立；10人左右，形成对面站立。网点负责人或营业主任站立在一面空缺的中间位置负责主持晨会。队形形成后，以后就要严格按时间的要求自觉、准时、迅速到位。这一过程形成员工自觉的习惯后，其时间比原晨会召集所用的时间大大缩短，为晨会奠定了基础。晨会的地点应选在营业大厅。晨会安排在正式上班的前10~15分钟进行。

振奋精神的练习。员工形成队列后，主持人和全体员工要相互问好，从而训练良好的职业习惯。主持人要带领大家齐诵事先约定的口号。其作用是：一方面提醒自己，振奋精神，清除因早晨带给人体生理上的沉蒙情绪；另一方面是体现一种团队精神。口号可以根据企业职业或服务理念以及自身单位的标志性口号来制定，没有固定模式，简单易行。时间约十多秒钟。

仪表、仪容、仪态的检查。仪表、仪容、仪态的检查是晨会不可缺少的组成部分。主持人根据服务规范标准对员工的仪表、仪容、仪态进行逐一检查，形成职业规范。适当讲评，作好记录，给予提示和纠正。时间最多不超过1分钟，规范以后会更少。

晨会的主旨内容。根据网点的情况可开始进行晨会的主旨事项。其中包括：前日工作总结和工作讲评、重要的事项和上级精神的传达、贯彻和新文件重要内容的通报；当日的工作及人员的安排和布置；业务的传导、纠正差错、指导业务操作流程、简述新产品的概念和功能特点及产品的营销要领。其时间过程占主导。

行为礼仪、服务用语的练习。当晨会时间允许的情况下，就可以进行一些工作中日常行为礼仪、服务用语的练习。通过问候或其他方式进行一些礼仪的练习，如文明用语的练习。根据实际情况以及不同的时期，网点可制定一些日常实际的礼仪、服务用语等，有选择性地进行练习。还可加入一些日常的英语练习，辅导员工每周学习一句，不断复习，以改善英语的服务环境。这一时间过程根据晨会的时间随机掌握。

办公环境的检查。晨会结束后，员工应迅速进入工作岗位，网点几位主要负责人一起检查或抽查各办公台面的整理和整洁情况以及营业厅的环境整洁、整齐情况，对存在的问题，要给予记录和纠正。通过每天的检查会使网点保持整洁，网点服务就会上等级。这一过程在晨会之后进行。通过晨会、晨练形式提高员工素质，改掉一些陈规陋习，是一项长期艰巨的任务，必然与网点领导的积极倡导、主动参与和起表率作用密不可分。要切实达到晨会的作用，并非要求完全照搬照抄固定模式，而是要不断进行创新和学以致用，使晨会、晨练活动在网点有条不紊开展起来。

3. 晨会引入晨练机制取得的效果。

通过晨练的"一练一查一口号",起到了岗前振奋精神、自我检查、自我规范行为的作用,同时也把网点晨练的内容在晨会中穿插完成,促使了原来零散、较少或难以落实的晨会制度得以实施,员工自我规范、检查以及晨会的自觉性、自律性明显提高,员工正在逐渐养成职业人良好的行为习惯。员工开始提升自身"职业人"的能力,养成环境和仪容、仪表一致的职业习惯。通过晨练的自我检查和整改,营业大厅的服务环境有了明显改观,员工的精神面貌及其自我约束能力进一步加强。

各网点根据自身的实际制定了相应的服务工作考核办法,将晨会、晨练考核纳入了服务考核的范畴,明确任务,落实责任,加强检查与监督,确保晨会、晨练工作长期保持较高的优质水平。晨练制度的建立丰富和完善了晨会的内容,起到了晨会应有的作用。但有的网点在组织实施过程中有过于机械,缺少灵活性和创造性的问题,员工不接受,主持人也很尴尬,容易流于形式,需要对各支行晨练的巩固和指导。相信只要长期坚持下去,晨练的作用远大于检查监督的力度和效果。

第三课　网点开门前的准备工作检查

虽然联想电脑、阿里巴巴之类虚拟企业的运营目前都采取比较宽松的管理方式,但像工商银行、希尔顿酒店、富士康科技等实体企业仍然遵循着看似非常传统且非常严格的管理方式及其工作程序。特别是在银行管理层看来,营业前的例行检查是一个非常良好的工作习惯,是一个非常有效的管理制度,是非常重要的一项工作内容。营业前准备工作的检查主要是检查营业前银行员工、银行设备设施、银行经营环境是否达到营业规定的要求。营业前的检查是每天都要求要做到位的,检查的内容也比较固定,因而又是一种例行的检查。这种检查几乎在所有银行每天都在进行着,因而自然也就形成了制度,是银行大堂经理一种良好的工作习惯。卡耐基曾言:没有人能永远按照事情的轻重程度去做事,但按部就班的做事,总比想到什么就做什么要好得多。而不良习惯之一,卡耐基第一提到了办公桌子上面乱七八糟的用品堆放问题。良好工作习惯的养成需要从点滴小事做起并长时间给予一种坚持,才能看到不懈努力的良好结果并形成风气。银行大堂经理每天对银行网点营业前的例行检查应该主要检查以下的硬件和软件准备是否达到规定的标准:

1. 检查营业网点外部环境是否符合营业要求。(1)营业网点当日清洁是否符合要求,周边环境确保无垃圾,无杂物,大门及外墙面无乱张贴物和张贴物残迹,大门及外墙玻璃无污迹、灰尘。冬季遇积雪和结冰应立即将网点门前的行人通道上的积雪和结冰清除,雨雪天须摆放防滑垫、警示牌。(2)机动车和自行车必须严格停放在网点周边的规定区域,并且银行门口和紧急出口两边的3米范围内不允许停放机动车和自行车。(3)及时阻止网点门外区域内乞讨、商贩买卖等不当或不文明现象的出现。

2. 检查营业网点内部环境是否符合要求。(1)标识是否规范统一。行徽、行名、营业时间等标牌悬挂规范统一,牌面整洁、齐全、美观,无残缺现象。营业牌照(金融营业许可证、营业执照、公示、税务登记证）必须齐全，挂在醒目位置，整齐划一。柜组标志牌、业务导示牌、数字样牌和柜员服务标牌（上岗资格证标牌）等规范齐全，整洁醒目，标示在指定位置，并与实际办理业务情况及人员保持一致。电子显示屏必须显示出完整、准确的信息。清晰标明排队等候区域，营业厅外部宽度在2.5米以上的网点要实行"一米线"服务。自助设备使用须知、说明书等粘贴在规定位置，字迹清晰，无残缺现象。服务监督电话公示在醒目位置，自觉接受客户和社会各界的监督。灯箱招牌、广告、霓虹灯、门头射灯应无损坏，无不亮现象。（2）服务设施是否齐全。桌椅、填单柜（台）、笔、老花镜、验钞仪等服务用品，齐全、整洁、完好（每个营业柜台均应配备客户用笔，保证能够正常书写；柜台外至少配备一副老花镜）。已配备的饮水机、咖啡机能正常使用。时钟、日历牌、利率牌须正常、准确显示。自助服务机具、复点机、复印机等设备保持整洁完好，确保可以正常使用。因故障停机，必须放置（张贴或在屏幕显示）"本机故障、暂停服务"的告示，并及时报请总行维护。发现设施破旧损坏时，应立即通知相关部门进行维修或更换。（3）海报要张贴在规范的位置或置于展架中，做到平展、醒目，不要在海报前放置影响客户视线的物品或在海报的顶部张贴另一张海报。（4）备妥各类本行业务产品、业务宣传品。宣传手册（折页）要整齐摆放在宣传折页架中，并方便客户拿取，不要将不同的宣传手册（折页）混杂摆放在同一堆中。确保所有的宣传海报、宣传手册（折页）都是最新的，不要继续张贴和摆放过期或者破损的宣传资料。（5）所有的标识，要确保没有毛边、裂痕和涂划，不要存在被破坏和撕裂的标识、标签和其他营销素材。（6）网点中所有的展览品、陈列品和印刷品必须经总行认可后方可推出，上架展示。活动期满后应立即撤下。

3. 检查营业办公环境。（1）环境卫生清洁。营业厅、自助服务区和柜台内门窗洁净，地面墙壁整洁美观，无乱贴物，无灰尘，无蛛网，无污迹，无损坏，无杂物，无卫生死角。柜台防弹玻璃外，除便民措施外，不得摆放其他物品，防弹玻璃内的柜台上，除当班人员服务标牌（上岗资格证标牌）外，不得堆放其他物品。柜台、桌椅、办公设备、自助机具、回单箱、电器设备、宣传架（展板）等，摆放有序，触手无尘，无涂抹，无损伤。保洁员是否已经到位。（2）物品摆放整齐。私人物品按规定存放。衣服一律挂在衣帽柜内或客户视线以外的地方，其他私人物品一律放在个人物品箱内。工作台面整洁，办公用品定位摆放，不得摆放水杯、手机等与工作无关的物品。暂时不用的登记簿、报表等应妥善收好，不得放在醒目处。无人（暂不）使用的工作台上，无任何杂物。填单台上单据要摆放有序，保持整洁。杂物必须放置在客户视线以外的地方。（3）营业环境是否优美。室内光线柔和明亮，空气清新，温度、湿度宜人。盆景花木摆放合理，保持新鲜，盆内无杂物，叶面无灰尘。荣誉牌陈列或悬挂在醒目位置，摆放整齐。办公设备、便民设施美观实用，摆放合理，客户活动空间充足。

4. 检测大堂内各种服务系统情况，检查电子显示屏、ATM自助设备、叫号机（排队机）、网银终端、智能综合业务设备、智能查询设备是否处于正常可操作状态。提示柜员提前打开电脑系统并保证能够正常运行操作。

5. 检查员工着装及上岗情况。营业期间须统一穿款式质地相同的制服，服装整洁，纽扣齐全，无破损，无污渍，无汗味；衬衫袖口扣好，男员工领口扣好、衬衫束在腰中；不穿高领毛衣、秋衣，不得里长外短，不得在制服外罩其他衣服或将制服罩在外衣上，不准带护袖。女职工怀孕中晚期可着得体、大方的便装。新入行员工在制服尚未配发之前、实习生实习期间必须穿着款式、颜色与制服相近的职业装,保持整体着装的协调一致。季节换装时间和行内集会或集体活动着装另有要求,由总行办公室统一规定。男员工佩带统一款式的领带,要求系位规范(位置端正、长短适度、盖住腰带),保持整洁、熨烫挺括。穿与制服相搭配的深色皮鞋,鞋面保持清洁。禁止穿凉(拖)鞋、旅游鞋等其他形态怪异及颜色与制服不协调的鞋和袜。营业期间须佩戴工号牌,实习人员须佩戴实习人员胸卡,有口袋者工号牌一律挂在左上方口袋口,无口袋者挂在西服左反襟中上方。要求佩带端正,牌面整洁。外出推介业务时须佩戴胸卡及工号牌。保持面部清洁、自然、富有活力;注意保持口腔、鼻腔的清洁卫生;女员工头发应梳理整齐,前不过眉,过肩长发应盘成发髻,禁止烫奇异发型,染发应接近本色,不得明显挑染;男员工禁止染发、留长发、剃光头、留胡须,头发要整齐洁净,前不过眉、侧不过耳、后不过衣领;指甲修剪整齐,长短适度,禁止涂彩色指甲油、美甲。女员工应淡妆上岗,以示对客户的尊重,妆容应清雅、自然、端庄,不要浓妆艳抹;使用香水以清淡为宜,禁止使用浓烈香水;营业期间内不得佩戴造型夸张的首饰或饰物。

银行大堂经理检查完毕后做好准备笑迎第一位光临的客户。营业开门时应站立于营业厅入门醒目位置。

案例 2-5: 5月18日这天,某商业银行网点秦淮支行例行晨会结束后,银行大堂经理小秦开始进行营业前准备的检查工作。当检查到自助区 ATM 机的时候,小秦发现机器插卡槽的提示灯在不断闪烁,有一张卡滞留在卡槽内且周围并没有任何一位客户的身影。小秦与营销经理相互对看了一番,迟疑的瞬间眼看着 ATM 机把这张卡吞了进去。9 点钟一开门,一位自称姓姜的男士跑进营业大厅,声称自己的信用卡遗落 ATM 机里面。小秦核对完客户信息后,安慰姜客户 2 个工作日后,持本人有效身份证件到本网点领取就是了。刚刚处理完此事,10 点钟的时候,李女士来到秦淮支行准备将 2 万元转给自己的儿子。由于李女士对新旧设备存钞数量的区别并不清楚,她在插卡输入密码后,放入了 200 张百元钞票。反复操作数次后,李女士才明白存款金额超限了,于是便抽出了一叠现金,谁知道这笔钱刚抽出来,还留在 ATM 机里的 11500 元立马被"吞"了,随后吐出的是一张存款金额空白的账单。心急的李女士赶忙找到正在大堂里忙碌的大堂经理寻求帮助。听完李女士的讲述后,小秦一边安慰一边指导李女士拨打银行客服电话进行求助。期间小秦又帮助李女士按客服指令回复了验证码,并输入了银行卡号、身份证号码及柜员机台号等信息。大堂经理小秦告诉李女士,分行将在当天业务结束后,安排专人到网点清理存款机,确认存款额多出 11500 元后,会在 1 至 3 个工作日内将存款直接打入银行卡。在焦急等待中度过了 30 个小时的李女士终于等来了好消息:5 月 19 日下午 4:00 左右,李女士手机发出短信提示声,短信显示 11500 元已到账。事后,小秦总感觉到应该做些什么,于是第二天在这台旧 ATM 机的上方出现了带有银行标识的提示牌:本机器每次存钞限人民币 10000 元。

案例 2-6: 某银行网点在早上进行营业准备的时候,根据经验银行大堂经理要求有两个窗口设置贵宾客户优先的原则。临近中午,营业大厅内的人开始增多,叫号系统上显示有 30 多人排队等候。由于贵宾可享受优先服务的待遇,有不少客户发现了这个"诀窍"后求助相关贵宾客户选择了贵宾号码。见此,柜员也没有要求这些客户重新取号。连续做了几笔"贵宾客户"业务,明显延长了普通客户的等候时间,引起了他们的极大不满。"为什么我们早来的没有先办理业务,他们后来的却很快就办了?"争吵中银行大堂经理无奈解释到:"他们是贵宾客户,可以享受优先服务。"没想到这下更激起了普通客户的不满,认为银行大堂经理是个"势利眼",眼中只有有钱人。他们并不知道是有些普通客户拿了贵宾客户的号。银行大堂经理虽知道原因并非普通客户所理解的那样,但也不敢将真正原因说出来,只能是第二天多留意观察罢了。

对客户的服务追求极致是银行大堂经理营业准备工作的最大原则和最高要求。检查营业准备工作无问题并不代表在营业过程中就不出现问题。营业准备中对发现的问题应站在最大维护客户利益的基础上进行果断处理,同时对营业中可能出现的"危机"进行提前预判,把所有会左右到客户关系维系的不利因素都在营业准备阶段排除掉。在营业准备阶段进行的工作原则设置应在营业过程中得到贯彻执行,而且在营业准备阶段应有执行方式执行办法的提前规划,使得工作原则在执行过程中不会出现走样和被误解。

☺ **问题诊断**:分析下面的事件经历后,诊断网点银行大堂经理在营业前准备工作检查的安排方面存在什么样的问题?怎样处置会更好?

一天上午,某网点的银行大堂经理正在进行着营业前准备的检查工作。这时,运钞车已经开到了网点门口,银行大堂经理赶紧停下正在进行的巡查工作,指挥几名柜员按照规定进行现金清点工作。而此时正遇一名客户前来取款,发现网点营业大厅不许客户进入后,在保安指点下从自助取款机上面取走了现款。但是该客户认为营业时间内应保证柜面服务业务,事后投诉了该网点。经调查,该网点是集中运钞的最后一站,运钞车到达时距营业时间已不到5分钟,按照制度规定网点柜员早上开始营业前必须清点现金,因此出现了延迟开门时间的问题。通过查看监控录像,该客户到支行时,正是这个时间区间,厅内部分员工正忙于清点现钞工作。银行大堂经理检查营业前准备工作也只进行了不到三分之一的内容。

第四课　记录银行大堂经理工作日志

海尔集团有一个坚持了十多年的工作准则,即每一位员工每天都要根据"当天的工作当天完成,今天的工作一定要比昨天提高"的思想,不断地找出工作中的不足与失误,总结经验教训,以便日后更好地工作。这就是"日清工作法",即"日事日清,日清日高"。"日清工作法"是海尔集团奉行的最重要的员工行为准则,是海尔集团传授给每一位新员工的第一个理念。"日清工作法"是所强化的是每一位员工想尽办法去完成每天的工作目标、落实自己的责任,而不是为没有完成工作去寻找借口,或者是得过且过。作为海尔集团的发家之宝,日清工作法给我们的一个重要启示就是:问题一定要及时处理,不能拖延。如果处理不及时,小问题就会像滚雪球一样变成大问题,甚至超出我们处理的能力范围。美国管理学家豪利有句话"每一个大问题里,都有一系列的小问题露面。"日常管理中不给问题无限放大的机会,那些不必要的损失、严重的后果,其实都是可规避掉的。作为银行大堂经理,记录"工作日志"在现实中有重要意义。通过写工作日志,能够有效帮助我们整理碎片化的一天工作内容。总结自己每日工作,于自己而言,能知道自己工作的不足,哪些工作还没完成;哪些工作已做完了,主要工作经验及其成果。于领导层而言,能通过工作日志清楚知道你每天都做了些什么工作而便于管理。通过工作日志让自己养成良好的工作记录习惯并树立强烈的时间管理意识，可以清楚的知道每一天的工作内容，进而可以及时发现并了解还有哪些工作做的不够，需要及时改进和提高。每天根据前一天的工作日志，你将清楚知道自己今天该做什么，将注意力全部聚焦在应该完成的工作上面，提升工作效率。工作日志客观上提高了我们在工作时间上的进度，促使我们有效提升工作效率。通过工作日志可以表现一个人的思维及其工作的条理性，针对问题是否有解决的工作思路，能够提供更好的工作建议。工作日志是同事们相互学习、彼此借鉴工作习惯及其经验的重要资料。工作日志的重要作用是日事日清，同时还是积累工作方法的手段。银行大堂经理应该养成坚持每天写工作日志的习惯，可以确保每天工作不会出现遗漏，帮助日后回忆和检视，同时在日积月累潜移默化中提高了自身的事务管理和时间管理能力，并为日后出现争议时提供佐证。工作日志是一种进展汇报。上级领导通过工作日志可以知道某项工作的具体进展，了解员工做事态度及其遇到的工作困难，对员工工作提出建议。

银行大堂经理工作日志应填写的主要内容包括有：银行外部环境检查、银行内部环境检查、银制服务设备设施检查、银行自助区检查、银行员工工作检查、银行大堂经理服务及其营销、网点晨会夕会、受理客户投诉记录。不少银行大堂经理工作日志还有银行大堂经理的服务案例及其营销案例的记录，以帮助银行大堂经理梳理自己的工作方法并快速成长。银行大堂经理工作日志主要是写给自己看的，不要当作应付上级的道具。工作日志看似简单，日积月累，将会看到银行大堂经理的成长过程，将是银行大堂经理工作经历的宝贵财富。银行大堂经理工作日志基本格式如表2-1所示。

表2-1　　　　　　　　　银行大堂经理工作日志基本格式

日期：　　年　月　日（星期　）　　　　　　　　　　　　　　　记录人：

当班情况	个人业务柜员： 人	公司业务柜员： 人	信贷业务经理： 人	其他业务： 人
	客户经理姓名：	理财经理姓名：		
	窗口开设情况及说明：现金柜台： 个	理财柜台： 个		

网点巡查记录			
检查内容	检查时点			存在的问题及整改处理
	:	:	:	
外部环境：				
地面墙面/门窗玻璃	☐	☐	☐	
银行标识/网点名称牌/营业时间牌	☐	☐	☐	
通道及车辆摆放	☐	☐	☐	
货币兑换牌/灯箱/LED显示屏/条幅横幅	☐	☐	☐	
内部环境：				
地面墙面/门窗玻璃	☐	☐	☐	
垃圾桶/清洁用具	☐	☐	☐	
鲜花绿植	☐	☐	☐	

续表

检查内容	检查时点			存在的问题及整改处理
	:	:	:	
服务设施:				
叫号机及排队机	☐	☐	☐	
咨询引导台	☐	☐	☐	
客户休息等候椅	☐	☐	☐	
填单台/业务单据/填写示范/书写工具	☐	☐	☐	
利率汇率牌（屏）	☐	☐	☐	
服务监督牌	☐	☐	☐	
意见簿/意见箱	☐	☐	☐	
柜员工作台及工作用品摆放	☐	☐	☐	
一米线标识	☐	☐	☐	
免责提示	☐	☐	☐	
便民箱	☐	☐	☐	
客户用点钞机（监控范围内）	☐	☐	☐	
饮水机/咖啡机	☐	☐	☐	
金融许可证、营业执照	☐	☐	☐	
防火、防盗、防爆设施	☐	☐	☐	
宣传资料及宣传架	☐	☐	☐	
自助区:				
ATM设备/自助缴费设备/自助查询设备/电子回单箱	☐		☐	
智能综合业务设备/网上银行设备/智能机器人设备	☐	☐	☐	
安全提示/收费标准/环境卫生	☐	☐	☐	
一米线标识	☐	☐	☐	
免拨直通电话	☐	☐	☐	
银联标识	☐	☐	☐	
服务礼仪及服务行为:				
网点服务人员仪容仪表	☐	☐	☐	
网点服务人员行为规范	☐	☐	☐	
首问负责	☐	☐	☐	
晨会夕会记录	（与本岗位相关的内容）			
客户服务	叫号机/排队机叫号数： 人；柜面实际办理业务人数： 人			

续表

营销业绩	引见客户情况： 至理财经理　　人，成功销售　　单； 至客户经理　　人，成功销售　　单； 至其他经理　　人	个人营销业绩： 1. 推荐网银 2. 推荐开卡（借记卡和信用卡） 3. 推荐手机银行 4. 其他
服务营销案例		
现场管理记录	客户投诉/建议/需求情况及处理结果：	
	当日其他情况：	
备忘事项		

支行长签字：_____

下面是来自银行大堂经理对自己当日服务案例的记录，能够领略到银行大堂经理在遇到各种服务纠缠中所表现出来的冷静和机智。

案例 2-7：今天上午 10 点钟左右，一位客户声称预约支取一笔 20 万元的个人通知存款，但查询后得知由于 7 天时间到了，客户并没有前来支取，银行电脑系统自动撤销了该笔预约通知。前来取款的客户得知预约被撤销，现在支取则按活期存款利率计算利息，其利息损失当然不少。该客户当场大发雷霆：别的银行满了 7 天就自动结息，你们就是落后，并要把所存的 50 万元全部转到其他银行。隔着现金柜台的玻璃，柜员面对一双冒火的眼睛怎么解释都无济于事。我急忙上前说道："真对不起，是我们的错，没有打个电话提醒您，耽误了您的事"经过我耐心的沟通和劝说，客户的怒气渐渐平息下来。我了解到这位客户在别的银行还有存款，便对他说："您做生意，钱是分散在几家银行会更好，这样您突然有大额取现，也方便凑齐钱款，避免出现类似该笔存款意外事件。"我的诚心服务留住了这位客户，他又重新办理了预约，并心平气和地离开了网点。面对客户，不仅要来有迎声，问有答声，走有送声，而且还要运用交流的技巧。要用亲切温和的话语接待每一位客户，对待一些不太文明的客户或者性子急躁的客户，更要周到细致、诚恳耐心、排忧解难。只有信誉提高了，竞争力才有了。

案例 2-8：今天，一位打扮时髦的女孩来到我们银行网点的现金柜台要求存入人民币现款 500 元，但柜员点验现款时发现里面有一张 100 元面值的人民币是假钞就当面予以收缴，并在收缴的假钞上面加盖了"假币"戳记，同时开具了收缴凭证。这时的女孩怒气冲天，硬是要柜台将假币拿出来给她看看，但根据规定是不能将收缴后的假币交还给原持有人的，因而她更加恼火了。在营业大厅里，该女孩大声斥责上来安抚作为银行大堂经理的我："你们什么银行呀？凭什么说这是假币？"我上前面带微笑说道："这位小姐您好，首先欢迎您的光临，对于这张假币，如果您有任何异议，可凭假币收缴凭证到人民银行去进行鉴定。""我们非常理解您的感受，但根据银行管理的规定，发现假币确实不能还给客户。现在，我们可以给您开具相关证明，如果这钱是别人给您的，您可以拿着这个凭证去找找看，希望您能理解。谢谢您的合作！"这时，这位客户的情绪逐渐平稳了下来，安静地办完了后续的业务并道了谢，离开了营业网点。

　　日本丰田公司对自己的推销员极力推崇自我管理的意识并强调日志的重要。银行大堂经理每天处理的矛盾大部分都是看似繁琐的"小事"，但即使是面对相同的"事件"，同一银行大堂经理的处理方法也并不相同。银行大堂经理要有积累自己服务经验提炼自己工作方法的良好"习惯"，形成强烈的自我管理意识。通过每天记录自己的服务案例，提炼自己的成长经历和服务阅历，揣摩自己的服务技术，让自己的服务愈来愈"精彩"。

　　🖐 **经验分享**：下面是某家银行大堂经理工作日志中的一段关于客户需求揣摩的记录，阅读后谈谈你对记好银行大堂经理工作日志的看法。

　　我们银行网点服务的客户多是周围的街坊邻居，熟面孔多，相互之间非常熟悉。银行的利润来自于客户，服务的目的就是让客户满意，从而提高客户对银行的忠诚度。重视并尊重来到我们银行网点办理业务的每一位客户，能够准确地记住并准确地称呼出经常来网点客户的姓名，等于是无形之中给予客户一个巧妙而有效的赞美；而客户对我们银行大堂经理的称呼也有其一定的理由，暗含不少"玄机"。称呼我为"服务员"的客户，一定是看我年轻并想让我为他（她）们提供最快最好服务的人；称呼我为"领班"的客户，一定是对我们的服务有一点点不理解，想让我作为领班来主持一下公道的人；称呼我为"经理"的客户，一定是对我们的服务很满意，鼓励我们继续保持良好服务的人；称呼我为"师傅"的客户，一定是觉得我是他（她）们遇到困难时最贴心最受尊重的人；称呼我为"阿姨"的客户，一定是把我当成他的家长并对我有太多的依赖，而且大多是离我们网点不远的一所学校的学生；称呼我为"姑娘"的客户，是对我十分亲近，把我当成自己的孩子，希望我能够把他（她）们照顾的无微不至的老年人。跟客户打交道，需从对方的语言中捕捉到服务信息，学会在适当的时机用适当的语言，找到合适的话与客户交流。自己还需要日积月累不断摸索……

第三部分
银行大堂经理的客户现场管理

第一课 对客户进行排队管理要讲科学

排队蕴含着"先到先得"的道理。它有一种平等主义的诉求，要求我们至少为了某些目的而忽视特权和所谓的经济实力。我们厌恶在排队时有人插到我们前面。2017年2月，英国心理学家阿德里安·弗恩海姆发表了一篇研究报告说，排队遵从"数字6规则"：人们在排队时只会等待6分钟，超过8分钟客户满意度会下降55%。再者，如果排队人数超过6人，就不会有人接上去。排队时人们要有6英寸（15厘米）的活动半径才会不觉得焦虑烦躁。弗恩海姆是在研究了银行和超市的排队规律之后才得出了这一结论的。英国作家列奥·本尼迪克特在《卫报》上撰文说，并不存在什么数字6规则，但这一概括有一定的真实性。排队6分钟会让人变得不耐烦，但这并不是一个神奇的长度单位，好像过了这个限度人们就不会继续等下去。它取决于人们排队等待的是什么。如果你是在等待使用自动取款机，你不会等6分多钟。但如果你想买的是演唱会门票，平均都要等6分钟。同样，排队人数达到6个人时，人们不见得彻底放弃排队的想法，但他们会变得很犹豫。研究发现，前面有5个人时95%的人会接着排，前面有6个人时接着排的可能性就降到85%，7个人时继续下降。由于技术的进步使我们不像以前那样习惯于排队了，做事速度快多了，所以被迫要排队时，人们会感到非常恼火。弗恩海姆提出，当看到你旁边的队伍进展更快时，你会感到郁闷。而蛇行方式的队伍让所有人都排在同一个队列里蜿蜒而行。轮到你时，你被叫到任何一个可用的窗口。这种排队方式在所有等待的客户中平均分担复杂业务的影响，并且你后面的人会一直在你后面，能确保所有人都按他们到达时的顺序接受服务。最关键的是，这种队伍虽然很长，但往前移动得很快，人们能感觉到在前进。麻省理工学院的教授迪克·拉尔森说，迪斯尼乐园非常懂得排队心理学。在迪斯尼乐园，为了一个8分钟的游乐项目，你可能要等45分钟。但他们会让你觉得你还在排队时，那个项目很快就轮到你了。他们通常会把等待时间报得高一些，比如告诉你要等45分钟，结果30分钟就轮到了，你肯定会喜出望外，虽然30分钟并不短了。需要说明的是，欧美国家的人口规模和国内无法相比，国内银行网点的排队时间远远超过欧美国家。来自天津市统计局的最新调查数据显示，市民普遍反映排队现象较严重的前三位场所是银行、超市和医院。其中，对银行排队现象反映最强烈。调查数据显示，普通市民在银行网点办理业务的等候时间在 10 分钟以内的时间占 11.2%，在 10 到 30 分钟的占 52.9%，30 分钟到 1 小时的占 29.3%，超过 1 个小时的占 6.67%。对于排队问题，市民反映最多的是办理业务窗口太少，占调查人数的 77%，其次是午休或周末时间办理业务的人员太少，占调查人数的 40.1%，位列第三的是高端客户窗口挤占普通客户窗口，占调查人数的 34.1%。同样，来自上海市的调研数据显示，排队等候是影响客户评价营业网点服务质量最重要的体验环节，也是客户满意度只有综合 55% 相对较低水平的重要原因。从排队的细项指标来看，排队等候时间的客户满意度仅是 47.2%，是排队等候环节的改进重点。排队等候过程的舒适度有 61.4% 的客户满意度，排队等候过程中网点服务人员的服务占 62.7% 的客户满意度。从等候时间的数据来看，客户在银行营业网点的平均等候时间近 16 分钟，其中位于生活区的营业网点的排队问题最为严重，平均等候时间在 24 分钟。甚至有超过一半的客户等待了超过半个小时的时间，是服务区域里面压力最大的区域。而位于商务区的营业网点等候时间相对较短，平均只有 7.5 分钟，61% 的客户仅等待不足 5 分钟的时间，商业区的客户平均等待时间为 12 分钟，且有半数以上的客户等待时间是在 10 分钟以内的。2004 年，一家称作"海底捞"的四川火锅店进京开业。起初，它并未引进业界的关注，因为人们对新进入者已经司空见惯。可没过多久，同行们发现这家"海底捞"的门外，三伏天竟然也有大量食客排着长队。要知道，北京的三伏天温度高达 30 多度，这是火锅生意难做的季节，可是这家店居然还要"翻台"，这不能不说是一个奇迹。"海底捞"靠什么招数赢得"见多食广"的首都火锅爱好者的青睐？问那些三伏天在门外排队的食客，你们为什么喜欢"海底捞"？食客们则风趣地讲：这里的服务"很变态""在这里等着，有人给擦皮鞋、修指甲，还提供水果拼盘和饮料，还能上网、打扑克、下象棋，全部免费啊！"其实，大量的经营事例都显示排队的困难并非不可医治，关键是看你对客户的排队进行着怎样的管理与服务。

目前，国内商业银行普遍实行"综合柜员制"，并使用了比较公平、科学的排号设备进行排队管理，基本消除了无序排队的问题。但是，客户长时间排队等候的现象仍然较普遍，特别是老旧网点等硬件条件相对比较差的区域以及交通发达居民人数较多的区域，问题更是突出。从原因来看：

1. 日益增长的大众金融需求与银行服务供给不足的矛盾。随着人民群众收入的增加，投资理财的理念与需求愿望强烈，到银行办理各种相关业务的人越来越多，所用时间远远超过了原来传统的存款、取款时间，导致银行柜台人员处理业务的工作量大量增加。而且随着未来社会老年人口的不断增长，缺乏智能设备使用习惯及非现金结算习惯的老年客户已经是银行网点的重要消费群体，其服务相对于非老年群体而言会增加更多的时间。同时，银行所承担的房贷、缴税及其公共事业费用代收代缴的职能，导致更多的人群涌入银行办理相关业务，自然也会引起消费者排队时间的增加。随着客户金融消费档次的不断提升，客户在柜面办理的复杂业务越来越多，而且银行在风险防控和业务流程上也越来越严谨、规范，也导致了办理时间延长。

2. 网点员工主动服务意识普遍较弱。由于竞争日趋白热化，各家商业银行管理层普遍都制定了严格的员工行为规范，对员工的服务态度、服务流程等都有具体、明确的要求，但仍有部分员工的主动服务意识有待提高。向客户交代手续不清不全，导致客户一笔本来只需要几分钟就可以办理完毕的简单业务，需要客户重复来网点长时间排队，而且这种情况绝非偶然。

3. 银行服务管理不到位。除了公众反应较强烈的网点对公对私窗口的设置和人员配置不合理、营业场所布局没有考虑客户感受等问题外，还突出体现在：银行排班没有充分考虑客户需求的特点，如排队现象最为严重的对私业务，周末的客户数量明显比周一至周五多，而银行网点的人员安排、时间安排恰恰没有顺应这一情况，周末只营业一天甚至不营业，不仅营业时间比平时大幅缩短，而且营业窗口也减少，这使得排队现象雪上加霜。即使是周一至周五，对私窗口的忙闲其实也是有规律可循的。相对来说，中午的客流量会相应集中，而银行这段时间开设的营业窗口却最少，完全不能满足客户的需求，使得长长的等待队伍总是无法消失。

4. 服务渠道不够畅通。近年来，各银行为了缓解排队现象，均鼓励客户使用银行的自助服务设施，但却受到大多数老年客户的冷落。调查显示，老年客户不了解、不信任或不习惯电子化服务，仍选择传统的柜台服务，致使自助设备、电子银行渠道使用率提升较慢，难以快速缓解柜面压力。至于电话银行服务，不少银行的电话银行操作繁琐，致使人工坐席经常处于繁忙状态，接通率很低，客户使用十分不便，无法发挥出电话银行应有的优势。网上银行则更是老年人的"禁区"，主要是因为安全问题而且自己也不会操作。

需要强调的是，加强员工主动服务意识的培养，并对排队中的客户进行有效管理是排队问题较好解决的关键。就目前来看：

1. 增强主动服务意识。如果员工能够变被动服务为主动服务，不是"你问我才答"，而是能够从客户的立场进行换位思考，主动为客户提供服务，主动有效提高业务办理速度，自然有助于缓解排队的压力。要树立并非只有正在接受服务的客户才是银行关注的对象的意识，从客户踏入银行营业大厅开始，就应该受到关注，得到应有的服务。根据戴维·迈斯特尔的研究，客户对于服务开始前的等待与服务过程中的等待相比感觉时间更长，空闲时间与繁忙时间相比感觉更长，而且焦虑使等待感觉更长。网点的员工应感受体会到客户在排队等待中的"焦急"，除了对员工的工作区和休息区进行合理布局、加大对营业场所配套设施的投入外，还应有意识的将客户的等候时间转化为提前办理部分业务的区域。对那些"一只脚踏进门槛"的客户要传达这样的信息：服务已经开始！一旦开始接受服务，客户的焦急程度就会大大减退。应选配好各营业网点的大堂经理，发挥其疏导、引导、指导客户的现场服务职能，主动帮助客户检查是否带齐办理业务所需的资料证件，询问是否填妥表格，或者为客户进行简单的理财知识解答。这些措施当然可以缓解排队压力，并减轻客户等待的焦虑和不满情绪。特别是随着股市不断升温，柜面受理基金开户、银证转账开户业务成倍增加，以前办理一笔业务可能只需要2分钟，但现在仅客户向银行柜员进行新产品咨询和沟通的时间可能就会达到10分钟。如果大堂经理能够主动关心客户，答疑解惑，这样既使客户的等待变得有意义，又使柜台的业务处理速度将得到大幅提高，有效缓解排队现象。

2. 根据业务流量调整营业时间表。银行网点应全面分析客户流量和工作时间的关系，找出工作高峰和低谷所在时间区域，根据客流量和业务量的不同投入不同的人力，在高峰期投入更多的人员来处理业务以减少客户的等待时间。这样既能够满足客户的需求，又可以合理利用人力资源，使经营规模和盈利水平均得到提升。

3. 改善自助服务设施。增加网上银行用户。提供信息预告及预约服务。根据中国银行业协会最近的调研情况，排队状况的分布以月为周期大体呈现出"月初平稳，月中激增，月末回落"的波动特征，银行的代收代缴、发放工资及其养老金等项业务都有相对固定的时间段。银行网点可根据以往对业务高峰的统计以及对业务量的预测利用公众号或者微信群及时发出信息，使客户可以了解银行业务办理的高峰时间段，根据自己的需要以及银行的预告合理安排业务办理时间。同时，银行网点对团体客户或者存款数额较大的客户提供预约服务，以便使银行网点能够预先进行资源的合理调配，从而缩短客户排队的时间。

4. 银行网点要完善设计，科学规划。银行网点是直接面对客户的服务窗口，是排队问题的发生现场。要科学规划区域内网点的物理分区，实行功能综合整体配置。合理规划网点并充分利用网点资源。银行网点要努力提高窗口开工率，合理分配对公对私窗口，并进行机动灵活地调整，实行"弹性窗口"工作安排机制，在业务高峰时段增加窗口开放，在业务低峰期减少窗口，避免资源浪费。同时，对柜面客户也要区分业务类型做好再分流工作。最后，还要加强网点之间的信息共享，实现网点之间的分流。

案例3-1： 工商银行南区支行的位置由于是在交通便利的小区里，而且这个小区居住的居民非常多，因而该网点的银行大堂经理小宋每天都会面对人头攒动的众多客户，而网点的营业面积已经20多年的时间而未有丝毫的改变。小宋看到许许多多上了年纪的人拥挤在面积不大的营业厅里一等就是三十多分钟，感觉非常不是滋味，很想为周围的老年客户做点什么？小宋是个平日里观察事物非常仔细的员工，她把来到营业厅里等待办理业务的客户分成三个区域进行排队：在门口进入大厅的区域基本是安排客户站立方式排队，时间控制在5分钟左右；而后是进入大厅中间的座椅等候区进行排队等候，客户会在座椅等候区等到短暂的身体休整，时间控制在10分钟左右；而后是根据每个客户办理业务的复杂程度安排在不同的窗口前进行等候，时间平均控制在5分钟左右。小宋利用客户在座椅等候区短暂休息的时间询问客户的服务需求并推荐适合的理财产品。有的时候，小宋还会主动与熟悉的老人们说说家务事，并提示老年人谨防诈骗上当受损。由于客户基本都是熟悉的小区里的居民，因而大家也非常配合小宋的排队尝试。时间长了，即使是小宋不当班的时候，大家也都习惯按照小宋的排队方法听从其他网点同事的指挥。这个银行网点虽然面积不占优势，营业环境并不高档，但它的吸储额一直是周围其他银行网点望尘莫及的。

案例3-2： 4月23日下午，中信银行某网点的银行大堂经理康芸在引导客户排队的时候突然发现了一部手机躺在联排座椅的缝隙间，观察它的外观后，小康判断肯定是哪位客户忘在这里了。小康迅速回想刚才这段时间里办理业务的客户，记得有一位女士要无卡存款，小康在填单台指导她填写单据的时候，似曾看见过这部手机。康芸拿起手机环视整个营业大厅却怎么也找不到那位女士了。忽然，小康看到大门外一个正在打计程车的身影，于是连忙冲了出去，跟着刚起步的车子跑了几步："请稍等一下！"，看到康芸手里摇晃着的手机，客户这才意识到自己把手机遗忘在银行了。车子停下了，小康将手机送还到这位客户手上。客户告诉小康接下来要去办理很要紧的事情，要是过后才发现手机不见了，那肯定要误大事了。小康赶紧告诉客户："您还有要紧的事，快去办吧，祝您事事顺利！"客户带着感激走了，小康则带着笑脸回到岗位上继续为客户忙前跑后。两天后的晨会上，在同事们的掌声中，小康才知道那位忙碌的女士给95558致电表扬了小康。小康感觉很有些意外，只是举手之劳的事，竟然带来了客户如此温暖的情意。

现实中，几乎所有出现排队现象的服务商家都会认真规划排队过程中的客户服务方式方法，客户在这个过程中"有事做""不寂寞""情绪放松"的确是个好的指导思想。银行网点的排队管理会由于具体网点的客户群消费特征的不同而体现出千变万化的特点，因而银行大堂经理的排队管理必须仔细观察，结合网点客户群体的特点来揣摩具体的排队方法。在排队的过程中提供综合服务及其有效管理，自然会让客户体会到网点工作人员无微不至的关怀。特别是遗失物品的主动送回会让客户给网点服务及其排队管理打很高的信任分数。银行大堂经理在排队管理过程中积极和客户互动会让客户的心情更加愉悦，会增进彼此间的友谊和相互信任，自然也会带来由于客源稳定而产生的更多商业利益机会。

☝ **学习体会**：阅读下面案例，体会对排队中特殊群体客户的照顾，是营业网点推行人性化服务的重要体现，自然也会带来不尽的收获。

郑洁是交通银行芙蓉路支行的一名大堂经理，每天都要面对来到网点的客户不断进行着排队管理，并了解客户的服务需求。那天，在等候区里的客户或站或坐、秩序井然有序，产品经理则是利用客户休息的间隙积极进行着营销。这时进来的赵先生引起了小郑的注意，他似乎腿脚有些不太灵便，取完号后也没有坐在等候区的座椅上面，而是站在了等候区后面的角落里。小郑下意识的感觉到这位客户有些不大对劲，便安排绿色通道窗口帮他优先办理了存款业务。业务办理完以后，小郑请他到业务洽谈区休息一会。交谈中小郑得知赵先生搬家后住的离网点比较远了，这是赵先生第二次来网点办理业务了。虽然小郑有些疑惑，但厅堂里客户很多，因而并未来得及多问。以后每隔一个星期，小郑都能看到赵先生那有些蹒跚的身影。小郑和他渐渐熟了起来。"您来啦，业务办完了吗？""您坐下休息一会儿吧。您喝水。有一件事我一直想问您，为什么您每星期都要坐这么久的车到我们网点来做业务呢？""我第一次来到咱们网点，是在附近有事情要办，后来就是专门赶过来的了。不为别的，就是你们这里的服务好。""感谢您对我们的肯定，您觉得我们网点还有什么需要改善的方面吗？""已经很好了。我每次来都能安排我优先办理的。我有小儿麻痹后遗症，从小就不讨人喜欢，经常被歧视。中学的时候曾尝试过自杀。现在政府的政策好，给我安排了个门面房，开了个小烟酒店，经常要到银行换换零钱，存存烟草款。你们这个网点不但环境好态度好，对我们残疾人还很照顾，再远我也要赶过来办业务啊！我家亲戚都被我劝的把钱都存到你们这里来了！"客户赵先生的回答让小郑很受启发，客户的信任比自己得到的任何荣誉都更有价值。"感谢您对我们业务的支持，这些其实都是我们应该做的。"

第二课　分清事情的轻重缓急，学会聪明的工作

四象限法则是著名的美国管理学家史蒂芬·科维提出的一个时间管理理论，把事情按照重要和紧急两个不同的程度进行了划分，基本上可以分为四个象限：既紧急又重要、重要但不紧急、紧急但不重要、既不紧急也不重要。按处理顺序划分：先是既紧急又重要的，接着是重要但不紧急的，再到紧急但不重要的，最后才是既不紧急也不重要的。四象限法则是一

个时间管理的法则,也是自我教练的重要工具。该法则提倡人们应有重点地把主要的精力和时间集中地放在处理那些重要但不紧急的事情上,这样可以做到未雨绸缪,防患于未然。20岁的程晨从南京大学毕业后加盟巨人集团,半年后升为业务主管。不管什么区域什么客户她都能提高业绩。1996年3月,史玉柱到江苏检查销售情况。当时南京公司销售成绩排在全国后十名,史玉柱又是一个脾气火爆的人,在检查中,史玉柱大发雷霆,给南京公司打了零分,马上任命21岁的程晨这个销售冠军临危受命。晚上11点公司召开紧急会议,程晨第一次近距离见到了史玉柱。史玉柱问程晨:"你准备用多久来改变这个情况?""一个星期。"程晨的回答引起与会人员一阵哄笑,但史玉柱并没有责怪这个小姑娘。凭借自己多年征战的经历,他知道程晨做事是经过深思熟虑的,是做事懂得轻重缓急的工作高手。史玉柱走后,程晨做了三件事,排在首位的是把南京地区客户重新梳理,重要客户由自己负责;其次是从卸货开始,管理团队直接渗透到各个职能业务部门;第三是月底接收总公司转来业绩表时,让所有业务员都站在传真机前亲眼看到自己业绩。两个月后,南京公司业绩入围全国十强,三个月后升至全国冠军。1997年4月,程晨以南京分公司销售冠军的身份被调到总部担任史玉柱行政助理。上班第一天,史玉柱找她谈话:"公司给你提供了一个舞台,至于这个舞台有多大,是需要你自己来创造的,如果想做更多事情,你自己主动去找事情做。"事后程晨回忆说道,史玉柱这句话对她影响很大。1996年下半年,巨人集团资金链断裂,1997年春节,近一万名员工被遣散。程晨每天都要面临让其措手不及的棘手问题,很多事情来不及向史玉柱汇报,她就必须立即做出决定。程晨回忆道:"那时我学会了把事情分类,先处理最重要、最急切的事,完后再做重要的事。"1998年,史玉柱借到50万元,准备用脑白金东山再起。史玉柱和程晨带着团队每天和消费者面对面交流做着调研。江阴市场被轰开后,程晨带着25万元去开拓南京市场,凭借她出色的销售能力迅速打开了当地市场。一个月后,她用25万元赚到23万元,第二个月赚50万元,第三个月赚100万元,仅一年时光,程晨便创造了上亿元的惊人销售额。2002年,程晨成为巨人集团常务副总裁,负责集团战略规划和品牌管理。

高效的管理者很会管理工作时间,知道什么事必须马上去处理。低效的管理者大都陷入了传统时间管理的圈套,天天处理"急事",天天救火,在焦头烂额的同时,思想深处还会升腾一种"忙"的"成就感",把本来可以不"急"的事情也逐步转变为"急"事。考虑到银行大堂经理所处的工作状态,自然也存在着先考虑事情的"轻重"而后再考虑事情的"缓急"问题。结合银行网点的服务及其营销事务特征,采用的四象限法,则第一象限重要又急迫的事,应该包括诸如应付难缠的客户、自己在服务或产品销售过程中出了重大差错、处理客户的投诉、处理客户的信用卡挂失、到了处理的最后期限而不能再拖延的事情、服务中遇到了"毒嘴巴"的客户、因受诈骗电话滋扰而到网点要求汇款或转账等事情。这些重要而又急迫的事情往往最大限度考验着我们的职业经验及其判断力。但银行大堂经理们也不能忘记,很多重要的事都是因为一拖再拖或事前准备不足,而变得迫在眉睫了。本质是缺乏有效的工作计划导致本处于"重要但不紧急"第二象限的事情转变过来的,这也是传统思维状态下的管理者的通常状况,就是"忙"。第二象限是重要但不紧急的事,主要包括是与客户良好人际关系的建立、下载银行APP及建立客户微信群、对VIP客户进行电话回访或销售、答复客户相关问题的处理意见、发现了重要的VIP客户资源、在微信群里推荐新的理财产品、进行客户信息的及时更新等事项。荒废这个领域的工作将使第一象限日益扩大,使我们陷入更大的压力，在危机中疲于应付客户的不满和抱怨。多投入一些时间在这个领域有利于提高银行网点员工的工作效率，缩小第一象限的范围。做好事先的预判、提前做好准备工作，很多急事将无从产生。这个领域的事情不会对我们造成催促力量，所以必须主动去做，这是发挥银行大堂经理个人领导力的领域，更是传统低效管理者与高效卓越管理者的重要区别标志，建议银行大堂经理把80%的精力投入到该象限的工作，以使第一象限的"急"事无限变少，不再瞎"忙"。第三象限是紧急但不重要的事。主要包括有突来网点的访客、客户要求给提供一个装钱或者单据的信封、客户要求把整钱换成零钱、换汇的客户咨询换汇的具体方法、储户咨询相关银行业务的办理手续、网点外面出现了雨雪天气都属于这一类事情。表面看似第一象限，因为迫切的呼声会让我们产生"这件事很重要"的错觉，实际上就算重要也是对别人而言。银行大堂经理花很多时间在这个里面打转，自以为是在第一象限，其实不过是在满足别人的期望与标准。第四象限属于不紧急也不重要的事，主要包括有大厅里的客户一时疏忽将水洒在到地面上面、填单台里面的单据应该补充了、客户要求工作人员解释多媒体显示屏上的产品、大厅里的客户之间商量怎样转账、网点门外传来了不断的争吵声音等事情。银行大堂经理不值得把精力和时间耗在这个象限之内的事情。银行大堂经理往往在第一、三象限来回奔走，忙得焦头烂额，不如到第四象限去"疗养"一番再出发忙碌起来。真正有意义的休闲活动是很有价值的。但如果这样的休息不但不是为了走更长的路，反而纠缠于第四象限的工作，刚开始时或许有滋有味，到后来你就会发现其实很空虚乏味。

　　对于第一象限的事情是银行大堂经理压力和危机的源头，必须立即去做，否则后果非常严重；第二象限的事情，虽然不是那么紧急，但是如果银行大堂经理现在不重视它，它随时都可能发展成重要而紧急的事情，第二象限的事情要定好时间有计划地去做；第三象限的事情是银行大堂经理忙碌而且盲目的源头。对于这个象限的事情最好授权让别人去做，或者通过委婉的拒绝减少这类事务的投入；第四象限的事情，是一个用于缓冲调整的象限。当银行大堂经理疲惫的时候，可以通过一些不重要不紧急的事情来调整一下心态和身体，但是作为银行大堂经理的你不能在这个象限里投入太多的精力。

　　案例3-3：那是一个蝉鸣阵阵的夏日，交通银行烈士路支行里面的客户将银行大堂经理刘斌围了个水泄不通，原来是交行有一款新的理财产品今天正在发售。客户们问这问那让刘斌忙个不停。这时，网点来了一位神色慌张一身泥土和汗渍的穿工地作业服的男士，他在自己衣服内兜里摸索了一阵，掏出了一张张有些皱巴巴的存单，大大小小的金额加起来有40多万元。他要求柜员小张将这些存单全部取出来，把钱存到卡上，并且要求开通网上银行。这位男士的存单全部都没有到期，小张一再提醒定期提前支取影响利息，男士连声回答"我有急用，还在乎什么利息，赶紧帮我取出来就是了。"站在附近一直注意着这位男士的刘斌立即提高了警惕，并放下手头的工作。问及网银转账用途时，该男士欲言又止，犹豫了几秒后还是没说话，只是叹了口气说了一句"不太好说。"该男士这笔业务背后似乎另有隐情，刘斌立刻关照小张即刻停办该笔业务，并拨打110报了警。这位男士经劝说后终于打开了他的话匣子。"我接到了公安局电话，说我犯案了，我一个老实人出门在外打工在工地上干活的，我到哪里去犯案啊？公安局说如果要洗脱嫌疑要先办个网银，方便他们在线冻结银行卡上的钱，还说是国家机密让我谁都不能告诉，家里人也要瞒着，我骗他们说要去外地干活两天，其实我是在外面找了个宾馆住下了。""您可千万别汇，您是遇上骗子了，您的钱前脚刚到卡上,后脚就会被他们几秒钟内转掉!""真的吗?怪不得我越想越不对劲,谢谢,实在是太感谢了,我们家里的全部积蓄就这些了,小孩正在上学,我老婆是清洁工,这些钱都是我们辛辛苦苦打工、一点一滴省吃省喝积攒下来的,还向亲戚朋友借了不少,要是这些钱被骗了,我还不知道自己会怎么样呢!"大厅里面的客户都夸奖刘斌。要不是处置的果断,该客户的钱肯定会荡然无存。

案例 3-4:元月初的一个下午,一位老年男性客户至某支行柜面办理存单支取业务,柜员正常受理该客户支取业务并顺利办理,但最后关头却出现了问题。当临柜人员小张要求客户在取款凭条上签名确认时,老年客户却讲道:"我不会写字,能否通融办理一下?""对不起,按新规定必须由客户自己签字确认,您可以找其他客户帮忙代签。"老年客户环顾四周,营业厅并无其他客户,便再次要求道:"没有人能帮我,你帮帮忙吧!""我们不能直接帮客户签字,要不您找一下大堂经理或者保安吧。"柜员仍坚持着自己的要求。客户走到大堂经理小周处要求帮忙代签,大堂经理面露难色说:"对不起,按制度规定银行人员不能随便帮忙的,要不等等看有没有其他客户帮忙代签吧。"幸亏这个时候大厅里陆续又走进了多名客户,最后还是一位小伙子帮老人签了字。正在一旁服务大客户的大堂经理小周面对着老人家的激动情绪显出一脸无奈的样子。正要达成协议的客户见老人和大堂经理不断纠缠着"谁对谁错",只能是拍拍屁股提前离开了网点。但老年客户余怒难息,临走时念叨不停:"太麻烦了,以后再也不来这存款了!"

实际工作中,大多数重大工作目标无法达成的主因,是由于大多数的时间都花在了次要的事情上面。银行大堂经理必须学会对客户服务价值的判断,建立起先后的服务顺序,把最重要的事情优先做完做好。在实际工作中,可能还会遇到几个关联的事情同时进行处理的问题,银行大堂经理要学会把最主要的事情优先切割出来的同时,统筹并妥善处理你认为同样需要重点关注的事情,但同样需要分清楚轻重缓急,特别是尽量避免变成急务而使工作陷于被动。

现场模拟:请你根据所学的四象限法判别一下下面两组同时发生的事情的处理顺序:第一组同时发生的事情有:大堂里等候的客户找你闲聊,潜力大客户到访网点,水洒在网点大门口,大笔约钱的客户来到网点;第二组同时发生的事情有:应该收拾你的咨询台了,客户要购买贵金属,听到网点大门外很吵闹,叫号机显示有重要客户来到了网点。

第三课 遇到不合作的客户怎么办

在万科人眼里,客户与企业的关系并非一锤子买卖。每逢万科新楼盘开盘,老业主的推荐成交率一直居高不下,部分楼盘甚至能达到50%。万科的销售,有30%~50%的客户是已经入住的业主介绍的。在深圳,万科每开发一个新楼盘,就有不少客户跟进买入。据万客会的调查显示:万科地产现有业主中,万客会会员重复购买率达65.3%,56.9%业主会员将再次购买万科,48.5%的会员将向亲朋推荐万科地产。多渠道关注客户问题是万科客户关系管理中的重要一环。在万科，有专门的职能部门负责处理客户投诉，同时肩负着客户满意度调查、各种风险评估、客户回访、投诉信息收集和处理等项工作。具体的渠道有：协调处理客户投诉，在得到公司的充分授权并遵循集团投诉处理原则下，负责与客户的交流。在万科，"投诉万科"论坛由集团统一实施监控。规定业主和准业主们在论坛上发表的投诉，必须24小时内给予答复。万科的客户满意度调查由万科聘请的第三方公司进行，通过了解客户对万科产品服务的评价和需求，为客户提供更符合生活需求的产品和服务。在万科，集团负有对客户指引便捷沟通渠道的责任。重视客户关系的维系，需要面对各种脾气秉性不同的客户并与他们达成共识。同时，在经济活动中也要面对客户的不合作。《中国式离婚》这部电视剧里女主角的爱钻牛角尖的偏执性格让我们第一次全面了解了这类性格人群的内心世界和行为习惯。银行大堂经理的服务是直接面对客户的服务，在大堂服务过程中自然也会感知诸多的"不舒服"并面对这些客户的不合作态度。而对这些客户心理及其行为的准确把握，在此基础上找到妥善的解决方法并达成服务价值共识，是银行大堂经理必须具备的本领。根据不合作客户的性格特征及其行为特征，不合作客户的主要类型及其相关解决问题的基本方法主要有：

1. 自我为中心的客户。自我为中心的人看问题只从自己的角度出发，喜欢认为自己是这样别人也会是这样。在与银行工作人员交往时只考虑自己的服务需求，不会站在别人的立场理解别人。这种人时时事事都从自己的利益出发，有事则登三宝殿，而不求于人时，则对人没有丝毫热情。一旦其有需要，他就觉得别人就应该放下手中的人事去帮助他，而不考虑别人也许没空或许关系不够好，显得很霸道。自我为中心的人固执己见唯我独尊。这种人总是以自己的态度作为别人态度的"向导"，而且这种人在明知别人正确时，也不愿意改变自己的态度或接受别人的态度，总认为自己都是对的，别人都要听自己的，不然就难受，除非那个人特别强，不然不愿听从别人的。说话像在辩论争吵，咄咄逼人，难以以心平气和的状态交流。觉得别人幼稚，懒散，低俗，看不惯，自命清高，觉得自己是坚持真理却得不到理解与支持，完全是从自己的角度经验看待和解决问题，仅从自己的爱好与需求出发，想干什么就干什么。很少顾及别人的感受。

银行大堂经理对待自我为中心的客户的关键是不要正面发生冲突，要迎合这类客户自我主义倾向的同时不被其击倒。一是要在其面前显示出银行大堂经理的能力和宽容，二是要让这些客户感觉到你所提供的解决办法是专门对他定制且只适合于他一个人。

2. 毒嘴巴的客户。毒嘴巴的客户往往是那种每天捕风捉影，对别人指指划划，凭空想象，无中生有，信口开河给别人散布流言的人。这种人的嘴非常的毒辣，在他眼里看不见别人的优点，任凭你再对他友好也不会发现你的友善，接触时间越长其带来的灾难会更大。这类客户嘴里总会给你捏造出一些事实大肆散布。毒嘴巴的人分为两种：第一种人是嘲笑你，贬低你，嫉妒你，搜寻你的不足，如果搜寻不到，就会捏造事实，有声有色散布流言，把你整倒打垮。第二种是信口开河的人。这种人本质上不会故意害人，属于乘风扬沙，跟风阔大事态的人。这种人听风就是雨，那张破嘴从来也说不出别人一点好话，与这种人交往成事不足，败事有余。

网点里遇到毒嘴巴客户的时候基本是其故意大声吵闹、指桑骂槐的活闹剧现场，因而大堂经理必须设法把他隔离开来。银行大堂经理不要顾及其骂人的感受而是马上判断出问题的关键并采取果断适当的措施。其次是要有选择性的同意的办法去认同一些小事上的观点，但不能让他错误的认为事件的当事员工如其所说的那么无能，否则日后他还会照方抓药反复闹事。要让毒嘴巴明白银行大堂经理要给他办事但又不愿意听其骂人。

3. 歇斯底里的客户。有一些客户的性格很容易歇斯底里，也就是现在所谓的癔症，而这也是一种常见的精神上的疾病。癔症无疑会影响患者的心理健康，而其是否发作与患者的性格有很大的相关。研究表明，有某些特定的性格缺陷的人就更易患上癔症。癔症性格缺陷之一是极易受暗示。有这类性格缺陷的客户不仅具有很强的自我暗示性，还易接受他人暗示。他们具有高度的幻想性，常把想象当作现实，人云亦云，尤其是对自己所依赖的人，可以达到盲目服从的地步。癔症性格缺陷之二是极度自我认知。这类人比较聪明、灵活，颇为敏感，而且他们喜欢被人注意和夸奖，别人只有投其所好才合心意，并表现出欣喜若狂，否则会不遗余力攻击他人，因此，癔症性格缺陷者既不能审查自己，又不能正确的理解别人。癔症性格缺陷之三是心理发育不成熟。这类人群情感丰富，热情有余，而稳定不足；情绪炽热，但不深刻。因此，他们情感变化无常，容易激情失衡，待人的情感呈现肤浅、表面和不真实，经常感情用事。他们的心理发育不成熟，缺乏独立性，依赖性很强。癔症性格缺陷之四是情感戏剧化。这类人常好表现自己，而且有较好的艺术表现才能，唱说哭笑，演技逼真，有一定感染力。他们常常表现出过分做作和夸张的行为，甚至是装腔作势的行为表情，使人们注意，引之为乐。上述四种癔症性格的表现是患者身上共有的特点。容易歇斯底里的客户语言忽冷忽热，爱发脾气。当这些客户认为没有得到他们想要的服务的时候，他们会马上显露出"脸红脖子粗"非常难看的样子，暴脾气也会瞬间迸发。

银行大堂经理在与客户交流的过程中应从客户的语言及其肢体行为反应中判断客户是否属于歇斯底里型的客户。当服务的客户出现歇斯底里的失态行为的时候，应通过巧妙的办法将客户迅速带离有着众多客户的柜台窗口或者是客户等候区域，不要因为该客户的异常表现而影响到其他客户的愉悦心情和办事效率，或者是中断了其他客户正在办理的业务进程。其次是将歇斯底里的客户尽量安排在相对比较封闭的一个空间里面，等客户的脾气发泄完了之后，在交流中迅速判断出客户的价值目标以找到双方都能接受的办法。需要强调的是，不要因这个问题责怪同级员工、上级管理层或者其他对此事负有责任的同事。最重要的是对问题的原有解决办法要表示歉意。

4. 爱占便宜的客户。爱占便宜的客户并非不明白世上本没有免费的午餐，但这些客户总是认为凭借自己的小聪明能把世间所有的"大鱼"都吃进嘴。从本质上来说，爱占小便宜是一种过分的占有欲，在他们眼里不管自己生活有多富足，也想能占一点是一点，占不到才是吃亏。也正是如此，爱占小便宜的客户只关注眼前利益，从来没有关注过长远的利益。无论是自己的业绩规划，还是事业上的发展战略，都指望不上爱占小便宜的客户。爱占便宜的客户，和别人说话时总是表现出句句反驳，阵阵雄辩，必须要在言语上胜过别人。这类客户的语言不是为了沟通，而是为了战胜别人。爱占便宜的客户喜欢驳倒别人，占言语上的便宜。有些爱占便宜的客户发现利益的时候会表现出能说会道的本事，但为了语言上的快感而忽视别人的感受，这样的能说会道只能伤害别人，起不到任何帮助作用。在别人的眼中，这种人尖酸刻薄，对问题没有正确的认识，只知道吃亏是最不能接受的事。爱占便宜的客户既不值得合作，也不值得依赖。

银行大堂经理对待爱占便宜的客户，应该对这类客户的消费习惯和消费水平摸清家底，让这些客户明白不是所有优质的服务都是免费提供得到的，有些服务必须通过合理付费才能享受。

5. 钻牛角尖的客户。钻牛角尖的客户对事物的看法固执、盲目坚持而不懂得变通与接受，不能释放自己。主要行为表现有：带着灰色眼镜看事，把事件的严重性放大并加深，只集中看到事务的坏处而忽略其美好的一面，对服务容易感到沮丧；非黑即白的观点，认为凡事只有两种可能性，对或错、好与坏，没有中间地带，有这种思想的客户极易把事情过分简化并影响其对自己及其别人的评价，使其不断责怪自己或别人；以偏概全看事，表现在以单一的事件或者数件同类事件为基准，对目前发生的服务事件下相同的结论，当事客户常用过分肯定的字眼；小题大做，无论什么事，客户总向坏的方向想，而后把结果想得非常严重，认为最坏的事情肯定发生；感情用事，当事客户感觉所做事情的结果都是正确的；阅读别人，当事客户还没有充分证据的时候，就认为自己已经完全掌握了银行大堂经理的想法，只凭直觉做事的习惯使得这类客户无意聆听别人的主张，现场关系忽冷忽热，服务中往往会增加银行大堂经理的服务困扰。

银行大堂经理对待爱钻牛角尖的客户可以尝试变通的方法来满足客户的服务需要，或者在友善的气氛中共同探讨服务中存在的阻碍，透过表面的不和谐看到本质，当然也可以向客户提供更加丰富的证据而让客户自行矫正自己的观点。要知道，客户变得很缠人往往是他产生了很强的表达欲，希望通过表达得到理解，而适度的交流正好破解了双方之间的隔阂。但是当客户过于认死理的时候，银行大堂经理保持必要的沉默和距离也是不错的选项。

案例 3-5： 某银行营业网点 2 号窗口前，储户吴先生拿着一张人寿保险理赔的支票要求提现。银行柜台工作员工要求其出示居民身份证，但吴先生的身份证当时正在外埠用于办理其他重要业务，一两天内根本拿不回来。后来吴先生到其他银行柜台咨询才知道用户口本或者护照也可以办理。当吴先生拿着护照气冲冲赶回来时，银行大堂经理却问吴先生"是不是中国人"。吴先生声称自己人格受到了侮辱。一天后，吴先生拿着全部有效证件，并按银行的相关规定办理了取款业务。之后，吴先生拿出 100 元钱要求存款，银行办理完这项业务之后，吴先生又拿出 100 元钱要求存款。大堂经理一看势头不对，赶忙过来进行劝阻，而吴先生仍要求按照他的意愿办理。当天吴先生一人占据这个窗口 5 个小时。而更糟糕的事在后面，第二天吴先生在银行开始营业时就进来排号要求存款，而每次的存款额是 50 元。

案例 3-6： 7 月 21 日下午，客户李阿姨因刷卡积分换礼品问题，与银行大堂经理小宋发生了严重争执，无论小宋如何解释，生性急躁的李阿姨就是不听，在营业厅开始故意大声诉说自己的不满。李阿姨嚷嚷道："你们银行就会骗人，积 10000 分才换个杯子。"银行大堂经理："阿姨，我们没有骗您呀？"李阿姨的火气更大了："你这丫头就会骗人，你们大家来评评理，都不要把钱存在这里。"这时，银行大堂经理小宋被阿姨的大声指责吓得不敢说话，低头处理手中的业务。阿姨见没有人理会她，愈加火冒三丈。前来办理业务的客户对营业厅的秩序顿生不满，大堂里的气氛立刻混乱紧张起来。

客户需要被关注。客户表示不满，情绪激动时，更加需要银行服务人员关注他们的情绪，并给他们发泄和倾诉的机会。如果不予理会或者装作没看见，他们会变得更加激动。营业网点的大堂经理应及时出面安抚客户。当客户在公众场合言辞激烈，不应视之默然，也不便在公众场合当即解释，而应引领至会客室倾听"唠叨"和"责问"，使他们感受到尊重和关注。当客户情绪平息后，应做出合情合理得解释。客户更多需要的是聆听，而不是解释，在服务中要体察客户的心理需求，做到因势利导。

◎ **案例分析**：阅读下面案例，指出案例事件经历过程中银行大堂经理的做法存在的主要错误，同时给出正确的处理方法。

某日，一客户前来某银行网点窗口要求查询借记卡账户余额。柜员请客户出示其身份证件，客户称未随身携带任何证件，但仍然要求查询账户余额。柜员解释说按照该行文件规定，不能出示有效身份证件，不得为客户进行账户余额查询，同时提示客户到自助设备上查询余额。客户略带怒气说不会使用自助设备，还是要求在柜面查询。此时，一旁的银行大堂经理赶紧走过来再次提示客户需要坚持原则不予办理。客户见没有商量的空间，顿时火冒三丈，说了大量不堪入耳的话。柜员觉得很委屈，与客户理论了几句。客户彻底激怒了，变本加厉地数落了柜员一顿，把柜台玻璃打得山响，又拨打了投诉电话。最后，该客户在很多客户的劝慰下才愤愤不满的离开了网点。支行接到了该客户的投诉后，支行营业部经理立即致电该客户，在电话中向客户解释了本行的有关业务办理手续规定，真诚地检讨了在整个事件处理中的不当之处。最后，应客户要求带当事柜员及其银行大堂经理登门道歉，此事才最终平息下来。

第四课　管理客户的等待过程

2017年元旦的钟声近在耳边，冷空气不断南袭，但浙江工商银行的辖属网点804家经过三个多月的努力，带有ICBC徽记的门楣，变得更加熠熠生辉，窗明几净，连用于点缀的绿植花卉也被打理得一尘不染。而所有用于指引客户的标识标牌，全部更新为带有国际范儿的中英文对照版本；便民服务设施一应俱全，为客户和市民提供了极大便利。在抓好网点环境专项治理的同时，工行浙江省分行还围绕客户体验，对部分布局不合理的网点进行了优化整治。通过合理规划功能分区、科学摆放机具设备，有效提高了客户办理业务的舒适性、便捷性和私密性，避免大家东奔西跑、无效走动。2017年浙江工商银行特别启动了"温馨大堂"工程，通过内部挖潜，新增了100多位服务意识强、工作经验丰富、亲和力好的专职大堂经理，充实了网点厅堂服务力量；同时组建了以大堂经理为主的大堂服务团队，完善分工配合和相互补位的工作机制，深入开展厅堂联动服务，确保客户一进门全程对其金融需求进行响应，令宾至如归的感觉油然而生。针对等候业务办理期间因闲来无事而极易焦躁的问题，他们在全辖网点都投放了无线上网设备，客户进门后只要轻点手机上的ICBC－WIFI信号源，就可以免费畅游互联网世界，并能接收工行最新的金融咨询服务。让厅堂变得温馨，把等待变得有意义，还有特制神器——"厅堂微沙龙"。这是一项利用碎片时间、普及金融知识的利民活动，目的旨在通过现场宣讲，传播经济常识，帮助客户树立科学理财观念、提升金融投资技能以及防范各种金融诈骗。网点一般在休息等候区，利用排队坐等的短暂空当，安排大堂经理和助手，主动走到客户中间，把最新的资讯告诉大家。"厅堂微沙龙"的解读会让客户马上豁然开朗。工行浙江省分行持续加强涉外服务人员队伍建设，每个网点都至少配备了1名英语服务人员，杭州地区的网点厅堂还设置了涵盖英、德、日、法等12国语言的外语服务菜单，参照菜单勾选的形式，消除工作人员与外宾的沟通障碍。客户在大堂经理的指导下，使用工行最新的智能设备自助办理银行卡，配套开通网上银行，业务处理速度大幅提升。目前，全省工行系统55%的营业网点都设置了智能设备。一台智能设备相当于一名柜员，90%以上的个人业务可以通过该设备办理。触摸式、友好化、简便性的操作菜单让客户可以轻松选择想办理的业务，省去纸质填单的繁琐，而且全程通过影像识别、证件读取、电子签名等完成操作处理，极大保护了客户隐私和账户安全。2017年年初，工行浙江省分行开始试行预约取号服务，客户通过网上银行、手机银行、电话银行等线上渠道选择指定网点，在预约时间范围内能直接取号。倘若是临时前往工行办理业务，则可以通过手机银行选择网点，完成"立即排号"功能操作后，系统会生成网点号并将图片发回手机，客户凭图片即可办理业务。

上面讲的是工商银行如何创新服务办法来减少客户等待时间、提高服务效率的办法。其实，等待是每个人生活中的一部分。典型的一天中，可能包括若干次不同的等待，等公交车、等绿灯亮、等电梯、在自选商场等结账，等同事、朋友、家人……美国人对自己的一生以70年为基准进行过调查，用在吃上的时间名列第一，为6年；名列第二的是服务等待，为5年，可见服务队等待要占据一个人的一生这么多的时间。不同的行业，客户等待对企业的影响是不相同的。在餐馆排队现象是喜忧参半。喜的是客户对餐厅的认可，忧的是如果等待过久客户将选择另一家店铺。移动电信及银行的营业厅客户是来缴费或办理存取款业务的，等待的时间过长，客户就抱怨服务的不好，效率不高，有可能投入竞争者的怀抱。在服务行业，让客户久久等待是不会让客户对企业有好感的。但在服务的同时，不让客户等待又是不现实的，如何处理好两者之间的关系，让客户在等待的同时也心甘情愿，对提升服务的整体品质是很重要的。

人们的想法往往会通过自身的行为表现出来，高兴表现的是兴奋，话语也比较多，忧虑表现的是沉闷，行为也会怪异。因此客户在等待的过程中的表现也就可以反应出其等待的心理。调查数据表明，客户在其等待的场所如果相关的服务人员没有进行有针对性的应对，大都表现的比较无聊和烦躁。造成这些现象的原因大体归纳如下：

1. 等待时间的不确定性和听从服务人员的摆布使得客户觉得焦虑和烦躁。不确定的等待要比已知的有限的等待更长。在约定的时间以前的等待要比约定时间以后的等待快得多。

2. 过程的无所事事使客户觉得非常无聊。客户在等待的时候无所事事，只是一个长时间的单调排队过程，会使客户自己是在无谓的浪费时间而已，同时随着这种等待的时间的逐步延长，客户的烦躁情绪会越来越加重。不少客户会选择提前结束等候而离开网点或者进行投诉。

3. 不公平的待遇也会使客户的心理发生强烈的变化。有效的客户管理也应当向客户提供一个平等公平的服务经营环境，在合理分类的基础上，对所有客户提供的服务都是公平的。恐怕世间再也没有什么感受比客户得到公平待遇更觉得难以超越。在未得到认同的条件下，优先得到服务的现象会严重破坏网点和银行大堂经理的形象。

4. 单个人等待比许多人一起等待感觉时间要长。群体等待起着占有客户时间和减少客户等待感受的重要作用，当客户进行等待的时候，可以考虑采取积极鼓励客户互动的办法或者开展微沙龙活动来进行金融知识的普及或者新款产品的营销促销。

5. 令人身体不舒适的等待比舒适的等待感觉时间要长。为客户提供舒适、安静、优雅的等候区域，客户可以观看高清视频播放的娱乐节目或者银行产品广告，同时大厅里还能享受茶水、咖啡、报纸、杂志以消磨等候时间。同时在营业大厅里设置免费 WIFI 接入技术，用来满足部分上网习惯的客户需求，同时还提供一些娱乐软件及其便民设备供这些客户在等候的时候办公或者娱乐消遣，同样可以减少客户的等候的焦虑感。

6. 熟悉的等待比不熟悉的等待时间要长。客户对自己经历过的服务其所需要的时间会有一个合理的判断，其等候的过程中产生不理解或者烦躁的几率相对会低一些；但是，客户对于自己不熟悉的业务由于缺乏经验或者体验积累，因而容易出现等待过程中的急躁或者不断询问、提前离开等诸多不和谐的现象。

7. 不解释的等待要比解释的等待更长。客户的本性是希望得到合情合理的解释。客户想要知道他们为什么需要进行等待。信息提供的越早，消费者越是容易接受并理解，等待所花费的时间似乎也越短些。

了解客户等待的心理原因可以作为实施服务管理的理论依据。消费者的满意度取决于消费者的认知和消费者预期之间的关系。当消费者对现实情况的认知大于或等于原来的心理预期，消费者就会满意。因此，企业如果能通过采取措施来对消费者等待的认知产生正面影响，以超过或满足消费者原来的预期，这样目的就达到了。从本质上讲，银行面临的挑战是双重的。首先，为了达到既定目标的服务水平，你得思考如何分配好员工，以确保网点可以全天候地为客户提供最佳体验；其次，你应该了解如何管理客户的等待时间，以确认客户在网点的体验是舒适的。实际上，等待时间并不是影响客户满意度的唯一指标。还有另外两个影响客户满意度的因素是：预期等待时间和感知等待时间。研究表明，如果等待时间超过了客户的预期，他们的感知等待时间，即客户心理感知的已等待时间的体验将直线上升，明明只需要等待 5~10 分钟，但在客户看来却像好几个小时那样漫长。因此，预期等待时间与实际感知等待时间上的落差感成为了影响客户满意度的重要因素。有趣的是，设在小区里面营业面积也不大的网点里面，客户并不太在意排队等候时间长短。相对于退休老年人居多社区里的网点而言，处在商圈里和交通枢纽的年轻人更加在意排队等候时间的长短。对大城市中追求高效率、生活快节奏的年轻人来说，心理上的感知等待时间比实际等待时间更能作为衡量客户是否满意的重要指标，虽然说实际等待时间对客户满意度的影响最大。银行需要向客户做调研，了解他们在网点办理业务时，等待多长的时间会使他们感觉不舒服，进而影响他们在网点体验的感受。总部设在英国的基兰分析（Kiran analytics）公司在 2015 年 3 至 6 月期间，用 3 个月的时间对此进行调研。结果显示，在来网点办理业务的客户中，82% 的人觉得等待 5 分钟或更少的时间是可以接受的范围；而对于来网点购买产品的客户来说，62% 的人认为 5 分钟或更少的时间是比较合适的。但是，银行有必要以高昂的运营成本为代价来实现这一服务目标吗？很多银行运用不同的发展策略来提升客户服务水平，设置和管理客户服务等级，也成为了银行平衡客户满意度和运营成本的基本方式。

客户等待的管理基于两个方面的因素，一个是自身的或者是群体的习惯，另一个是把握客户心理的状态，降低客户的期待值。客户习惯的改变不是一朝一夕的事情，因而需要银行网点在运营方面下更多的功夫，通过企业的管理来疏解客户的焦躁不安的情绪。

1. 恰当的错开要来办理业务的客户。鼓励客户在需求低谷时期来进行消费。通过预订使得网点可以准确了解到消费者出现的时间，并做出合适的安排以确保资源得以充分利用。针对性的措施，可以使客户的行为采取一些改变，使客户在排队时不至于因为人多而激起客户潜意识的不满情绪,培养客户的预约习惯。

2. 为客户建立一个舒适的等待环境。现在很多营业厅都会在室内专门设立一个区域以供客户等待。并为客户提供舒适的座位,这样客户就不需要站立排队,同时还可以观看银行大厅里高清视频播放的娱乐节目或者银行产品广告,同时大厅里还为客户提供免费茶水、咖啡、报纸、杂志以帮助客户消磨等候时间。目前,多数银行还在营业大厅里设置免费 WIFI 接入技术,用来满足部分上网习惯的客户需求,同时还提供一些娱乐软件供这些客户在等候的时候娱乐消遣。当然,在网点里面提供针线或者擦鞋机之类的做法也是不错的主意。

3. 尽量使客户等待的时候有事可做,并使得等待更为轻松有趣。其实,在营业大厅里面提供大的电视显示屏幕,在客户等待的时候,可以观看电视节目,帮助他们轻松度过等待的时间就是不错的选项。当然,利用高清显示设备播放一些新闻和诸如产品销售信息以分散客户的注意力或进行适度营销,使得等待时间更易容忍。在营业大厅内客户等待服务时,可以安排客户提前进行相关手续的准备、业务凭证的填写、相关证件复印件的整理,这些业务行为可以在心理上缩短客户的等待时间感受,同时还可以帮助增强客户的体验经历。

4. 积攒并努力留住优秀的员工,缩短客户营销时间,最大限度减少客户的等候时间。同时,不直接参与客户服务的员工资源应尽量避免让客户看到。员工后台工作区及其休息区应与营业大厅间有硬隔离设备。客户如果在等待的时候,能够进入他们视线的每个员工都在忙碌的话,客户会更安静一些。否则,如果看到有些资源闲置在一边,客户会感到不耐烦。

5. 利用数据分析,配备适合的大堂服务人员数量。如果客户能够不用排队等待而接受服务的话,这对网点和客户来说都是有利的。网点有必要摸清并设定客户服务等级与等待时间的标准。接下来的步骤需要预估客户的出现时间以及他们需要办理的业务内容,根据客户需求分配部门人力资源,以达到客户服务等级,实现优化人员调度的目的。在持续管理客户服务等级的基础上,根据实际的人员配备和客户需求的变化来管理基础服务。可以运用等待时间分析法进行操作,包括超过了目标水平、刚好达到目标或是未达到一天内的基本目标三个等级,抓取的是来自柜员系统和业务平台的跟踪数据,也就是一线员工客户服务数量以及时间长度。但银行通过客户调查和网点暗访方式得出的排队的时间会由于自身认知事物的水平并不具有客观性,因为这一小范围调查数据覆盖度极为有限,可能不足以支持正确的决策。视频调阅和大堂管理体制虽然能估算客户排队的用时,但成本太高,目前不易推广。在处理客户等候时间这一问题上,最好的方法是在大堂经理的引导下,客户所满意的等候时间得到合理确认,然后将预期等候时间控制在客户能够接受的范围之内。对于来网点有潜力进行交叉销售的客户来说,估算其实际等候时间是相当重要的。

案例 3-7:当事人老李到某家银行三高路支行休息区等候办理业务时,一名 VIP 客户径直上前来到窗口前办理业务,感觉到遭受不公待遇的李先生直接将三高路支行告上法庭,称该商业银行的做法是一种歧视客户的行为。而三高路支行辩称,由于其营业厅没有贵宾窗口设置,VIP 客户只能在普通柜台处理。后经法院的不断工作和调解,三高路支行及其上级分行管理部门的领导亲自登门向这位姓李的客户进行了赔礼道歉,这位客户才撤销了上诉。经历了这次事件,三高路支行网点的银行大堂经理感觉到普通客户对待等候区的待遇比起 VIP 客户来会更加敏感,对服务的公平性有着更加强烈的要求。

案例 3-8:一天中午,交通银行某支行的大堂经理孟淑珍在等候区询问一位前来取款客户的时候,发现该客户虽然取现 20 万元的金额不低,但小孟在交谈中发现该客户活期账户上有90多万元的闲置存款。她感觉到自己遇到了有实力的潜在客户。在谈话中，她得知该客户是一家民营企业的老板，经常去外埠出差，因而卡上有着大量活期存款闲置。了解到这一情况后，小孟立即建议客户申请交行的贵宾卡并同时办理双利理财账户，向客户仔细讲解了贵宾卡和双利理财的特点。客户在听完小孟的介绍后有所领悟："我在好几个银行都办过业务，这么好的理财也从没人给我说过。"该客户当即签订了双利理财协议并申请了贵宾卡。在这之后，每当交通银行有新的理财产品或基金发行时，小孟都会用短信或电话的方式告知该客户。在她的营销下，这位客户很快从他行转来美元10万余元做"得利宝"理财。同年又分两次共购买了800万元的理财产品。

案例3-9：某日，农行某网点正在介绍新产品的大堂经理小李突然听到一阵吵闹声，只见一位客户正冲着柜员大发脾气。小李快步走向前，非常和气地说道："先生，请不要着急，有什么问题我来帮您解决"。说着把客户领到理财室，递上一杯水，认真了解起情况。原来，客户想赶在下午3点闭市前往建行转款买基金，由于等候时间很长，便问能否及时到账，柜员又讲不清楚，于是就发了火。该客户是个生意人，有资金实力和理财要求。最重要的是他想买的这只基金不仅我行有代销，还能享受手续费优惠。在做好解释的同时，小李把这个信息及时反馈给客户。胡先生是个爽快人，不仅把准备汇走的存款留了下来，后来还把其他行的存款也陆续转入这个网点购买了多只基金产品。

银行大堂经理每天面对最多的客户并非是贵宾客户，而是众多的普通客户，对这些客户能否提供优质服务，让他们享受到等候过程中愉悦，是银行网点获得更多认可的关键。当今社会人们的生活、工作都讲究快节奏，对银行服务要求自然也越来越高。大堂经理首先要提高应变能力，及时化解客户等候过程中的不良情绪，同时能够转化不利局面，具备善于发现机会和客户价值的观察力，于细微之处捕捉销售机遇，锁定目标客户。在大堂工作环境中，交叉销售怎样具体的运用在营销工作中，还可以进行哪些更丰富且利于客户的交叉销售，也是银行大堂经理需要认真思考的问题。对于形形色色的客户，银行大堂经理应该知道怎样利用便捷高效的手段进行客户识别，从而达到成功营销的目的。

❀ 问题诊断：阅读下面资料，诊断网点相关人员在服务纠纷出现后的事件处理过程中存在什么问题？应该怎样去补救？

某日上午10时，某支行网点同时有两位贵宾客户来到网点，表示有急事，要求在普通区域的现金柜台立刻办理业务。大堂经理马上为两位贵宾客户分别取号并带至柜员窗口。此时，恰有一位已取普通客户号的女士对于两位客户提前办理业务表示不解。大堂经理解释说，我行的贵宾客户可以优先办理业务，但这位女士仍不理解并不断大声抱怨服务质量太差。大堂经理没有继续解释和处理，而是立即回到柜员窗口协助两位贵宾客户办理完了全部业务手续。一旁的女客户开始在大厅内吵嚷抱怨达5分钟的时间，其余围观的普通客户也是对着大堂经理和办事柜员说三道四，语言非常激烈。虽然网点会计主管出来安抚客户情绪，但这位女客户对大堂经理的服务态度非常不满，似乎抓到了工作人员的"小辫子"。会计主管没办法只得将问题上报，支行经理通过电话向客户表示歉意，并请客户留下联系方式以便补救过失，但客户拒绝，表示次日要到支行面谈。次日，支行行长及其客户经理准备好礼品在支行等候客户当面致歉，但客户没来。第三天，客户的弟弟致电客服投诉，声称：由于网点大堂经理服务态度恶劣，致使其姐姐回家后气病了，要求大堂经理本人亲自登门道歉，否则将此事公开于媒体。

第五课　积极应对客户投诉

客户的投诉是礼物。IBM 公司 40% 的技术创新源于客户的意见和建议。在处理投诉问题的同时要善于发现问题，特别是要重视引起普遍投诉的问题。客户的意见和建议正是推动行业发展的重要因素，只有高度重视客户的意见，客观分析客户的意见，深刻研究客户的意见，积极解决客户的意见，才能完善制度设计，提高我们的服务水平，也才有可能为新产品的研发提供思路。无论投诉理由是不是充分都不影响其积极作用的发挥，妥善地处理好客户投诉，就更有利于拉近与客户的距离，促进服务及其销售工作的开展。投诉是客户对银行网点服务与管理工作的一种极为不好的评价，任何服务网点都不希望有投诉事件的出现。然而，即使是很好的服务也难免由于各种原因而遭遇到客户的投诉，只不过是需要银行网点把投诉的消极面转化为积极面，通过处理投诉来促动自己不断提升服务品质，防止投诉事件的再次出现。在银行，投诉是客户管理工作质量和效果的晴雨表。客观地讲，有些问题虽然存在，但员工自己未能察觉到。一方面是因为这些问题是潜在的，极不容易被发现；另一方面则是因为长期从事某项工作，一切习以为常，往往发现不了自身存在的问题。客户则不同，他们希望得到的服务物有所值，对服务有一定的预期。因此，他们对服务项目及服务内容方面所存在的问题是非常敏感的，往往能一眼看穿，及时发现。再者讲，银行相应的要求并非网点里所有的员工都能做到，不少员工自我约束能力较差，服务中往往会出现"瑕疵"问题。客户作为服务的直接消费者，会直接发现和指出问题所在。如果通过投诉渠道能够及时对问题进行认真整改，客观上必然会使服务质量不断得到提升。客户投诉为银行网点提供了修补客户关系、缓和客户矛盾的契机。因为客户能通过投诉这一渠道发泄自己的怨气和不满，银行网点更是可以在了解到客户的不满之后对自己的过失加以弥补，二者之间有了修复关系的可能。投诉的客户是银行网点最有益的朋友和免费的业务顾问。客户投诉并不意味着他们不喜欢我们银行，相反，大多数客户是希望银行能够做得更好。辩证来看，对于这些人我们应心存感激，因为是他们的投诉促使公司改进服务，并帮助银行避免了类似的失误再次发生，从而衍生出不可忽视的商业价值。

对于客户投诉不合时宜的思维定式和消极做法是：第一，将没有发生投诉认同于客户满意。有些银行在经营中逐渐形成了自己对投诉的观念，其中不乏有人认为"零投诉"是高质量的评判标准，没有投诉就等于所有的客户都满意。实际大多数情况下，客户一般是不愿投诉的，如果投诉，则说明情况已经忍无可忍了。第二，被动等待客户自己把意见表达出来。不少银行网点把"客户意见调查表"或"意见簿"放在大厅并不显眼的区域，由客户自愿填写。这种"背对背"式的意见调查方式，回收率非常低，使用价值也会大打折扣，管理者并没有得到真实的意见反馈。第三，片面解决客户的不满意为处理客户投诉的终点。这样做的后果就是造成投诉发生的原因依然存在，问题并没有根本消除。

对客户投诉实施主动有效干预的方法主要有：第一，降低客户消费的期望预期。客户意见的产生是因为对网点服务项目或服务质量不满意,这种不满意在很大程度上来自于客户对网点服务的期望质量与感受质量的对比产生了巨大反差。网点员工虽不能干涉客户的主观感受,但可主动干预客户的消费期望值。在客户缴费集中且来往密集的时段,银行大堂经理可以为客户做这样的服务提示:今天客户较多,您可能会多花一些柜台等候时间,有对缴费自助设备感兴趣的客户可以到我这边来,我会为您介绍使用方法。这样做产生暗示的直接效果是,客户对缴费的时间会自然降低原来所报有的较高的预期,不容易产生类似"缴费这么慢"的不良感受。在保证优质服务的前提下,降低了客户对无法改变的客观事实的感受。

第二,主动分析并及时处理客户的"不满"。美国 TRAP 公司数据显示:只有 23% 的客户将不满意传达给服务人员,有 8% 的不满意会以投诉的方式到达管理层。要对客户的投诉实施有效的管理,就必须重视传递给大堂服务人员的那部分不满意。银行大堂经理应是一名"客户意见系统管理员"。其对服务当日大堂里出现或者显露出来的投诉信息进行认真深入的分析,高度重视有投诉动机客户的服务需求信息,给客户投诉的最终解决或者双方的和解打下良好的基础。第三,客户抱怨现场关系及时改善。其实,只要处理得当,大多数的服务纠纷并不会形成投诉。若客户的抱怨来自于误解,那么现场的工作人员应该及时消除误会;若客户的抱怨源自于服务不周或效率低下,那么现场的工作人员应该及时采取行动进行补救,而且弥补行动应该高于客户的期望值。发生服务纠纷时客户实际最在意的是服务人员的态度,其次才是结果;若客户的抱怨源自于网点暂时不能改变的硬件或非现场所能解决的问题,那么银行大堂经理应该表示歉意,事后应做好记录并向上级及时汇报,以便日后采取补救或者改进的办法。第四,把投诉的客户变成忠实的"粉丝"。投诉是金融机构都不愿意碰到的情况,如果能圆满化解与客户的矛盾,把客户的不满意转变为满意,就有可能建立更为长期的稳定的客户关系。美国 TRAP 公司相关数据显示,客户不满意时,只有 4% 的客户会选择投诉,96% 的客户会选择离开,其中 91% 的客户会选择永远不再来。1 位对服务不满意的客户会告诉 8 至 10 人他的不愉快经历,从而会影响到 25 个人拒绝到发生过不愉快的地方交易;与此相反,如果让一个投诉客户满意并成为你的忠诚客户,会带来 25 个准客户。在处理投诉问题时,银行大堂经理很可能得到具有相当价值的回应,有助于银行在产品和服务方面的改进。

投诉方式主要包括直接投诉和间接投诉。直接投诉是指客户直接向银行大堂经理或者网点负责人投诉,间接投诉是指客户向上级银行、媒体、有关行政部门等进行投诉。银行大堂经理接待并处理客户投诉时采用的主要方法有:

1. 引导降温。客户往往会带着怒气投诉或抱怨。处理客户投诉时要先平息用户怒气,最好的办法就是让对方坐下谈话,尽可能避免和对方站着沟通。据心理学研究表明,人的情绪高低与身体重心高度成正比,重心越高越容易情绪高涨。站着沟通往往比坐着沟通更容易产生冲突,也就是人们常提到的"拍案而起",而座位越低则发脾气的可能性相对会小些。在处理客户投诉时,让对方坐下并等对方情绪平静后再沟通,沟通效果自然会好上许多。银行大堂经理不能在制度规定上面让步于投诉客户,但要站在客户的立场上看待问题,体谅投诉客户的不安情绪。银行大堂经理要知道客户为什么要投诉,这样才有助于平抚客户的不安情绪,让他觉得银行大堂经理不是站在企业的立场要和他形成对峙,要和他分清谁对谁错,而是真正的以服务的姿态帮他解决问题,漠视客户痛苦是处理客户投诉的大忌。

2. 倾听反馈。无论是直接投诉还是间接投诉,都需要银行人员持平常心认真聆听投诉意见。对于电话投诉，应让投诉客户把具体情况描述完之后，再进行解释解答，并感谢客户的关注。同时多问自己，如果自己是客户应该怎么办？尽量不要让投诉电话多次转手，这样不仅无助于平息矛盾，而且会加大客户的怒火。如果是与客户面对面，客户无法抑制激动的情绪投诉时，应尽可能认真地听完客户的投诉，给予理解，在客户停止投诉抱怨时递上一杯温水，并诚恳地感谢客户。要让客户感到自己受到重视，并愿意让你帮他解决问题。接待用户投诉时银行大堂经理要注意主动反馈，让自己的表情、语言、动作、与对方说话内容保持一致。带有反馈式的倾听会让客户产生被重视的感觉，大大提高投诉客户的满意度，容易稳定投诉客户的情绪。面对投诉客户面无表情的沟通，会让客户觉得一肚子委屈得不到重视，火气也会越来越大。接待用户投诉的同时，银行大堂经理应认真记录对方讲述的内容，让对方感觉到自己被理解和重视。

3. 鼓励客户。客户投诉时，往往带有情绪，发泄倾向较强，道歉之后，投诉客户态度可能会有所缓解，那么此时你可以帮助客户一起来解决问题，引导客户说出你想知道的有关情况，讲清事情的经过。通过鼓励客户，让客户信任银行大堂经理。承诺是客户投诉最希望得到的结果，但承诺要严谨，如果没有把握，只可以告诉客户会及时给予处理。同时，承诺要具体，如告诉客户在什么时候可以给予答复。即便没有很好的解决办法也要及时地给客户回复，告诉其进展，让客户知道银行大堂经理没有忽略他的意见，并努力地为他服务及时处理。处理投诉时，如果是银行自身的问题，要及时联系相关部门和人员，寻求解决问题的办法。如果是客户方面导致的问题，应帮助客户正确了解银行的有关规定和政策，尽最大努力得到客户的体谅，不要以蔑视的态度对待客户的错误。如果是客户想得到的服务和产品，银行没有能力做到，那么应考虑其他办法或让客户选择其他产品和服务，而不要简单地把客户推向其他银行，要让客户感觉到，即使这个问题银行大堂经理不能很好地解决，但只要客户需要，银行大堂经理还会有其他好办法并一直在付出努力。

4. 重复重点。在沟通过程中，可以将投诉客户的谈话内容及思想整理后，再用精练的语言反馈给投诉客户。使用"为了使我整理准确，我再和您确认一下，您刚才的意思有两点，第一点是……，第二点是……，您认为我理解的对吗？还有什么，您接着说。"之类的语言进行重复，可以让投诉客户感到备受重视。对方也一定会反过来认真聆听银行大堂经理重复的话，恰当转移了投诉客户的注意力，自然更利于降火降温。重复对方话的频率与客户情绪高低成正比，应努力让投诉客户平静下来。

5. 认错及时。如果网点产品瑕疵或服务质量不能让客户满意，就应当承认错误，积极争取客户的谅解，而不能找借口推脱责任，因为投诉客户觉得占着道理，任何推诿之词都会使已有矛盾激化或加深。承认错误是基础，才能在明确承诺的基础上迅速化解矛盾。最好不要拖延时间，因为这时候客户的情绪往往很激动，稍有不慎，客户的情绪很有可能再度被激化。在事发的第一时间解决问题成本会最低，往往会得到客户的积极认可。在客户投诉时，银行大堂经理应该代表网点主动向客户道歉。若客户不认为是某个员工出了问题，而直接认为是银行管理不善，则会对银行整体形象大打折扣。不管问题是否因银行大堂技能管理而起，都要诚恳地向投诉客户道歉，一定要当场对客户的合理看法表示认同或部分认同。如果是因为制度规定不能满足客户需求，要及时地向客户解释，道歉的语言要诚恳，语速要平和。需要强调的是，无论谁对谁错，我们的目标是留住客户，而不是证明自己的正确。

6. 完善反思。无论客户情绪如何，其最终目的仍然是解决问题。若该项客户投诉属于重大事件，网点还应该要派客户服务负责人到客户的家，诚心诚意的表示道歉，以诚恳的态度扭转危机，并挽回局面。取得客户谅解很重要。由银行不同层级的人出马回访客户，是增加客户对银行信赖的较好办法。事后要进行责任分析，对于推脱现场责任，转嫁责任给其他员工，或不及时提出提交投诉报告，或延误提交投诉报告，怠慢处理投诉客户的情形，都要追究包含上级在内的失职责任，并且予以处罚。发生由同样的客户提出二次以上相同的申诉时，就要检讨当事人的问题，究明原因以防再次发生。有必要建立投诉客户资料档案，着重进行关系修复；留下客户的联系方式，事后询问客户的满意度。有新的产品或服务的时候，及时向这类客户提供体验机会，了解他们更多的服务需求。同时及时告知投诉客户，对他的意见及要求银行现已有了较为完善的解决方案，并感谢他的支持。将客户需求中有关产品性能和政策性的建议重要价值信息及时上报上级主管部门，并提出改进方案，会给银行的产品和服务带来更多的品质提升。

案例3-10：某位客户提前和银行大堂经理联系好次日前来网点办理开户业务。但是第二天客户来到网点营业厅转了一圈也未找到这位银行大堂经理的身影。于是这位客户排队跟随着其他厅堂里的客户排队等待到柜员窗口办理开卡业务。但由于等待时间过长，这位客户多次询问在场服务人员，但得到的答复都是让其再耐心等上一段时间之类的话语。该客户自认为网点工作人员未与自己进行真诚的沟通，因而无奈的离开了网点。第三天，该客户提早来到了这个网点，其看到的景象是比前一天的排队客户还要多，而且当时预约好的银行大堂经理仍未在班上。该客户顿时火冒三丈，拿起手机拨打了银行的客户投诉电话……

案例3-11：某客户预约网点于3日上午11点左右到支行进行大额取款，原因是该客户需要30多万元的现款给自己的员工开工资。大堂经理告诉客户银行的运钞车一般会在11点至12点期间开到网点送钱，而客户现在提前来到网点则当时凑不出这么多的现款。于是安排客户在休息等候区进行等待，并安慰客户运钞车到达后先给这位客户办理现款支取。由于当时网点里的客户非常之多，安顿好这位客户后银行大堂经理就忙着服务其他客户去了。不巧的是，这天的运钞车下午1点多种才开到网点，银行大堂经理环顾大厅一周也未发现提现客户的身影。3点10分左右，这位客户返回了网点，银行大堂经理赶紧帮着拿号并插队办理取款。柜员问清客户办理的取款金额后面露难堪告诉客户"对不起，柜台里只有20多万元的现款了，您看是否取走？"该客户一听就急了，"不是早就约好的吗！"柜员一脸的不好意思"我们看您离开了网点还以为您今天不办业务了？""谁说的？"客户怒气未消。第二天下午，网点大堂经理接到了上级行的通知，该客户进行了电话投诉……

网点目前遇到的许多客户投诉，其实都是首问负责制度是否履行，客户员工之间没有有效沟通的问题。预约的客户前来网点办理业务，银行大堂经理离开的时候应对客户进行提前沟通并对客户办理业务当日的在岗员工进行交代，防止自己爽约而出现的客户不愉快或者激发投诉事件。银行大堂经理的责任要牢记于大脑，服务的警觉性要常提。特别是网点员工发现同事预约的服务客户来到网点而相关员工又不在现场的时候，应该及时协调服务步调，不能出现服务"空窗区"。银行网点目前几乎每天都会面对预约大额取现的客户，而在结算技术发达的今天，大额预约的钱款基本都有着重要的安排。对于大额取现的金额储备不足，且后续的服务手段及其协调工作不畅，使得大额取款客户优先得到服务几乎成了无任何承诺作用的"空话"。工作人员的应对措施僵硬死板，紧急处理轻描淡写，未能给予客户更多的选择服务或者进行服务补救的有效处理，同样会激发客户的投诉愿望。

⚘ **话术磨练**：根据下面案例资料中单据填写要求注册中缺少少数民族文字及其签字核实工作难落实的问题，模仿后面银行工作人员面对客户质疑的正确语言交流方式，同时揣摩其中的理由。

某网点处在少数民族聚居区域。某位少数民族客户到网点购买理财产品填写单据的过程中，发现只有汉字及其英文标注，并没有其少数民族文字的标注，随即向网点在场的银行大堂经理提出了意见，银行大堂经理半开玩笑的说道"您是不是中国人，是中国人就应该看得懂汉字！"。办理业务过程中，柜员提示该客户签字确认处理结果，该客户使用了本民族的文字，柜员审核后要求其使用汉字，争执后柜员以不符合规定为由终止了该理财业务的办理手续。该客户也不服气，立刻和柜员及其银行大堂经理当面吵了起来，并向当地政府及其省分行进行了反映和投诉。当地媒体也把此事炒得沸沸扬扬。走在街上，银行大堂经理感觉似乎有上千只眼睛都在盯着自己。

上面案例中，银行工作人员应该理解少数民族的困难，有责任向少数民族客户告知检查签字是否和身份证一致，对不熟悉汉字或者签字规定的客户可以让客户按照汉字一笔一划亲自书写或者请人代写。安抚少数民族客户要注意其敏感情绪并耐心解释。建议银行工作人员话术如下：

客户："我看不懂汉字！"

银行工作人员："您好，为了您的填写方便，我已经在单子上需要您签字的位置及其需要您留下联系方式的地方都做了标记，总共需要您在三个地方签名并留下您的联系方式。如果您在填写过程中有不明白或者疑惑的地方，可以向我咨询。如果您觉得有必要，也可以让银行大堂经理给您逐条解释和辅导。"

客户："我是少数民族，为什么不能使用本民族的文字？"

银行工作人员："对不起，这位先生。我们这样做主要是出于对客户账户安全保障和银行工作流程要求的考虑，需要确保您的签字和身份证上面记录一致。同意的是您本人且没有其他的关系牵扯其中，请您别多想，并无他意！"

第六课　学会服务补救以挽留客户

英国航空公司在"以客户为先"活动中首次提出服务补救概念，认为服务补救是服务企业改善服务质量，提高客户满意度、忠诚度，维持与客户长期的合作关系的重要途径。英国航空公司把鼓励、帮助和追踪客户投诉作为其高效服务补救过程的重要组成部分，并采取创新的方式倾听客户心声和处理客户抱怨。公司在机场设立了一个小录音室，不满的客户可以马上在机场进入录音室向总裁投诉。公司通过扫描和人工录入将与投诉有关的所有客户信息输入一个客户投诉数据库。这样，一位特定客户的信息就很容易找到，数据还可以根据各种类型进行分析。客户服务代表拥有各种工具和权力，他们被授权可使用任何必要的资源来保留住客户，并接受新的培训如倾听技巧、怎样处理愤怒以及怎样争取谈判的双赢。英航不仅使用这些信息和系统直接保留不满意的客户，同时还为将来使用这些信息和数据进行改进而建立了系统。它们使用这些信息设计出一般失误类型，并且设计出早期预警机制来警示公司员工注意未来的潜在失误。除了设计机场投诉录音室以外，公司建立了12个不同的"倾听哨"和其他联系渠道，包括已付邮资的明信片、客户集会、调查和一个"跟我飞"计划等沟通方式来提供客户投诉的渠道。服务补救是针对服务失误的特有措施。银行服务失误会降低客户满意，破坏客户忠诚。一旦出现服务失误，则意味着银行网点声誉的打折及可能的客户流失。但此时并不意味着银行就一定会失去客户，此时的服务补救刻不容缓。服务补救是对服务失误做出的主动性、及时性响应。有效的服务补救可以使银行员工从服务失误中转变过来，清除服务失误有可能造成的不利影响和不良后果，将不满意客户转化为满意客户，降低客户流失率，重新维持客户关系，保持银行收益率和竞争能力的重要策略。

服务失误是指企业所提供的服务没有达到客户可接受的最低标准，不能满足客户的要求和期待而导致客户不满意的状态。不管是谁的责任，当客户察觉到服务出现差错时，服务失误就产生了。银行网点提供服务是员工、客户、系统多种因素交互作用的过程，加之客户对服务感知的不确定性，使得银行网点不能做到在服务现场实现质量"零缺陷"。正视服务失误，引入银行网点服务补救专员制及构建服务补救模型，是我国商业银行服务补救应对之策。

银行网点出现服务失误主要有以下几个方面的原因：

1. 服务提供者的原因。第一是银行自身服务理念不到位的问题。银行网点没有对不同的业务进行必要的提示或说明。轮到客户办理业务的时候，却被告知该项业务在固定窗口办理，直接在窗口排队即可。因不得不重新排队，严重浪费了时间，引起客户的强烈不满。排队问题是困扰银行网点的大难题。根据调查显示，我国商业银行普遍面临的排队问题的主要原因在于银行方面没能采取切实有效的解决措施。银行网点办理业务的窗口较少，或是开放的窗口较少，到中午的时候就更少，而大多数人都是在午休时间来办理私人业务，这就使得银行的排队问题更加严重。来自美国《哈佛商业评论》的研究表明，在排队等候大约3分钟以后，客户感知的排队时间和实际的排队时间就开始出现很大的差距。排队等待2分钟时，客户的感觉就是等了2分钟；但是，如果等待5分钟后，客户的感觉就像是等了10分钟一样，从而极大地阻碍了客户整个服务体验过程质量的提高。目前有些银行网点将半数窗口留让给优质客户资源，这一切都源自银行20%的优质客户创造了80%的利润这一法则，只要抓住20%的优质客户，就抓住了市场份额的80%。各家银行网点为扩大其利润来源，其服务营销政策都向优质客户倾斜，使得很多中小客户心里极其不平衡。第二是银行员工的服务意识未被彻底激发。银行服务是在银行员工与客户的互动过程中实现的，服务质量的好坏与银行员工的服务态度息息相关。尽管许多商业银行有优质服务的规定，但客户实际上很少能经历到这样的服务享受，尤其是在一些非繁华商业区内的银行网点更是如此。这也是银行服务失误较多出现的原因。由于银行员工本身服务技能的熟练程度，对新业务的种类及其手续的了解情况、沟通能力的高低等因素都会影响其办理业务的速度和时间，服务失误的产生也就不可避免了。目前所接受到的客户投诉中主要是由员工的态度不好造成的，投诉所占比重也是最高的；其次，由于操作失误引发客户投诉占比则较低；由员工处理业务时间较长引发的投诉目前占有一定比例。银行员工服务态度不好问题，可归结为以下两方面的原因：（1）商业银行已转变为客户提供多种金融服务和社会服务的综合体，网点工作的业务量非常大。（2）各业务主管部门往往都是根据自己的产品专业线来设计业务流程和制订规章制度，结果使得各部门、各产品之间无法共享客户信息，同下客户在办理不同业务时，需要反复填写个人信息，柜员也要反复录入，同时，银行又为了控制操作风险，把风险防控的责任、义务压到了基层网点、一线柜员身上，这不仅加重了柜面员工的劳动强度，也容易使员工产生疲劳、抱怨情绪，进而影响到服务效率。

2. 客户自身原因。服务具有生产与消费的同时性，这就意味着客户也必须参与到服务的过程中来。如果客户不能正确地参与到银行业务办理的过程中或是客户不配合银行员工的服务工作或者对服务的预期不合理，都会导致服务失误的发生。

3. 机器及系统故障原因。在服务过程中，银行工作人员也要借助一些工具、设备等服务系统，而如果这些有形产品没能处于良好状态，出现故障，就会出现服务失误。ATM 机可以提供存款、取款、余额查询、密码更改、补登存折等服务，但一旦遇到机器故障时，给客户带来不便，就会导致客户的不满。银行在进行代理业务时，有时由于系统原因，使得业务办理时间较长，或是无法办理，也会导致客户的不满。

服务失误发生时客户感知到的服务质量远低于客户所期望的服务质量。客户满意度会影响到客户的忠诚度。基兰分析 Keaveney 关于客户转换行为的研究表明，34% 的客户流失是由于遭遇服务失败引起的。有些客户在遇到服务失败时，会直接向服务企业抱怨或投诉，而这些企业如能很好地处理这些抱怨或投诉是可以保留住客户忠诚度的。大约只有2%的客户在听到负面宣传后会流失，还有些客户会向消费者维权机构投诉，片面夸大服务失败的危害性，当更多客户看到这样的负面报道时，他们对企业的忠诚度和信任度自然也会受到一定的左右，甚至出现品牌危机。服务性行业要学会亡羊补牢，及时发现存在的问题，同时采取相应的行动进行弥补，想方设法降低客户郁闷的情绪。根据美国调查机构 TRAP 的研究数据表明，服务补救的及时与否影响着客户的回头率。客户投诉在第一次接触时间就得到解决的客户回头率是95%，通过多次、多渠道投诉才得到解决的客户回头率是70%，而投诉未得到解决的客户回头率是46%。从中可以看出，服务补救的时效性决定了客户保留工作的成效。商业银行网点服务补救的主要管理策略有：

1. 网点引入商业银行服务补救专员制。在目前商业银行服务失误无法消除的情况下，客户对于商业银行服务质量的改进往往缺乏足够信任，如何有效地对服务补救活动进行控制，是商业银行提升服务质量面临的重要课题。专业化才能更好整合商业银行的资源，引入商业银行服务补救专员制就显得十分必要与切实可行。商业银行服务补救专员制的职责主要是增强服务补救预警系统，快速响应客户抱怨和投诉，同时对一线员工进行处理充分授权。服务补救专员要求敬业更要求专业。服务补救专员在补救实践中主要体现为以下四个方面：第一是补救中恰当态度的选择。服务补救专员一定要形成积极、乐观、豁达、自信的人生态度，好的情绪会感染他人。同时尊重客户，在社交活动中，有尊重才有深入的交流，也才容易被客户所接纳。对客户的尊重，不仅体现在补救专员的言行举止方面，更关键的是照顾到客户的思想，能够进行换位思考，让补救专员的人格与修养真正打动客户。第二是补救中尴尬局面的化解。服务补救专员面对客户的投诉和批评，要给客户一种有足够的能力与信心解决问题之感，办事利索干练，不拖泥带水的良好印象，以建立客户的"二次信任"，赢得客户的理解与谅解。第三是补救中分寸感的把握。并非所有的客户都是通情达理的和便于沟通的人，对那些不合作客户，就应该在服务补救中做到有理有节，有分寸感且妥善处理冲突。

既满足合理要求，又不无原则退让。第四是补救中挫折事件的应对。服务补救也不一定能让所有的客户满意。作为补救专员要正确对待：各个部门通过协调合力把对客户的损失降到最轻，尽力把客户的情绪调整到平静，把银行的诚意做到最大，努力把自身的工作做得最优。对极少数的补救挫折进行主观反思与分析，从中总结经验教训，同时要设定理性的补救期望，把握客户期望，增加客户满意与忠诚。

2. 银行设有专门的服务补救部门。投诉客户的服务补救工作要有投诉处理的时效性和权威性。专门的服务补救部门在接到客户投诉后，应立即明确投诉问题，完整记录客户信息和投诉内容。按照客户投诉内容，确定投诉级别和具体的受理部门，各受理部门要在规定的时间内核实情况，查明投诉的具体原因和责任人，与客户进行沟通，确定客户意见，妥善解决客户投诉。要加强服务补救信息管理和开发，进一步加大服务补救信息系统的开发和应用力度，建立从客户投诉信息登记、投诉处理情况跟踪、投诉信息归类分析、客户回访情况登记等方面的服务跟踪管理系统。同时，还应分析客户的批评、抱怨，寻找问题发生的根源，从中发现问题，及时调整服务质量，在做好客户投诉服务补救的同时，积极采取措施，尽可能做好可能引发客户投诉的基础工作，从源头上预防投诉的发生，不断改进客户服务工作。服务补救管理的最终目的是改进服务质量，发现服务失误的根源，在此基础上制定出服务质量改进措施。

3. 对一线员工进行服务补救授权。为提高服务补救的效率，应对网点一线员工进行必要的授权，允许一线员工有一定程度的自主解决问题的权限。实行员工授权可以使员工充分认识到服务补救的重要性，大大缩短客户抱怨的处理时间，使得员工能对客户的批评或者投诉做出快速的响应，及时缓解客户的焦虑和愤怒；在授权的同时，给予员工责任意识和相应的激励政策，还可以充分调动起员工的积极性和主动性，使员工以更加饱满的热情，更加有效为客户提供优质服务；有权处理自己工作的员工工作满意度也会更高；一线员工在与客户直接接触的过程中，可以观察到各种问题和机会以及客户的个性需求，被授权的员工将会更倾向发现问题和解决问题的机会。商业银行应该加强对一线员工沟通能力的培训，特别是培训提升员工服务失败紧急补救的能力。

4. 建立客户服务补救信息系统。服务补救信息系统包含信息收集、信息传递和信息反馈三部分。包括采集到的客户向银行反映的问题信息，银行向客户征求的问题信息。没有提出问题的客户更不能够被忽略。客户的抱怨就像是一座冰山，而提出抱怨的客户只不过是冰山一角而已，没有提出抱怨的客户才是构成冰山的主体。银行应主动地向客户征求意见，可以通过发放客户满意度调查表，或者借助第三方"神秘人"进行网点服务调研，或者直接登门拜访投诉客户。不管采用哪种方式，目的就是尽可能地收集到客户的详细、准确的意见和要求。信息传递由信息发布者、媒介和信息接收者三方面构成。信息的传递需要有一个高效通畅的渠道，信息链不要过长，达到信息高效传递的目标。信息反馈是服务补救系统最关键的一环。只有信息反馈的接口要与信息采集的接口一致，由受理投诉的员工向投诉客户亲自传达服务补救的具体办法，才会增强客户对银行的好感。在具体的服务补救工作中，银行员工还会积累许多宝贵的经验，获得一些改进服务系统、服务流程以及增加服务补救效果的重大发现和创新。

案例3-12：一位50多岁的女客户气冲冲地来到某网点营业厅要求投诉。当班的银行大堂经理小吴立即微笑着迎上去，并递上一杯水让其缓缓气。原来，该客户把存单日期看错，5万元的三年定期存款提前一天支取了，而柜员一时大意并没有发现并及时提醒客户利息会蒙受损失。客户损失后的"窝囊"感觉自然也不用说了。详细了解情况后，小吴一方面对客户进行安抚，一面留意其在言语中的信息，思考着解决问题的最佳办法。当她得知该客户这笔存款是三年前因为想在本行购买国债，但没买到才存的，另外还有50万元存款存在本行时，小吴心想：解决问题的办法有了！小吴向该客户诚恳致歉后又向该客户介绍，理财金卡不仅可以优先购买国债和本行的理财产品，还有专职的理财经理可以提供一对一的理财服务，以最大限度弥补损失。客户听了介绍后，承认自己也有过失，并接受了小吴的建议，购买了小吴专门为其安排的国债、基金等理财产品。不久后，这位女士不仅弥补了损失，还赚了额外一大笔钱。

案例3-13：4月20日，某贸易商行的财务人员到开户网点取回单据，发现有一张上月开出的1000元结算罚款单，就去找银行柜台论理起来："为什么要罚我们1000元？"柜员很平静的回答道："罚款回单上有详尽的说明，您自己看一下吧！"该单位财务人员立马火冒三丈："我看不明白。"柜员的话绵里藏针："你们经常开出空头支票，收款人老在柜台前吵，可把我们害苦了。这点罚款已经够照顾你们了！"财务人员见柜员这里找不到满意答复就转身来到银行大堂经理的服务台前找茬："为什么不早告诉我们？"银行大堂经理则一脸无奈的表情："这不有罚款回单吗！我们也是按照行内规定处理，您还是自己回去好好学结算规定吧！"财务人员被这句话堵得几乎是无话可说了……

实际工作中，对于可能属于客户责任的服务补救，现实中的银行工作人员可能会认为可帮可不帮或者即使是不提供服务补救客户也没有理由指责我们的服务，或者只是在言语上表示一下同情。但从优质服务的角度来看，对客户违规现象应善尽提醒之责，有义务维护客户利益，对那些常见的客户违规现象并可能带来不利影响，应从客户利益维护角度着想，及时做出提醒并提出防范建议，以引起客户的足够重视，避免此类事情的再次发生。同时，对客户受罚给予必要的关切和同情。处罚产生时，银行工作人员的态度是关切而不是幸灾乐祸。帮助你的服务对象得到最大的利益才是服务的本质。每当客户违规受罚了，要真诚指出原因所在，并私下问一下自己：补救方面我是否应该日后尽到提醒的责任？

☯ **案例分析**：阅读下面资料，指出银行工作人员服务补救的有效性和专业性体现在龚艺灵服务补救行动的哪些方面？

客户张君上午在中信银行营业网点汇了20万元到另外一家商业银行开户的某客户的账户，由于当天下午三点还未到账，客户张君非常着急，情绪激动来到银行大堂质问。银行大堂经理龚艺灵了解情况后，安抚客户的同时，赶紧安排网点相关部门查询该笔款项是否已汇出。在证实款项已汇出后，龚艺灵辗转找到对方银行经办网点，得知对方确实未收到该笔汇款，感觉其中肯定是某个环节出问题，龚艺灵马上联系到对方银行网点的上级行，证实了是该行系统出了问题，并把客户的情况告知这家银行上级行，请该行系统运作正常后，优先处理这位客户的汇款，确保及时入账。终于，当天下午四点半，款项入账了。这位客户非常感激，紧张的氛围立刻轻松下来，连忙表示自己是一时着急才做了失态的事。该客户最后还是通过中信银行95558客服电话，对龚艺灵的工作给予表扬和肯定。

第七课　银行设施故障的应对管理

即使是最好的设施也难免有出现故障的时候,关键是出现故障后如何积极应对,有一套行之有效的紧急应对措施。2018 年 12 月 6 日,对于日本软银来讲简直是噩梦般的一天。下午 1 点 39 分,软银东日本和西日本两大核心机房 18 台 4G 网元突发事故,造成全网大量用户无法正常通信。软银被这突如其来的大故障惊呆了,从 CTO 到工程师,整整花了近两个小时才定位出故障原因,直到下午 6 点 04 分才恢复正常。本次故障共计造成约 3060 万软银用户无法正常通信,是日本通信史上罕见的重大通信事故。影响范围包括:4G LTE 移动电话无法进行语音通话和数据通信;部分 LTE 固话和家庭 WIFI 无法正常使用;由于 4G 网络故障,导致 3G 网络拥塞。故障的原因是 4G 分组交换设备的数字证书过期导致。TLS 是为网络通信提供安全及数据完整性的一种安全协议。TSL 数字证书过期,意味着系统无法识别那些连接分组交换设备的其他设备是否合法。而且数字证书过期这种事,即使系统重启 N 次也是无法恢复的,因此就发生了不断重启的死循环,并导致了这次重大故障。由于本次故障由 2018 年 4 月升级的版本引起,因而软银回滚到以前的版本。同时全网普查所有设备的相关证书是否到期,制定更加严格的新设备和新软件版本入网测试规范;要求在新版软件出现类似问题后,能够快速回滚到旧版本。由于引起本次重大事故的原因之一是由于所有设备都来自同一家供应商,因而要求在 2019 年 6 月 30 日之前引入多家设备供应商,以分散风险。应该讲,软银的应急处理及其后期的措施跟进还是非常专业和有效的,但其给客户造成的损失还是巨大的。同样属于服务客户的银行,目前随着网点智能设备的大量投入,在方便客户办理业务的同时,也要求银行在加强银行网点设施维护的同时,对银行网点运行过程中出现的系统或者设备故障能够进行基本的技术判断,并形成一套行之有效的设施故障处理机制及其客户管理办法。

银行的设施系统主要由客户自助设备、柜员办公设备及其网络运行及设备操作系统组成。客户自助设备主要有 ATM 机、自动取款机、自助缴费机、自助查询机、智能综合业务处理设备、网上银行设备、智能理财服务设备、排队机、单据打印机、碎纸机;柜员办公设备主要有计算机终端、刷卡槽、叫号系统、打印机、直拍仪、服务器、款箱、不间断电源。从技术的角度来看,银行设施故障产生的问题主要分为两个部分,一是营业网点业务系统故障产生的问题,二是服务设备故障产生的问题。在业务系统故障中,又分为大面积系统故障和个别窗口系统故障两种。出现网点设备运行故障后,银行大堂经理或网点负责人须立即安排人员对机器设备进行检查,确认属网络故障还是属设备故障,及时报请上级管理银行相关部门及其生产厂家及时排除故障。在处理营业网点业务系统故障时,银行大堂经理应遵循以下工作要求:

营业网点发生业务故障,造成系统停机、运行中断等情况,大堂经理应及时告知客户,做好客户解释安抚,维持营业秩序,同时检查了解网点供电、设备运行、网络运行等情况。

大堂经理须在第一时间报告营业网点负责人,视情况启动应急预案,组织开展应急处理工作。根据营业网点业务系统故障处理实际情况,大堂经理按照系统内上级服务突发事件应急处理工作领导机构的安排,及时做好信息披露,并向客户公示相关事宜。

如果是网点大面积业务系统故障,应在第一时间公示系统故障温馨提示,在营业大厅粘贴诸如"系统升级中,感谢您的耐心等候!""系统出现临时故障,目前正在恢复过程中,请您耐心等候!"等提示性标语。同时,第一时间将大面积故障上报相关职能部门后,大堂经理应根据职能部门下发的统一解释口径安抚客户;大堂经理负责有效落实执行,做好现场管理工作,针对服务设备故障给客户造成的不便真诚道歉;解答客户业务咨询、办理需求及解释客户相关疑问时应主动热情、耐心细致,从客户的角度出发帮助客户解决或处理问题;针对暂未离开网点或继续等待的客户应主动开展二次关怀及询问的服务;针对客户抱怨应主动上前安抚并耐心解释,真诚道歉,并通过倒水等关怀方式缓解客户的不满情绪,避免抱怨升级为投诉。

在服务设备故障发生后,大堂经理应会同营业网点应急处理团队按照上级管理部门的安排,第一时间公示服务设备故障温馨提示;大堂经理第一时间将服务设备故障告知网点设备负责人员及时修复;大堂经理主动针对服务设备故障给客户造成的不便真诚道歉;服务设备需显示设备编号,方便客户查找,对应的流水纸凭条也要显示设备编号,出现故障时,客户能清晰辨认并方便银行设备管理部门找到故障设备。网点应坚持联动响应机制,设备出现故障时,保证主管银行能通过系统监测到故障设备,同时系统能自动发送故障信息给主管银行零售业务部、支行行长、内勤主管以便查找相关故障原因。联系维修人员进行故障设备维修需在规定时间内完成维修工作,不得出现长期不维修停止使用的情况。

解答客户业务咨询及办理需求及解释客户相关疑问时,大堂经理应主动热情、耐心细致,从客户的角度出发帮助客户解决或处理问题;针对客户抱怨,大堂经理应主动上前安抚并主动耐心解释,真诚道歉,并通过倒水等关怀方式缓解客户不满情绪,避免抱怨升级为投诉;处理客户投诉时,大堂经理应遵循抱怨及投诉处理服务流程进行处理;大堂经理应及时跟进服务设备修复情况,并将修复情况第一时间告知暂未离开或仍在网点内等候的客户。

案例3-14:某日,正在网点大堂自助区操作存款的高先生急匆匆跑过来向银行大堂经理吴京辉反映,称自己在ATM机上存钱的时候,还没存入银行卡内的钱突然被机器吞了。"我自己的钱包里有一些100元和50元,放在身边不方便,准备去附近的银行存起来的。"高先生告诉小吴,他首先是将几张100元放入ATM的存钞口,机器显示了张数,那时机器并没有出现什么异样,于是他就点击了继续放钞,将整理好的几张50元放入了存钞口,随后机器在点钞的时候却突然暂停了,屏幕显示机器出现了故障,并吐出了一张客户通知书。"机器然后就跳到了主页,不一会儿就完全黑屏了。"高先生说"自己是第一次遇见这种情况,还真不知道该怎么办,一时没有了头绪。"在机器上研究了一会无果后,高先生只能拿着那张机器吐出的"客户通知单"赶紧找到了银行大堂经理吴京辉。吴京辉询问清楚事因后,赶紧安排大堂引导员在出现故障的机器屏幕上面粘贴"机器出现故障,暂停使用!"的字条,并通知分行设备管理部门赶紧派人进行检修。站在一旁的高先生无奈地说道:"存了那么多次钱,还是第一次遇到机器故障,当时还以为钱已经存进银行卡了,但一直没收到存款信息,才知道被吞了。"小吴安抚高先生千万不要着急,一边仔细登记并核对着高先生的身份证信息、银行卡被吞的大体时间及其联系电话,而后告诉客户高先生,当机器出现卡钞、死机等状况时，应在保证机器不被其他人使用的前提下与银行的工作人员取得联系。如果 ATM 机设在银行网点内，可以直接向大堂经理反映，如果是在其他场所的 ATM 机，客户应该立即拨打银行的客服热线，将事发的地点、卡号、涉及的金额、联系方式等信息告诉客服工作人员。三天后，心情已经平静下来的高先生接到网点小吴打来的电话，告知他被吞的钱已经转进了他的银行卡内。高先生也对银行的处理速度和结果表示很满意，对小吴的热情服务表示真心的感谢。

案例 3-15：蒋先生在某银行网点自助 ATM 机上取款遭遇机器出现故障，而后其按照被骗子贴在银行 ATM 机上的"告示"中的服务热线，拨打了该诈骗电话并按照要求告诉了对方自己的卡号和密码。事后，蒋先生感觉有些不大对劲，赶紧报警并返回银行网点找到银行大堂经理才发现张贴的所谓服务热线是诈骗者设的"圈套"。大堂经理告诉蒋先生银行不可能在自助银行里面张贴所谓"银行服务热线"标识，而只是提供语音提示的服务。大堂经理赶紧帮助蒋先生在网点里办理了银行卡的挂失并嘱咐蒋先生一定要提高警惕，特别是不要将银行卡密码泄露给第三者。但两个星期后，蒋先生还是将这家银行告上法庭，最终银行被判赔偿原告蒋先生 30% 的经济损失。法院经审理认为，该银行对 ATM 机的管理存在疏漏，没有尽到防范义务。原来，这台 ATM 机上方装有银行的监视器，但却未能发现骗子张贴的告示，而在蒋先生报案后的第二天，骗子所张贴的告示仍在该银行的 ATM 机上贴着。

案例 3-16：3 月 29 日，家住新路小区的王先生来到解放西路支行，见到工作人员就连声道谢。原来，3 月 19 日那天，解放西路支行工作人员清点账务时发现，有 10050 元错款不知来源。而前一天的业务中，只有一次因自助设备故障导致未上账的情况，但客户填写的故障联系单上的金额却是"1000 元"。"当时就给填报故障联系单的王先生打电话，让他回忆存款金额。"解放西路支行银行大堂经理李浩说，按规定我们不能透露客户存了多少钱，但对方坚称只存了 1000 元。为进一步核实情况，李浩和工作人员对照当天的流水记录，清点出几十笔大额业务，再对照监控录像一笔一笔的清查。李浩讲："从监控看到，王先生存钱时从包里掏出的一摞 100 元现金，约 1 厘米厚，绝对不是 1000 元。"随后，李浩又多次联系王先生，让他回忆存款金额，但对方依然坚称只存了 1000 元。李浩只好将王先生约到网点当面沟通。通过帮助王先生梳理近段时间的进出账，才让他想起当时身上确实有过上万元现金，存钱时也是厚厚一摞，并不是 1000 元。"我还以为是银行故意刁难，因为他们一打来电话就让我回忆，也不说我存了多少钱。""现在想想真是自己太糊涂了。"王先生按照规范重新填了一份故障联系单，10050 元也顺利打到了王先生卡上。纳闷的是，万元和千元无论是厚度还是重量悬殊都如此之大，王先生为何如此糊涂，将万元当成了千元呢？"我患有糖尿病，有时就感觉记忆力不是很好，加上工作一忙就容易犯糊涂。"原来，王先生近期一直在做期货交易，进出账比较频繁，身上具体有多少钱他也不是很清楚。从监控录像看到，王先生使用 ATM 款机时，从包里随意掏出一摞 100 元现金，并未清点而是直接塞了进去。经过王先生回忆和银行核对，因为王先生塞入的钞票中夹了张 50 元面额的，引起了机器故障。机器卡住后，退出了 1400 元。王先生仔细清点了金额并取回了 400 元，又将 1000 元存入了自助存取款机，约 1 分钟没有动静，他才到大堂求助银行大堂经理。此时，王先生先后两次存入机器的金额实际为 10050 元，但他只记得后一次存了 1000 元进去，这才在故障联系单上错误地将 10050 元写成了 1000 元。

银行网点设备的使用非常频繁，而且需要面对相当部分的老年客户和第一次使用银行设备的客户,银行大堂经理在设备故障出现后,应在确认设备已经不能正常运行后,在设备关键位置张贴暂停使用设备的告示,消除后续客户办理业务存在的设备不利因素。同时,记录被吞钱及被吞卡客户的银行卡号、身份证号码、故障时间及其客户联系方式。需要注意的是,银行大堂经理每天晨会之前应仔细检查银行自助设备及其自助区里外相关区域并将有诈骗信息全部清除干净。营业过程中,银行大堂经理应不断进行银行营业区域的巡检,发现设备及其周边的隐患及时进行处理,保证客户有一个安全、安静、干净的设备使用环境。

🕯 **案例分析**:请你根据相关的专业知识判断一下银行网点工作人员给予客户设备故障引发存款数额争议的解释是否合理,同时给出补救措施的积极建议。

事情发生在3月19日(周六)上午。客户小王说,当日早上,由于生意需要,必须在自己一张银行卡上存款14200元。"当天早上,我在家里仔细数了两万元,分成两捆用皮筋儿扎起来",上午10时许,他来到金花路某银行的24小时自助网点。小王以前经常在这里办理自助业务,但这次却遇到了麻烦。由于老式ATM款机要求放钞不得超过100张,小王称,他从包里先取出捆扎好的一万元,打开皮筋儿,没有在机器前点数,直接放进入钞口。"在ATM机处理期间,我拿出另外一万元打开,正在数余下的4200元,却听见机器的响声突然停了。"小王说,ATM机屏幕提示:机器异常,暂停使用。那自己刚放进去的钱呢?存到卡上了吗?小王赶紧向自助网点内的保安人员反映此事,"保安说这叫吞钱,让我找银行大堂经理去登记,说银行会在3个工作日内进行处理。"小王说,他退出自己的卡,在该网点内其他机子上查询余额发现,被吞的钱一分也没入账。他赶紧和值班的银行大堂经理反映了此事,但得到同样的答复称需要等待3个工作日。3月22日,该网点银行大堂经理联系到这位客户,称清理ATM机后发现了机器内有8000元异常款项。"我明明存了一万,没存成不说,最后还少了2000元,我找谁理去。"小王说,自己敢以人格担保,当时放进去的就是一万元,"银行一张嘴就去掉了2000元。"后来,该银行工作人员解释并拿出一份关于此事的调查账户说明文件,该文件由深圳科融科技股份有限公司出具,其中详细列出了小王3月19日上午的存款操作步骤。最终得出结论是小王在存款交易时由于设备故障钞票被回收,经核实存款金额为8000元。对于银行的说法,小王并不认同,"我是拿不出证据,但我确认我放入的是1万。"小王说,"银行方面认定结果仅凭ATM机内的保存数据,可它保存数据的时段是出现了故障的,银行的证据取信显然有问题。""我们经过了严肃认真的调查,客户存钱的过程和我们调查过程都有监控录像留存。"银行一名相关负责人自信的表示,"机器里保留的数据不可能出错。"数日后,闻讯的当地记者随着小王来到他存款出问题的自助网点,从门口往里的第二个ATM自助存取款机就是当天的故障机位,两名女客户正在使用,等了约十来分钟后,两名女客户不高兴的离开,称机器总显示故障,钱就是取不出来。

第八课 保护好公众人物的"隐私权"

"公众人物"一词的使用始见于著名的足球运动员范志毅诉《东方体育时报》案。2002

年初夏，中国队首次进入足球世界杯决赛圈，但 6 月 4 日中国队与哥斯达黎加队首战失利，此后两战皆负，被淘汰出局。众多球迷极为失望。《体坛周报》6 月 14 日报道："有未经核实的消息透露，6 月 4 日中哥之战，某国脚竟然在赛前通过地下赌博集团，买自己的球队输球。"这条消息称：在这场比赛中，某国脚总是在最关键的时刻失位，两个失球都与他脱不了干系，与其应有的实力不符。6 月 16 日《东方体育日报》刊出"中哥战传闻范志毅涉嫌赌球"通栏标题，照录了《体坛周报》报道全文。6 月 19 日，范志毅刊登没有参与赌球的声明。6 月 21 日，《东方体育时报》发表"真相终于大白，范志毅没有涉嫌赌球"的报道，回顾自 16 日《体坛周报》报道某国脚涉嫌赌球后，该报进行了求证式的连续报道，20 日《体坛周报》刊登声明，说明消息来自不实消息来源，至此，在社会上包括网络中流传的所谓范志毅赌球的谎言不攻自破。《体坛周报》20 日的声明承认 14 日的报道出自不实消息来源，在报道中使用"未经核实的消息"一词极不严肃。但是范志毅不愿轻易就此了结。7 月 4 日，范委托律师到上海市静安区人民法院向《东方体育日报》所在的文汇新民联合报业集团提起侵害名誉权诉讼，要求被告停止侵害、赔礼道歉、恢复名誉，并赔偿精神损失 5 万元。

公众人物指的是因其特殊成就、才能、经历或其他特殊原因而广为公众所熟知，与社会公共利益密切相关的重要社会人物，包括党政高级官员、艺术家、著名科学家、著名企业家、社会活动家、体育明星、影视明星、著名劳动模范以及其他会引起大家关注的著名人士，诸如当下成功的所谓"网红"。社会公众人物与普通人士都一样，都需要有一个相对安全且平静的个人或者家庭的生活空间，因而需要和大家一样自由安排自己的金融生活。但由于其社会地位的特殊性，特别是被大多数百姓所熟悉并受到关注，因而容易受到不应有的滋扰及其对其隐私的公开报道。

严格来讲，私人信息只要不违背国家利益、商业利益和社会公共利益，只要不是公众人物身份及其工作的需要，不属于在公众合理兴趣范围内的信息，都属于隐私权的范围。公众人物的金融财产信息及其理财活动信息同样属于其隐私范围且是重要的应受严格保护的隐私内容。隐私权最早的"亮相"是在《哈佛法律评论》中。作者将隐私权目的划为"私人"和"公共"领域，以确保"私人"领域有高度自主性。侵犯隐私权主要包括有：侵扰原告独居、独自性或私人事务；公开揭露使原告难堪的私人事务、公开某事故，致原告遭误解；被告为自己利益未经原告同意而使用原告姓名或特征。目前司法界对于隐私权的定义有几种观点：将隐私权客体确定为私人生活信息，隐私权被论述为自然人对私人生活和信息的控制权；将隐私权的客体拓展至"行为和领域"，隐私权被述为自然人享有的、与公共利益无关的私人领域进行支配的人格权；将隐私视为秘密，是自然人不愿公开的权利。若综合以上几种观点，隐私权是指包含所有"百姓"的私人所享有的、私人信息不被非法侵扰的具体人格权。公众人物，也必拥有此项权利。

公众人物的隐私权与普通公民存在明显的不同，主要体现在限制方面。具体有两种：第一种是法律应将公众人物与普通公民的隐私权区分，来具体限制公众人物的隐私权，基于以下原因：首先是当公众人物的私人生活和公共利益相悖时，法律牺牲公众人物的隐私权来维护社会利益。其次是法律为满足普通百姓对公众人物私人生活的兴趣，在确认属非恶意情形下公开公众人物部分隐私。第二种是指根据具体案件中的利益得失来确定是否侵犯了公众人物的隐私权。认为法律应当不将社会公共利益作为限制公众人物隐私权的理由，不应当因其具备公众人物的特殊身份而有意限制其基于自然人应拥有的隐私权。否则，公众人物的隐私权将更易受到侵犯。公众人物隐私权的保护分为直接保护与间接保护两种。前者即法律将隐私权定义为人格权，被侵犯的人可以侵犯隐私权为由寻求司法救济。而间接保护则是指法律并不将隐私权作为一项独立的人格权保护，当个人被侵犯了隐私时，只能以名誉权、私人住宅等被侵犯为由向法院提起诉讼。对隐私权采取直接保护方式的国家是美国，其公众人物诽谤法中实际恶意原则更能体现对公众人物隐私权的保护与限制。英国和澳大利亚等国家采取间接保护之方式来保护对隐私权。需要说明的是，互联网的迅猛发展扩大了人们的"朋友圈"范围，获取公共人物资源和信息的方式更加便利和快捷。强调对公众人物隐私权的保护不仅体现了隐私权对法律的重要，更利于形成良好的社会道德风气。

在隐私权保护实践中，根据相关规定需要担任政府、国营企事业单位高级领导而形成的公众人物按照规定在组织范围内有责任接受的婚姻、家庭、财产以及社交活动信息由于通常涉及公共利益而被要求在组织范围内公开并不与隐私权的保护相悖。但银行相关网点的工作人员主动泄露这些领导人员的金融财产信息或者在网点的理财活动信息同样是触犯了隐私权的保护规定。进行财产申报的规定受到限制是确保拥有权力的公众人物能够在阳光下做好自己的本分工作，同时在组织的监督中履行自己的职责。但法律规定自然人享有人身权和财产权，且在人格权的各项权利中，隐私权是极为重要的内容，因而拥有重大权力的这些公众人物，其隐私权同样应得的合理的保障，这也是其生存的前提条件。

根据现有法律法规的规定，对公众人物隐私权的保护应特别注意不得骚扰公众人物包括金融消费活动在内的私生活，不得妨碍公众人物正常社交与娱乐，特别是正常的金融理财行为。银行网点工作人员不得随意或者非法将公众人物的个人资料或者其他信息公开传播，为此对公众人物造成的损失需承担法律责任。公众人物不出现在公共视野的时候和我们一样过着平凡的日子，因而法律基于对民众生存与发展权利的保护而对公众人物同样保护其正常的生活权利。正是由于公众人物的公众性，这种保护不会和对普通人的保护措施一模一样，它有其独特之处，也就是其保护范围或多或少、或大或小的不同于我们普通民众。在物质日益丰富的当下，人们更多的追求精神层面的安宁，注重个人隐私与私人空间的保护。公众人物因其从事事务的特殊性而受到社会的广泛关注。银行网点工作人员有义务保证其在网点办理业务的时候不会受到不必要的干扰并受到公平真诚的待遇。公众人物进入网点后，银行大堂经理应该在判断出其身份后主动引导到网点里面较为安全隐蔽的区域或者房间，并通知网点负责人亲自接待重量级的"贵宾"。接待过程中应该显示出高水准的职业素养和良好的接待礼仪，给公众人物留下良好的印象。在公众人物提议或者经过公众人物同意的前提下可以进行合影事宜。原则上不得安排照相或者娱乐。公众人物办理业务过程中，网点内无关人员不得以各种借口主动接触公众人物或者在其视线范围内围观公众人物的金融消费。公众人物在网点内的活动银行大堂经理或者网点负责人应全程陪同并负责解释。

银行工作人员在与公众人物交流过程中，明星类人物主动公开自己的年龄、身材、婚恋、兴趣爱好、社会关系、成长经历、意识观念、前沿想法等，这属于隐私权主体对自己权利的具体支配、处分，是隐私权的一项权利。银行工作人员未经同意不得擅自在公共场合散发或者评判，否则就会侵犯了信息相关主体的隐私。只是其中有些信息的发出虽然违背了信息主体的处分意愿，但由于并无大碍或其他各种原因，其不一定会采取措施予以追究。但不予追究并不意味着这些信息理所应当地可以公之于众而被围观、指点甚至利用。实践中，很多明星类公众人物由于隐私权长期遭受侵扰又不便维权而感到烦恼，甚至走了极端，这种现象应引起足够的重视和反思。

案例 3-17： 徐某是著名的戏剧演员和电视剧演员。早年，曾因在电视剧里扮演猪八戒而给观众留下了深刻的印象并一举成名。其好友著名演员黄某在《快乐大本营》曾爆料徐某早年去银行网点取钱，那时候徐某已经是个明星了，在银行也算是贵宾级用户了。由于他经常去网点办一些金融业务，网点的工作人员也都认得他。然后徐某来到这家银行网点，银行的工作人员一看就马上说："哎呦，徐先生您好！您是我们的会员，您需要办理什么业务呢？"并很专业的介绍了一堆所谓的业务范围。徐某说："不用不用，我就是取一万块钱。"工作人员就马上应和道："好的，徐先生请您稍等一下。"黄某一直强调这个网点工作人员很专业很尊重客户。但大家都知道银行柜台有话筒，然后那位工作人员摁掉了那个话筒开关，这样的话外面的人是听不见里面说话的。但是呢，这位工作人员没注意到自己当时并没摁成功这个"开关"，于是还是可以听到里面的谈话。这时徐某就听到里面传来了："诶诶诶，给猪八戒拿一万块钱！"然后里面准备好了，这位工作人员又非常专业的转过来对他说："徐先生，所有现款都准备好了，这个单子麻烦您填一下！"徐某自己表示：我当时脸都绿了。又想哭又想笑，不过说的也对，徐某这么多年给大家留下的印象就是猪八戒。后来自己在签单子时也签了猪八戒三个字（来自百度网络 文字略有调整）。

案例 3-18： 某著名演员王某曾在电视访谈节目里面爆料自己早年间去到银行网点办理取款业务的时候，引来网点众多工作人员的热情"围观"，当需要其输入密码的时候，这位著名演员示意周围围观的工作人员是否需要远离自己，并主动提示"我要输密码了！"。岂知，围观的工作人员不但没有离开，还主动热情的打消这位著名演员的顾虑"我们不看密码，我们就是想看看您！"弄得这位著名演员走也不是、不走也不是，场面非常不自在……

其实，许多时候公众人物来到网点办理金融业务的时候，网点工作人员更多的是掩饰不住自己看到"现实版"明星的激动心情。因而在紧张的情绪平复之后，极有可能是对公众人物的"好奇感"和"崇拜感"在瞬间爆发而出。若作为普通观众的话，出现一些对公众人物的围观和过分亲热的举动是可以被理解的。但作为网点里正在工作的银行职员来说，应该首先表现出应有的职业素养和服务水准，能够对公众人物提供同样的优质服务，并对他们的隐私给予充分的理解和妥善保护。要让这些公众人物产生安全感，产生办理金融业务的愉悦感，而不是到处被围观的"不自在"。银行大堂经理及其他接待人员对于公众人物的称谓应该使用和普通百姓一样的尊称，而不是他们所扮演角色或者人生低谷时的绰号或代号。银行大堂经理应体现出对公众人物的人格尊重和主动友好的礼貌。

案例分析： 根据下面的案例资料，请你对服务特殊群体公众人物时应该注意的"隐私权"保护问题进行深层次的探讨。

银行大堂经理田蔚林正在银行大堂里面进行着巡检，这时推门走进一位戴着深色眼镜的中年男子，并由身后一位年轻的女性搀扶着径直来到服务台前。"你好，请问您要办理什么业务？"小田赶紧迎上前去接待这位客户。"我们想要申请一张借记卡！"交流中，小田发现这位男子的面孔太熟悉了。原来自己遇到了著名的盲人作家周某。而这位著名的盲人作家一直住在这个网点的周边小区里面，今天是由其女儿陪同来到网点办理开卡业务。"自己曾经是这位作家的铁杆粉丝，而且太爱唱他写的歌了！没想到今天见到了本人！"整洁的贵宾室里，小田一边倒水一边询问着作家周某的眼睛近况，"您是完全看不清楚吗？"在得到了周某的再三肯定下,小田则把注意力转移到了一同前来的女儿身上并告诉周的这位亲人,"按照银行的规定,需要告知周先生及其家属出租或者出借借记卡可能产生的严重后果及其应承担的民事责任。"小田将最近盲聋哑人办理借记卡后将其出租出借给一些不法分子用于诈骗一事给周某及其家属进行了仔细的说明。作家周某感觉小田的话语非常真挚有道理,反复表示自己能够理解银行进行现场录像的规定,并让其女儿代为签字确认结果。现场的气氛融洽温暖。周某还风趣的讲道自己年轻时的眼镜曾让许多追随者感觉到其"很有派",其实是用来遮掩自己的"缺陷"。再次确认周某办卡的合理要求后大堂经理田尉林安排柜员刘青为其办好了所有的开卡手续,并亲自将周某送出了银行网点。回想起这几天被炒得沸沸扬扬的盲人歌手周云蓬到中国银行沙河支行办借记卡被拒之事引发的媒体效应,小田特别感到接待特殊群体的公众人物更加需要智慧和热度,更加需要用法律的头脑指挥做事。好在自己接待周某这位特殊体质的公众人物来办理相关开卡业务的时候,自己首先和客户周某核实了真实意愿,并告知其可能存在的借记卡出租出借的金融风险问题。自己的做法完全照顾到了银行制度的规定。

第九课 沟通协调是为了更好形成"凝聚力"

全球公关咨询行业最具权威的美国周刊《公关周刊》网站2014年5月2日刊登福莱国际传播咨询公司全球公共事务部主席墨博的署名文章,点评习近平欧洲之行成果。墨博在文章中说,习近平4月1日在布鲁日欧洲学院发表了非常精彩的演讲,所有研究"有效沟通技巧"的人们都可以从这次演讲中学到很多,习近平是中国的"伟大沟通者"。墨博对习近平主席的演讲进行了分析,称其选择布鲁日作为演讲地点是"神来之笔"。习近平在演讲中表示,"在弗拉芒语中,布鲁日就是'桥'的意思。桥不仅方便了大家的生活,同时也是沟通、理解、友谊的象征。我这次欧洲之行,就是希望同欧洲朋友一道,在亚欧大陆架起一座友谊和合作之桥"。文章认为,选择布鲁日还暗含另外一层意思:如果想要了解中国当前政策,就必须了解中国的悠久历史。此外,选择在欧洲学院发表演讲,也表明习近平是在面对整个欧洲大陆发表讲话。除了地点选择得好,习近平的这次演讲也"找准了时机"。欧洲目前依然受困于金融危机,热衷于吸引中国的投资,欧洲领导人乐于接受习近平的观点。在欧美关系因美国国家安全局窃听欧洲领导人电话而受损的背景下,欧洲也愿意与中国发展更紧密的关系。文章强调,内容才是习近平布鲁日演讲的真正"闪光之处"。习近平讲话的目的在于构建文化之桥,帮助欧洲人了解中国处理国际关系的方式,他为此清晰解释了中国的悠久历史以及当前面临的挑战。习近平有两句讲话特别重要,"中华民族5000多年文明史,中国人民近代以来170多年斗争史,中国共产党90多年奋斗史,中华人民共和国60多年发展史,改革开放30多年探索史,这些历史一脉相承,不可割裂",他还特别提到,"中国人民对被侵略、被奴役的历史记忆犹新,尤其珍惜今天的生活"。更为有力的是,习近平用一句话讲述了作为中国领导人所面临的挑战,"中国还有2亿多人口生活在贫困线以下,这差不多相当于法国、德国、英国人口的总和"。文章注意到,中国面临的这些挑战是西方领导人难以想象的,所以当习近平说"中国目前的中心任务依然是经济建设"时,这一立场就变得容易被理解。

银行网点的服务是直接面对客户的服务,接待的客户中有不少是有着多种服务需求的客户,需要客户在不同的业务区域进行服务衔接,同时也需要服务在各个岗位区域之间进行沟通协调。客观上银行大堂经理需要沟通协调好各个工作岗位上的关键点,严格网点服务制度和工作流程,同时对各个服务区域的工作衔接方式不断进行演练和优化。由于服务的综合性和复杂性的加强,银行员工出错的几率也会上升,快速协调服务口径及其补救措施也是对银行大堂经理的重要工作内容。沟通协调工作是银行大堂经理在工作中的一项主要职责,通过沟通协调,能够将各单位、各部门凝聚在一起,能够减少工作中的矛盾,提高工作效率,将个体优势转化为整体优势,更大限度发挥单位和部门的整体作用;通过沟通协调,可以加强部门、员工间的联系,畅通信息渠道;沟通协调能够使一些急需加以解决的问题得到及时解决,缓解矛盾,理顺各部门的关系,使无序转化为有序,促进各项工作平稳顺利、有条不紊地开展下去。

银行大堂经理沟通协调工作需把握的基本原则主要有:(1)维护整体利益。银行大堂经理沟通协调工作不能以损害全局利益为代价进行。在遇到局部利益与整体利益发生冲突时,应从全局出发、从长远利益出发,努力说服相关部门或员工服从原则。有时过分坚持原则,会出现适得其反的作用,导致严重失调的局面,这就需要银行大堂经理在不失原则的前提下,灵活运作,使应该落实的责任尽快落实,沟通协调各方能较满意接受的统一的意见。(2)互相尊重。网点员工之间是平等的共同协作的关系,银行大堂经理在沟通协调时,一定要采取平等协商的态度,与沟通协调对象平等交换意见。和沟通协调对象拉近距离才有可能较快、较顺利达到沟通协调的目的。要站在对方的角度多想问题,体谅对方的实际困难,及时听取对方的意见和建议,在思想沟通的基础上达到求同存异的目的。即使在领导对某项协调事宜有明确批示时,也要认真听取沟通协调对象的意见和建议。领导的批示确有不妥的,应如实向批示的领导汇报,以求问题的正确解决。(3)维护团结。沟通协调工作一般是因为工作有冲突,才需要调解,调解的目的就是通过沟通消除裂痕,避免各行其是、各自为政,影响团结现象的发生。银行大堂经理在沟通协调的时候不要一味强调事情很重要很紧急,要有更好的方法拿出来。

沟通协调工作需要把握的两种方法:(1)讲究语言艺术。语言是沟通协调的重要媒介和基本载体。沟通协调工作能否顺利,语言艺术是关键。一是要区别对象。沟通协调需要区别对象选择适宜的说辞。要根据协调对象的地位、职业、经历、文化素养和性格特点等,采取不同的表达方式。如果不管对方是谁,都用一种方法去说服,就很难顺利达到沟通协调的目的。二是要注意态度。沟通协调要慎用指令性语言,多用商量的口气,即使传达上级的指示、转达领导交办的事项,也不要口气太硬。在一般沟通协调场合,更要注意语言平和、态度随和。三是要把握分寸。语言基调应该多用征询的口气,要用"建议""是不是""可以不可以"等带征询色彩的语言。但又不能放弃原则。(2)要做到灵活应变。一是因人而异。一般来说,沟通协调时对老同志要尊敬,对新同志要和蔼;对熟悉的同志可以随便一些,对不熟悉的同志要正规、谨慎一些;对工作积极主动的,要充分信任,不可层层加码;对工作比较拖拉的,要经常提醒,加强督促。

银行大堂经理必须注意沟通协调基础的建立非常关键：(1) 在员工间实行信任机制。银行网点里边会发生很多这样的情况，某个员工将自己的某些失误隐瞒下来，其他员工就会因为搞不清是谁做的而引起混乱，等到最后知道是谁的所作所为时，大家不仅会在意失误本身，还会因为犯错误的人有"尽量息事宁人"的想法而更生气。相反，如果自己认真去赔礼道歉，解释如此这般的情况，那么在你说出"对不起"的时候，对方大多会体谅你的诚意和努力。出现失误后要立即汇报，然后与网点负责人一起立即研究相应的紧急对策，这是最重要的。建立信任机制不是建立员工间的"攻守同盟"，也不是隐藏问题，而是在信任的基础上更加有效沟通协调岗位间的服务和问题查找。(2) 需要"天气预报"的人。及时准确汇报问题及其隐患非常重要。人们"报喜"的时候都会高兴去做，但一到"报忧"的时候，就怎么都做不好，往往导致延误，这种倾向说明了汇报的难度。正确的判断来自正确的信息，不管客户的"天气情况"如何，都要实事求是地准确汇报，银行大堂经理及其其他网点员工都要养成良好的职业习惯。(3) 最短时间的快速处理。沟通协调的时候说话者的表述顺序是很重要的，要去掉那些不需要的细枝末节，认真准备后快速沟通协调出结果。尤其是有关人的问题或者银行信用问题的重要事件，应该首先完全摒弃自己的判断，意见不要夹杂自己的感情，阐述某种意见必须能增进相互的信赖关系。重要的在于清楚地说明为什么这样是必要的。(4) 不要在背后批评同事。在背后批评别人只会使自己孤立起来，如果说话人真是替别人着想，希望别人能有所改变，那么就没有必要什么都当着第三方讲。在没有其他人在场的情况下对本人直接坦言相告，或者对其提出某些建议就好了。(5) 多赞扬服务有瑕疵的同事。对于有了错误的员工更应该多多赞扬。不论他是否出现了情绪低落、消极怠工、工作中经常发脾气、与客户发生冲突的问题，但这些员工也有其他人不具备的长处。在集体中不背后议论犯了错误的员工，互相尊敬、互相信赖，衍生出网点组织的力量。如果能够对别人多一些赞扬，员工之间的信任关系就会更加巩固。

案例 3-19：客户葛先生跳槽后想把原来单位的工资卡注销了，于是就近来到一家银行网点办理。柜员礼貌的询问："请问先生办理什么业务？"葛先生回答说："哦，我要把这张卡销了。"柜员在系统里查询后告知葛先生："对不起，您这卡不是在我们这里开户的，请麻烦到开户网点办理销户。"葛先生正要离开，银行大堂经理吴正英走上前来隔着玻璃告诉当事柜员："搞错了！搞错了！现在改了，任一网点都可以销户的。"柜员愣了一下说道："我没错！不能销户啊！"银行大堂引导员小吴有些着急了："不信，我拿文件给你看。"坐在一旁的葛先生很有些丈二摸不着头脑："我到底该听你们俩谁的？"

案例 3-20：某日，蒋先生来到某行柜前拿出信用卡和身份证，要求办理卡解挂业务。柜员核实后发现持卡人不是蒋先生本人，告之无法办理。蒋先生不理解，火气很大。银行大堂经理看到此情，立即将蒋先生安排到贵宾室，送上茶水。在和蒋先生交流中，了解到持卡人是蒋先生的妻子，因住院无法亲临现场，卡里的钱是准备交手术费用。明白情况后，银行大堂经理来到受理该业务的柜员前。柜员很气愤地说道："这个客户素质太差，明明是他不懂规定，还开口骂人！"大堂经理低声细语地告诉他："作为银行柜员，更多付出一点耐心与理性。客户在乎的是你为他提供服务时，是不是从他的角度去理解他，并为他着想。要善于把握客户心理，主动触及他的心灵。我相信再难缠的客户，你都会体会到一种游刃有余的乐趣。"柜员听了连连点头，提出和大堂经理一起到医院病房办理此项业务的手续。中午，他们立刻赶往医院，在病床前接过卡主本人亲笔填写的单据受理此项业务。见此，原本不能理解的蒋先生非常感激，连声道谢说："没想到你们还会上门服务，真是太让人感激了"。以后蒋先生再来办理业务时，每次都是和和气气的，和柜员们说的话也顺顺当当了。

银行内部人员对客户"说法"不一，意见不一致，往往会使客户对这家银行员工产生业务不熟、管理不上档次的感觉，这种体验常常会抹杀银行整体美誉度。银行大堂经理的沟通协调很大一部分工作是对服务口径统一的问题。而且纠正同事错误要讲究艺术性。发现同事说错了做错了，应该说出让客户听起来"有道理"的原由，并求得客户谅解。应对得当，合时的话，美好的语言能帮助我们赢得客户的信任。沟通协调工作要想客户所想，急客户所急，认真对待每位客户提出的服务需求、疑问咨询和批评。当因严格按制度规范操作引起客户不理解时，银行工作人员要通过沟通协调想方设法最大限度动员网点资源替客户排忧解难。

☺ **案例分析**：阅读下列资料后，请说明当指导性规定和客户需求发生矛盾的时候，银行大堂经理应该拿出怎样的沟通协调办法来满足客户的需求？

客户黎女士经营着一家美容店，这天她急匆匆地来到某银行网点办理取款业务。银行大堂经理问客户："您办什么业务？"黎女士说："我要取3800多元的现款。"银行大堂经理没有给黎女士刷卡拿号，而是安排黎女士到外面ATM机上去取款。黎女士对银行大堂经理说："ATM机取款是整数的，没有零头，我是搭别人汽车来的，汽车还在外面等着我。麻烦能否给我办一下。"银行大堂经理将目光转向了正在临柜的柜员，但柜员却无动于衷，不肯办理，并解释"我行有规定，取款5000元以下的，通过自助渠道办理。"黎女士有些急了："我是经常来你们这里办理业务的，而且需要的是零款。你是否可给我通融一下？"在黎女士的一再坚持下，该柜员才办理了该笔业务。银行大堂经理看着黎女士非常不满意的离开了网点，于是又开始忙自己的服务了。两天后网点得到消息，这位黎女士向电话客服进行了投诉。

第十课　对或将产生的声誉风险迅速"干预"

2014年7月9日上午9点20分，中央电视台《新闻直播间》播出《中国银行造假洗黑钱员工称多黑的钱都能洗》的节目，报道中国银行"优汇通"业务疑似违反国家外汇管理有关规定，对其个别客户提供无限额换汇业务的服务，有"洗黑钱"的嫌疑。这则新闻一经播出，立刻掀起各路媒体蜂拥报道的浪潮。中国银行立刻成了舆论的焦点，负面新闻开始在网络不断扩散。新浪微博收录的中国银行一周相关微博5226条中的"优汇通涉嫌洗钱"一直是最大的焦点，指责中国银行的做法，呼吁严惩中国银行的声音占据着主流。事件本身对中国银行的声誉造成了严重的伤害。中国银行的股价连续两天下跌并引起了整个银行板块的走弱。7月11日，中国人民银行表示正在核实对中国银行的质控，而中国银行为了配合监管部门的调查，暂停了"优汇通"业务并进行自查。网民注意到，7月9日下午5点49分，中国银行在其官方网站对"优汇通"业务进行了澄清，但半个小时后官方网站就删除了先前的公告。紧接着，相关微博也被删除。晚上9点左右，中国银行官方网站和微博重新发布了"关于优汇通业务的说明"，同时在A股和H股交易所发布正式的澄清公告。两则公告对比有三处明显的文字变化："我行关注到新闻媒体近日就我行'优汇通'业务进行报道。我行认为，报道与事实有出入，理解上有偏差。""对资金用途证明材料和资金来源证明材料有统一明确的办理标准，业务办法和操作流程已事先报备。""且每笔业务均属入监管业务系统，较好防范了业务风险。"公告中传递的重要信息是：首先，"优汇通"是人民币跨境转账业务，在符合监管原则的前提下先行先试，客户对象把国家公务员、政府官员及其亲属在内的敏感人群排除在外，仅限于投资移民和海外购房置业两种用途，所兑换外汇是经由中国银行海外分支机构在海外用人民币购汇，只能称作大额汇兑的"快捷支付"；其次，"优汇通"业务有法律支撑，更不能称之为"洗钱"。中国银行的官方声明使"优汇通"业务用户的恐慌情绪得到缓解，业务本身也得到了正面宣传。需要提到的是，在7月9日央视的采访中，中信银行国际金融部的刘维明表示国家必须对外汇实行严格监管，对外汇进行监控的目的是为了防范金融风险，维护外汇市场稳定。但是，刘维明第二天在其微博中表示其采访时间已经过去一个月之久，是被"移花接木"到这次报道中。其生搬硬套的做法严重影响了刘维明的个人声誉，同时对金融业也产生了负面影响。7月10日，大量平面媒体报道主题开始进入中国银行预想的轨道。媒体指责的趋势开始有所改变。7月12日，中央电视台《新闻联播》节目肯定了中国银行在人民币跨境业务中所做出的巨大贡献，为中国银行"优汇通"业务的合理性提供了正面依据，侧面否定了之前的不实报道。从另一方面来看，央视《新闻联播》的正面报道使"优汇通"产品广告效果突出并与负面新闻原发媒体达成共识。

所谓声誉风险是指由于银行网点经营管理及其其他行为，或者由于银行外部事件导致客户、员工、媒体及其监管者等利益相关主体对银行本身形成负面评价而造成的风险。银行声誉风险具有以下特征：

1. 累积性。商业银行在经营管理过程中时时刻刻都面临着客户对其负面的评价。不同主体的利益相关者在潜移默化当中自然形成对商业银行网点服务的看法与评价。而由于信息的不对称，客户个体利益和银行网点利益相冲突，甚至会产生对商业银行整体的不客观或者不公正的评判。这种负面的评价无时无刻不存在。长此以往，可能会带来对商业银行负面评价的累计。从声誉到声誉风险事件，从声誉风险事件演变到声誉风险是一个从量变到质变的过程。

2. 不可测性。声誉是银行经营中的一种无形资产，形成声誉错综复杂。虽然商业银行的信用风险和利率风险目前都有不同的诸多计量方法和模型，但声誉风险的度量目前并未有一个统一的方式及其模型，包括巴塞尔委员会和中国银保监会相关的《商业银行声誉风险管理指引》都没有明确统一的测试标准。而且由于商业银行自身知名度的大小不同、在行业发挥作用的大小不同，因而声誉风险的破坏力度也不相同。对于某些银行来说或者某些声誉风险来讲，可能带来的诋毁是灾难性的且不可挽回的。

3. 传导性。商业银行的声誉风险和并非孤立存在，声誉风险和其他风险相互交织、相互关联。声誉风险的产生极容易导致商业银行流动性风险的恶化而对银行的兑付能力产生怀疑，进而招致挤兑现象的发生。同时，声誉风险的产生还会影响到银行网点正常业务的开展特别是优质客户的拓展，并会招致现有客户的逐渐或者迅速流失到其他银行。

4. 被动性。银行声誉风险的产生可能是单一因素引发,也有可能是多种因素共同发酵所致。在大部分时间段里,作为事件主体的商业银行很难做到主动管控、系统施救,带有很大的被动性。更重要的是,在负面事件苗头初现的时候,大多数情况下银行网点乃至整个银行本身并未能够引起足够的重视,再加之互联网时代信息传播扩散的速度和效果的快速和高效,因而声誉风险产生的危机概率极大,给后期的声誉危机处理特别是隐患消除带来了极大的困难。

声誉风险事件发生后,银行大堂经理应该及时向上级行以及声誉风险归口部门进行报告,上级行以及声誉风险归口部门应根据声誉事件发生的地区、涉及的业务及其关联的风险种类进行判断,会同有关部门组成事件处理小组,积极处理声誉事件。事件发生期间,事件应对小组应该迅速对声誉事件产生的原因进行调查分析,对声誉事件可能出发的关联风险进行判断后根据相关政策积极果断进行处理,同时对于显露的隐患及时根除。事件发生期间,声誉事件应对小组应重点关注声誉信息,及时与相关部门保持沟通,对外做好声誉事件应急处理信息通报工作,尽量减少对银行的负面报道。事件发生期间,银行大堂经理应该及时了解声誉事件情况,按照事件应对小组的统一部署,以统一的口径审慎回答客户的问询,同时按照银行的要求应对媒体的采访。声誉事件处理结果应该上报上级行进行管理备案。

发生银行网点重大和失实报道事件,银行大堂经理应报告营业网点负责人,第一时间报告上级行声誉事件应对机构,并视情况决定是否启动应急预案,组织开展应急工作。应及时联系相关事件信息传播部门进行解释沟通,敦促有关信息传播部门澄清事实真相。同时,根据上级行应急要求进行正面信息披露,做好客户安抚工作,尽可能消除不良影响。银行大堂经理应主动热情接待媒体,平静对待采访,按照上级行统一部署对外发布信息。对于拒绝更正不实信息的,由上级行声誉事件应对机构安排采取法律途径维护银行自身声誉。

案例 3-21:唐某是某企业的退休职工,身患重病,单位为其补发退休职工的生活补贴在某家银行办理了银行卡开卡手续。1月9日下午,唐某病危,其女儿持本人身份证及其唐某单位出具的住院证明、唐某的住院押金收据和身份证,到开卡银行某网点进行初始密码修改。当班柜员当即解释"初始密码修改必须是客户本人亲自到银行网点办理。"所以不能为其办理相关业务。争执中,银行大堂经理提出鉴于唐某的特殊情况,可以在请示领导批准后特事特办。其后,银行大堂经理了解情况后电话进行赔礼道歉,表示将在两个工作日内给予明确答复。1月12日,唐某病情恶化,其家属打到该银行网点进行询问,当班大堂经理态度冷淡且无任何解释。对家属提出抬送病人到网点进行修改密码的想法不以为然,也未向上级行进行汇报。临近中午,唐某家属在当地媒体记者的陪同下,将病危的唐某抬到营业大厅办理密码修改业务。现场许多客户看到该场景后无不唉声叹气、感叹不已。家属的哭声引来众多围观群众,现场骂声一片。1月13日,当地主流媒体报道了此事并被多家报纸转载,社会负面影响迅速扩大。事件曝光后,该行紧急成立应急小组,两次登门向当事人道歉并在媒体公开致歉。1月21日,该行向当事人公开致歉后才得到了当事人的谅解。同时,给予事件的当事人柜员和大堂经理解除劳动合同并对上级支行行长及其副行长记过及其通报批评的处理。该行及时向地方政府汇报情况,加强与事件报道媒体的沟通互动,解释银行相关规定的理由。与此同时,上级行要求所有网点修订完善服务方式,上门为特殊困难客户提供优质服务,并将本年度确定为"服务效率年"。在各方的努力下,事件最终得到迅速平息,不良的社会影响得到最大程度的降低。

案例 3-22：某银行持卡女客户黄某病重昏迷后，其子女因与其继父有家庭矛盾，故借此机会分别持储户身份证和未到期存单，欲提取该储户的 60000 元存款支付医药费，但是忘记了密码。周女士的子女曾到该行的营业网点要求取走款项。而现场的柜员告诉家属，开卡人忘记密码需要先办理挂失手续，如果代办挂失需要出具书面委托，并经公证处公证，否则需要客户本人办理。家属不信，又找到当班的银行大堂经理进行制度查询，得到的回答口径一致。无奈之下，其子女用救护车将重度昏迷的黄某送至银行网点，办理了挂失及取款手续。随后，一家当地报纸进行了整个事件报道，引得众多网友质疑该银行网点没有任何人情味的事实。但是不久，当地的另一家媒体又以《储户昏迷亲属无法取出救命钱》为题报道了周女士的现任丈夫同样到网点要求重置密码和取款的要求遭拒的事实。原来，周女士的现配偶也到网点要求进行密码重置并取款，但同样遭到拒绝。其丈夫便利用报纸进行舆论施压，企图迫使该行将款项兑付。两家报道的不同点立刻引起了上级行的高度警觉，初步判断其复杂的家庭关系可能会引起日后的法律纠纷，并将银行裹挟其中。银行迅速召开会议调查事实真相，一方面对客户进行善意规劝，要求其按照合法的途径办理款项的支取；另一方面则积极向媒体说明真相，争取在后续的报道中澄清该事件的来龙去脉。由于事件处理得当和及时，后续的工作得到了黄某家属的理解和媒体的正面报道。半个月后，黄某的现任配偶以侵占其合法共同财产的诉状将黄某的子女告到法院，要求其子女将从银行网点取走的钱款退还给自己。

银行目前对客户存款财产的处理及其特殊服务的规定主要是用来规避可能出现的资产风险和服务纠纷，并非是空穴来风，是有充分的法律根据和事实基础的。目前，声誉风险事件发生后，由于各种互联网平台的技术存在，其传播的速度和传播的效率是传统媒体手段远不能及的。事态扩大后银行大堂经理反应不敏感，处理不到位，会给后面的工作带来巨大的压力和被动。服务意识淡薄，不能特事特办，对于客户的交流语言不能捕捉到敏感的信息，因而无法提前判断声誉风险发生的机率有多大，因而出事后只能是不断麻烦上级。需要说明的是，必须要弄清客户后面可能采取的"行动"。目前，银行对于声誉风险事件的处理普遍需要借助于"外力"的帮助，得到政府有关部门特别是新闻媒体的理解，学会与新闻媒体沟通交流，借助主流媒体力量消除已经扩散的不良影响是银行使用的主要方法。

案例分析：阅读下面资料后，谈一谈你对提前做好客户情绪安抚工作，积极消除银行声誉风险隐患的看法。

正是春节刚过的日子，一位中年女性客户急步走进某家银行营业厅，从她脸上的神色可以看出，她非常焦急。这位客户进门后，银行大堂经理小宋立刻微笑着迎接客户。经过询问后才知道，原来这位客户是来办理第三方存管签约业务的。然而，辛女士的老父亲已经是耄耋高龄，并且因为健康的原因，行动非常不便。多年前，老先生为了证券交易，办理了该银行的银证转账业务。目前，该银行与证券公司系统升级，要求客户重新签订第三方存管协议，否则将不能办理正常的银行与证券的划转业务。问题涉及客户的资金问题，自然是十分着急，但根据银行的规定，第三方存管协议只能由客户本人亲自签署。想起自己父亲的账户里面存着上百万元的炒股钱，辛女士立刻急了，要求小宋当着媒体的面把银行的所谓规定解释"清楚"。辛女士是个较真的客户。小宋感觉若处理不当可能会给银行带来被动的一面。大堂经理小宋向客户耐心说明了银行规章制度的理由，表达了这一规定出是于对客户资金安全负责的初衷。经过大堂经理的悉心解释，赢得了客户的理解和支持。辛女士则将靠轮椅行动的辛老先生推到了银行的营业厅,并在大堂经理的帮助下,让老先生亲自到柜台办理了第三方存管业务的续签。业务完毕后,辛女士和辛老先生都非常满意,对银行的规定再次表示理解,并在支行客户意见登记簿上留下了对银行的高度评价。

第十一课　果断处理突发事件,最大限度保护客户利益

　　2008年9月,三鹿奶粉事件案发。三鹿乳业集团的董事长兼总经理及党总支书记田文华以"生产、销售伪劣产品罪"被判无期徒刑。9月12日,调查组确认"受三聚氰胺污染的婴幼儿配方奶粉能够导致婴幼儿泌尿系统结石",三鹿集团生产的婴幼儿"问题奶粉"系不法分子在原奶收购过程中添加三聚氰胺所致。此次重大食品安全事故共导致29万余名婴幼儿出现泌尿系统异常,其中6人已经死亡。9月11日,三鹿集团公司决定立即对2008年8月6日以前生产的三鹿婴幼儿奶粉全部召回。9月15日,河北省政府举行新闻发布会,省公安厅就三鹿婴幼儿配方奶粉重大安全事故有关调查侦办进展情况进行了通报,称9月14日,经正定县检察院批准,正定县公安局依法对涉嫌生产、销售有毒、有害食品罪的耿某兄弟二人执行逮捕。其实,三鹿集团陆续曾开展了一些调查,包括患儿情况、产品质量、原料奶站。但是,三鹿集团在相当长的时间内没有向政府报告。按照国家重大食品安全事故应急预案,发现重大食品安全事故后应该在两小时内向上级政府报告。9月8日,河北省委、省政府在接到石家庄市政府有关三鹿牌部分批次婴幼儿奶粉受污染事故报告后,省委书记张云川、代省长胡春华立即对此事故的调查处理做出重要批示,要求省关部门和石家庄市政府迅速派员到企业和有关涉案地方调查了解情况,及时救治患病婴幼儿,对事件责任人依法严厉查处。省政府连续四次召开会议进行部署,迅速启动重大食品安全事故Ⅱ级预案。9月13日,国务院启动国家重大食品安全事故Ⅰ级响应机制,在全国范围内清查、检测婴幼儿奶粉,对数以万计的婴幼儿进行了筛查诊断和医疗救治。9月14日,质检总局紧急派出工作组赴河北、广东、黑龙江、内蒙古四省区,督促检查三鹿婴幼儿奶粉重大安全事故应急处置工作。各省工商行政管理机关立即清查奶粉市场,对发现22家企业含有三聚氰胺批次的产品责令经营者立即全部下架。14日,农业部决定对内蒙古、黑龙江、河南、河北、山东、陕西、新疆、北京等奶业生产大省的50个重点县,以及奶制品消费重点城市开展生鲜牛奶质量安全专项监测,严禁使用和添加国家明令禁用药品,坚决打击生鲜牛奶掺假制假的违法行为。17日,总理温家宝主持召开国务院常务会议,决定在全国检查奶制品,整顿奶制品行业,使奶制品的质量安全和市场秩序有一个根本性的改变。彻底查明事故原因,及时公布调查结果。坚决依法惩处违法犯罪分子,对负有责任的企业、监管部门和行政负责人要严肃追究责任。在三鹿奶粉事件中,政府的快速反应和果断处理,以及启动国家重大食品安全事故应急机制的一系列措施是政府及其相关职能管理部门对社会及其百姓的负责任举措,但问题是三鹿乳业集团拖延了问题的及时上报,最终酿成大祸。

　　作为提供社会金融服务的部门,银行网点在经营过程中自然会由于自身内部和外部的原

因而出现突发事件。从目前来看，已经显现的突发事件主要有营业期间发生歹徒挟持人质取款、营业厅内发生客户失窃案、网点营业期间发生停电、遭遇自然灾害、客户在营业网点突感身体不适、来到银行网点进行寻衅滋事、客户不合理占用银行服务资源、有客户激增的异常情况、网点内发生了诈骗、冒领案件、挤兑事件。应该讲，面对复杂的局面，银行大堂经理需要沉着冷静，勇敢面对，积极化解矛盾，快速恢复网点营业秩序。

营业期间发生歹徒挟持人质取款时，银行大堂经理应和柜员应沉着冷静与其周旋，互相配合拖延时间，尽量分散歹徒注意力，并暗示其他员工进行110报警；银行大堂经理及其保安员应伺机疏散大厅里面正在办理业务的客户；银行大堂经理应暗示柜员迅速将现金打散后放入保险柜或者歹徒不易察觉到的角落；银行大堂经理在确保自身安全的前提下劝导被劫持人员保持冷静，制止现场出现激怒歹徒的刺激举动或大声哭闹；银行大堂经理应提示现场工作人员及其客户在公安干警到达前不要轻易展开施救，并通过与歹徒不间断的谈话闲聊，消除对方的紧张心理，必要时可技术性的按歹徒的要求给予一定的现金，以保护人质安全。银行大堂经理在有把握的前提下，可共同协作现场人员将歹徒果断制服。营业期间歹徒利用催泪弹或施放毒气抢劫时，银行大堂经理发现营业大厅有不明气体的或雾状现象并初步判断很可能是迷幻类毒气，应立即报警；银行大堂经理服务客户时若发现客户手中所持物品并非银行业务所需物品时应提高警惕，必要时可借故离开服务台，伺机观察，视情况报警；银行大堂经理若发现营业大厅内有不明刺激性气体或者烟雾要立刻用湿毛巾护住嘴鼻，迅速转移到安全区域，用手机立即报警。遭遇歹徒使用爆炸物品实施抢劫时，银行大堂经理应迅速按下110报警器，这时不要按惊吓式报警器，以防激怒犯罪分子；银行大堂经理在保证自身安全的前提下尝试对制造事端的歹徒尝试进行说服教育，同时严密观察歹徒的心理反应；银行大堂经理可采取适当的方式与歹徒周旋拖延时间，等候公安机关赶到现场；银行大堂经理发现有爆炸物品已经放在柜台上时，应按下110报警器，而后提示全体员工迅速卧倒；当歹徒身上绑着炸药时，应立即按下110报警器报警，同时注意观察歹徒的动作，当发现有拉导火索并冒烟的情况时，应提示大家立即就地卧倒自救。营业厅发生抢劫客户现金的情况时，银行大堂经理应该迅速按下110报警器和惊吓式报警器，并快速协助被抢劫客户进行犯罪嫌疑人的现场指认工作；银行大堂经理在保证本网点安全和自身安全的情况下，与保安员及现场其他工作人员迅速疏散营业大厅里面的无关滞留客户，使用警械协助被抢劫的客户抓捕犯罪嫌疑人；如遇到犯罪分子拿有凶器时，银行大堂经理不要轻易去接近，仔细看清犯罪分子体貌特征、衣着及逃跑方向，为公安人员的事后侦查提供有力证据。若被抢劫的客户已经受到人身伤害，银行大堂经理应主动迅速施救，第一时间联系相关急救医疗机构。银行大堂经理发现在营业大厅里面逗留或东张西望而不办理业务的人员时，银行大堂经理要提高警惕，暗示营业厅内工作人员做好应对突发事件准备；银行大堂经理或保安员应主动上前与其搭话，询问其是否办理业务，如有办理业务回应银行大堂经理应安排相关人员帮其办理，让嫌疑人觉察到已经有人注意到他了；银行大堂经理要注意观察可疑人员的意图，提醒可能被侵犯的客户，或者拖延办理业务时间，暗示可能被侵犯的客户有人窥视其取款；营业网点门口发现可疑车辆时，银行大堂经理及保安员要提高警惕，做好应对突发事件的准备，注意观察可疑车上人员动向，视情况及时向保卫部门报告，事态严重时立即报警。

营业厅内发生客户失窃案时，银行大堂经理应提示被窃客户不要大声喊叫，低声问清楚被窃客户具体情况后，协同保安员迅速将营业厅大门封闭，并维持好大厅内的秩序；银行大堂经理在确认失窃情况后立即进行报警并安抚好大厅内的客户秩序等候公安人员到场。

网点营业期间发生停电现象，银行大堂经理要做好客户的安抚工作，及时向客户说明情况；若属于暂时性停电，银行大堂经理应安抚客户在休息区等候，不要与有过激行为的客户发生争执，尽量争取缓和气氛，防止事态扩大；如停电时间无法预计，应劝告客户去附近网点办理业务，或改日办理业务，并及时将因停电不能办理业务的通知贴出，以告知客户；属于突发的停电事故应积极查找停电原因，在条件允许的情况下尽快联系维修人员恢复网点正常营业。

在发生自然灾害时，银行大堂经理要立即发出报警信号，通过室内播音器语言报警和电铃报警，并立即向上级行报告情况，根据上级行指示和自然灾害情况拨打"119""110""120"应急电话，报警时要讲清楚单位地点、什么灾害、灾情大小、报警人姓名、单位电话号码，并派人在干道口迎接救援队。银行大堂经理接到灾情信号后，要立即通知网点工作人员保存重要资料、凭证、现金，关掉电源，迅速组织员工疏散。灾情信号发出后，网点相关工作人员应快速从安全通道撤离办公区域。疏散时要迅速、有序，当发生拥挤现象时，银行大堂经理要积极组织有序疏散，防止发生意外。疏散后要清点网点人员人数，第一时间向上级行报告准确疏散信息。营业网点受到灾害时，银行大堂经理要立即报告支行长，组织网点有关工作人员迅速携带重要凭证、业务用章、账册及金库钥匙安全撤离受灾现场，立即组织大厅滞留客户迅速离开营业厅，防止抢劫现象的发生。设置金库的网点其守库人员要立即报告上级行保卫部门，根据灾情采取应急办法，有效保护库款安全，等候救援人员到场。

客户在营业网点突感身体不适，需要帮助时，银行大堂经理应及时安排客户到安静的区域休息，并确认客户的意识是否清楚，是否携带着有效证件；柜员发现客户在办理业务时出现异常情况，应及时与银行大堂经理联系；银行大堂经理需要了解客户发生的突发情况，及时联系或通知客户家属或单位，并立即联系紧急医疗救护，协助医疗救治行动；银行大堂经理具备相关专业救助知识并获取相关专业资质的应给予客户适当救助，以缓解病情等待120急救车辆到场；银行大堂经理应协助客户保护财产和业务办理资料安全；在现场缺乏专业医护人员指导的情况下，银行大堂经理不要轻信围观人员的所谓"指导"，而应该将无关人员劝离现场；银行大堂经理应指示保存好监控录像资料，以备日后查证。

对于来到银行网点进行寻衅滋事的可疑人员，银行大堂经理应及时调查了解可疑人员滋事原因，判断可疑人员的价值取向及其可能出现的下一步滋事行为，提前采取有效措施进行应对；发现可疑人员结伙出现或有明显闹事迹象时，属于打架斗殴、流氓滋事、聚众闹事等治安事件的，在场银行大堂经理应根据实际情况采取有效措施制止事态进一步发展，情节严重的应立即拨打"110"报警电话和"120"急救电话处置；在保证自身和资金安全的前提下，银行大堂经理和保安人员尽量对滋事人员进行劝阻，劝离营业网点，并及时疏散围观人员；银行大堂经理需要提高警惕，严防有人乘乱侵占银行资产或者滋扰正常经营秩序。对于前来营业网点静坐、示威等聚集事件的人员，银行大堂经理要锁好边门、后门，嘱咐柜员不得随意出入工作区域；银行大堂经理协同保安员对聚集人员应进行法律宣传和正面劝离工作；应劝阻闹事人员退出营业大厅，避免正面冲突，防止激怒聚集人员引起过激行为产生。遇有精神不正常或酗酒后在营业大厅闹事的人员，银行大堂经理或保安员应先进行劝阻，在劝阻无效的情况下立即报警。在警察到来之前，应予以安抚，并控制其过激行为，以免造成不必要的人身及财产损失。

营业网点发生客户不合理占用银行服务资源事件，银行大堂经理应及时劝导客户停止不合理占用行为，维护正常营业秩序；银行大堂经理或柜员营业员应主动了解不合理占用行为动机，听取客户的合理要求，采取有效疏导措施；疏导和劝阻无效后，银行大堂经理应给予客户适当警告，中止客户不合理占用行为，同时视情况报告上级行及其相关保卫部门；对于情节严重，干扰网点正常经营秩序，银行大堂经理应该立刻报警，求助公安机关协助处理，同时指示保存好有关监控录像资料，以备日后查证。

银行大堂经理提供服务时若发现有客户激增的异常情况，要及时通报网点负责人；银行大堂经理要迅速了解客流激增的原因，根据具体情况采取积极应对措施，并就事态的轻重及时向上级行汇报；银行大堂经理应该及时安抚客户，做好客户疏导工作，缓解客户情绪；银行大堂经理应协助营业网点负责人及其上级行相关负责人商讨疏解客流激增问题的处理方案，视情况增设营业服务窗口，进行分流；若因客流激增，服务已经无法达到客户要求，而且引起秩序混乱时，应立即向"110"报警，银行大堂经理应按照要求提示工作人员不要离开工作区域。

对于网点内发生了诈骗、冒领案件的时候，银行大堂经理应采用各种可能的方式和恰当的理由稳住嫌疑人，并立即将发生的情况信息递给公安机关。在说话期间，银行大堂经理应提示相关工作人员不能将嫌疑人的票据、证件退回给嫌疑人，要设法稳住嫌疑人并在周边设置看护人员，迅速确认嫌疑人的外貌特征，严密监视，等待来人援助抓获嫌疑人；银行大堂经理及时报告营业网点负责人，由网点负责人或有关人员迅速查询辨别真假，并立即向上一级银行报告；甄别后确认为诈骗行为的，由上级行或网点负责人、相关保卫部门向公安机关报警。

营业网点发生挤兑事件时，银行大堂经理要立即报告网点负责人，网点负责人上报上级行及其相关安全保卫部门；银行大堂经理应坚守岗位，保持正常工作秩序，来不及书面报告的要以口头报告形式准确迅速报告事态发展情况；发生挤兑的网点要立即召集相关业务部门共同研究解决挤兑的工作方案，上级行应调动所属安全保卫或业务人员迅速到现场维持秩序，向挤兑群众做好解释工作；网点工作人员要重点做好现金、重要凭证、印章、计算机密码和重要物品的管理，严守营业厅防护门和重要通道，控制出入柜台的人员；银行大堂经理负责维持营业大厅的工作秩序，确保柜台人员的正常业务操作，避免营业大厅出现混乱；上级行要随时掌握网点现金库存、可用头寸的变化，配备调款人员，并随时保持和总行出纳中心库的联系，及时调款备用；总行出纳库要核实可用库存，为支行调款做好准备，同时做好向人行调款的准备；网点的监控录像要对发生挤兑的现场实时监控，发现有可疑人员在现场肆意煽动要做特别处理，网点负责人根据情况决定是否直接向公安机关报案；网点各部室和上级行以及知悉事件的银行大堂经理应妥善应对新闻媒体的现场报道，不得违反原则泄密，要以维护本行利益为出发点，最大限度消除对本行的不良影响，不能私自对外发表不切实际的言论。

案例 3-23：2018 年 3 月 16 日，一名女性客户来到农行上海浦东浦三路支行，其在客户等候区入座不久后，忽然出现了呕吐现象，之后便躺到座位上不省人事。银行大堂经理看到这一情形后，立即上前询问，但该名客户始终没有抬头应答，大堂经理意识到情况的紧急性，马上向网点负责人报告，随即网点负责人到该名客户身旁尝试唤醒，但客户仍未回应，于是网点负责人立即启动了紧急预案，一边守候在客户身边，一边拨打了120急救电话。由于客户当时未办理任何业务,身份无法得到核实,随后网点行长又拨打了110报警电话。5分钟后,120医护人员与民警及时赶到银行网点,医护人员当场再次尝试唤醒该名客户,这名女性客户稍许有些意识反应并同意去医院看一下急诊,赶到现场的民警对该客户的身份进行了初步核对,与医护人员一同将该客户抬上担架送至医院。农行员工在救助客户过程中的快速、高效、专业得到了在场客户的一致称赞。后经了解,该客户系食物中毒,正在积极康复中。

案例3-24:云南昆明某工商银行网点突然闯入两名戴着头套,手拿爆炸物、锤子、砍刀的歹徒,将一位市民砍伤后,其中一名歹徒挥着锤子敲打着柜台玻璃,要求柜员立刻把钱交出来,否则就要点燃手中的爆炸物……这不是真的在抢银行,而是2017年8月30日发生在工商银行云南省分行举办的突发事件应急预案演练的现场。高度还原的场景、惊心动魄的氛围、专业逼真的表演,给现场观摩人员带来极度震撼的体验。演练现场,银行柜员一边用言语稳住歹徒,一边悄悄用暗语报警并通知安全保卫部门。几分钟后,其中一个歹徒发现不妙开始往外冲,网点保安迅速借助警械将其制服,银行大堂经理迅速引导在场客户疏散至安全区域,赶到的120医护人员抢救受伤客户,警察到场控制住另一名"犯罪嫌疑人",并用专业装置排除了"爆炸物"……为提高对突发事件的应变处置能力,检验一线网点、一线员工的安全保卫工作水平,扎实推动"最安全银行"建设,省分行举办了本次应急预案演练。据省分行相关负责人介绍,工行省分行按照公安机关的要求加强防暴反恐工作,每个网点在营业时间至少同时有两名保安在岗值守,每位保安、每个网点都配发齐眉棍、抓捕器、盾牌等器材,对处理突发事件帮助很大。省公安厅相关领导表示,演练预案是曾经发生在银行的真实案例,也是当今社会治安方面,特别是在银行业金融机构身上,相对易发、多发的事件,演练价值大。

需要说明的是,银行大堂经理应根据银行突发事件应急预案组织银行网点员工进行定期演练,熟悉自己在突遇相关事件时应该扮演的角色和应该承担的责任。出现突发事件时按照平时演练的处置要求及其工作分工,沉着冷静应对突发事件及其犯罪嫌疑人。银行大堂经理应该具备必要的医学知识和救护资质,能够在客户面临生命危险时在宝贵的第一时间对客户实施救助,为专业的医疗抢救赢得黄金时间。银行大堂经理应具备应有的谈判技巧和语言交流技术,有犯罪心理特征和需求特征的基本培训,能够对突发事件中的犯罪嫌疑人施展有效的周旋与情绪控制。

👐 **总结提炼**:根据所学到的银行网点突发事件应急管理知识完成下列表格相关内容的填写。

表3-1　　　　　　　　银行网点突发事件应急管理工作要点提炼

银行网点主要突发事件	是否使用警械	是否上报上级行	是否需要应急预案	是否需要暗语联系	员工禁止主要行为	客户是否需要疏散
营业期间发生歹徒挟持人质取款						
营业厅内发生客户失窃案						

续表

银行网点主要突发事件	是否使用警械	是否上报上级行	是否需要应急预案	是否需要暗语联系	员工禁止主要行为	客户是否需要疏散
营业期间发生停电						
遭遇自然灾害						
客户在营业网点突感身体不适						
来到银行网点进行寻衅滋事						
客户不合理占用银行服务资源						
出现客户激增异常情况						
发生了诈骗、冒领案件						
出现挤兑事件						

第四部分
银行大堂经理的产品营销服务

第一课 要知道客户也是分类型的

COSTCO 和亚马逊这两家公司有个共同的特点就是主动选择客户类型，这种主动选择的方式是通过其售卖的商品进行的。简单来说就是只卖有品质感的商品和服务哪些愿意出合理并划算的价格买有品质感商品的消费者。这样做的好处是什么？有品质感的东西才能产生用户忠诚度。因为"价格"而购物的消费者往往都是冲动型的用户，就是买完会后悔的那种类型的消费者，但是他们往往会把这种冲动的责任怪罪到别人头上，所以这种先看价格再看货的人群一般不太会产生忠诚度。COSTCO 和亚马逊选择的是能产生忠诚度的客户群体。银行大堂经理在许多的时候都会面临着对客户的产品营销问题。很多大堂经理目前都会抱怨现在的客户可真不好对付，其实那是因为没有找准客户的特点，没有针对性的使用营销策略。

根据客户的性格特征和情感特征，银行大堂经理可以将自己的目标客户划分为以下四种类型以便进行营销活动的展开：

1. 情感型客户。这类客户只要和你聊得投机，不会特别在意银行网点出售的产品到底怎么样。情感型客户喜欢遵从自己内心的感情办事，在银行大堂里面消费服务或者购买产品，最有可能和银行大堂经理成为好朋友。这类客户喜欢自己被称赞或夸奖，受到关注被认为是一件非常幸福的事儿。情感型客户是银行大堂经理在营销过程中的工作重点，因为这些客户有广泛的社交圈，朋友众多，会将自己的购买经历或者感受分享给自己的亲戚和众多好友。情感型客户的宣传具有最大的扩散效应。银行大堂经理在营销过程中应该记住他们的喜好和习惯，向他们推销产品或者服务的时候可以投其所好，密切情感，让他们感受到银行大堂经理的真诚。

2. 独断型客户。这类客户的性格特征是自信、果断，坚持自己的判断。由于人生经历丰富或者身居重要位置，不善于理解别人的感受。对自己的行为很执着，不能容忍欺骗、被怀疑、怠慢、不被尊重等行为。这类客户时间观念很强，不喜欢别人浪费自己的宝贵时间，做事讲究效率。银行大堂经理对这类客户进行营销，需要耐心倾听这类客户的想法，给予他们足够的尊重，不要跟他们硬碰硬，但可以直接切入主题。对独断型客户的营销，往往会带来银行大堂经理业绩的大幅攀升。

3. 理智型客户。这类客户的情感细腻，有很强的逻辑思维能力。对公正的处理和合理的解释可以接受，但不愿意接受任何不公正的待遇。理智型客户由于受到教育程度较高，有着长期的生活经历，因而遇到银行大堂经理推销产品或者服务的时候不会受到现场气氛的左右，银行大堂经理需要认真回答理智型客户的每一个提问，并对所推销的产品或者服务有非常准确的描述。理智型客户善于运用法律手段保护自己，但也不会轻易用法律威胁对方。银行大堂经理对待理智型客户应该表现出足够的专业和专注，解释合理，能够得到客户的理解和认可。

4. 谨慎型客户。这类客户对银行大堂经理推销产品或者服务的警惕性非常高，防卫或者拒绝思想始终占据着主导位置。谨慎型客户在银行网点或者网上银行曾经购买过相关产品或者服务，由于你贴心和热情的服务感染了他，从而产生了对银行大堂经理的好感。对于谨慎型客户，在营销过程中需要运用恰当的沟通技巧，在接触沟通的过程中根据客户的语言反应和肢体动作反应，判断客户对银行大堂经营销行为的反应，随时调整自己的营销方式和营销方法。不恰当的介绍产品或者过分的热情会很快将这类客户"吓走"。谨慎型客户可能会再买一些产品或者服务，后期也会下意识地关注银行网点举办的一些营销活动。对于谨慎型客户，银行大堂经理应注意营销尺度的把握，让谨慎型客户感受到你的真诚，并被你的真诚所吸引。

目前，国内大多数商业银行采用按照客户需求标准对客户进行分类和分层相结合的方式并提出营销维护方式的建议（见表4-1、表4-2）。

表4-1　　　商业银行按照客户需求标准对客户进行分类及其营销维护方式

客户分类	切入产品	营销方式
理财类客户	此类客户参考5万元以上客户分层精准营销方式建议进行（见表4-2）	此类客户参考5万元以上客户分层精准营销方式建议进行（见表4-2）
信用卡类客户	最终目标是实现信用卡客户群产品交叉绑定以及客户规模的提升	对于发卡未激活的客户，进行电话邀约，到网点激活，并交叉营销其他产品； 对于已经激活在用的信用卡客群，可以将信用卡客户按照资产、行业、持有产品情况及连续3个月交易总额进行分类，再通过批量短信营销、电话营销及财富讲堂形式对目标客户群进行综合开发。同时建立信用卡微信群，及时推送信用卡优惠活动及银行其他产品最新资讯，增强信用卡类客户的产品渗透率
代发薪类客户	新增代发薪企业从源头员工开户时免费业务包的绑定	以绑定企业员工的日常需求，如代缴水电煤气费、代缴电话费、零存整取和基金定投等，有效提升该类客户有效账户率

续表

客户分类	切入产品	营销方式
存量代发薪类客户	针对存量代发薪客户，可以做活动的批量营销，以普通磁条工资卡升级芯片卡的机会为切入点	通过在企业举办活动，向企业高管层、普通员工交叉绑定不同套餐并赠送感恩礼品的方式，实现批量开发营销； 通过代缴费业务、零存整取、约定转存、基金定投、黄金定投业务的绑定，留存客户日常生活资金，可以有效吸引客户日常资金截留，最终促进低成本储蓄的沉淀； 可以针对企业代发工资员工进行定期理财产品推荐营销，短信编写成重点企业员工专属理财。将一款普通的理财产品打包成一款稀有的专属理财产品，让企业员工有被尊重和归属的感受，这样也会沉淀代发薪客户的资金
商贸类客户	POS机、渠道产品、短期理财、通知存款、贷款	POS商户的资金流动性较强，可以给客户推荐适合商户有闲散资金进行理财的产品，即能获得较高收益又能灵活支取； 利用公私联动，进行商贸客户的小额授信，组织商户联谊座谈，进行信贷、零售产品的组合营销
结售汇类客户	渠道产品、短期理财产品、保险等	通过日常的电话邀约或者办理业务的常规性联系，建立日常客户微信群，也可以组织出国留学讲座及出国旅行、海外投资等知识讲座

表4-2　商业银行按照客户需求标准对客户进行分层及其营销维护方式

客户层级	特征描述	切入产品	营销和维护方式
潜力客户 1万元~5万元	客户虽然单位余额较少，但客户基数庞大	折换卡；磁条卡换芯片卡；渠道产品	利用营销系统进行批量短信或者电话营销，一是利用积分换购、存款送礼等形式进行营销；二是可以电话邀约以银行理财产品为营销切入点；三是老带新，新增存款抽奖或者礼品赠送活动
优质客户 5万元~30万元	无论客户数还是资产占比来说，都是银行的中流砥柱	贵宾卡；理财；基金；保险；做资产的向上提升及产品的交叉营销	通过电话邀约进行理财及贵宾卡的沙龙活动营销，在活动中创建客户微信群，以日常微信互动、每日电访为主，提升客户与银行的熟悉度与粘合度。同时可以开展中高端客户沙龙、周末户外亲子、儿童读书会、书画大赛或跑马拉松等活动形式，通过每次宝贵的见面机会和沟通，做好客户营销及其维护
重点客户 30万元~100万元	在重资产管理方面的银行或者在发达地区银行此类客户占比较大	贵宾卡；资产配置	开展高端客户沙龙，类似轻奢品、红酒品鉴会、美容养生诸多活动，建议由理财经理建立详细的客户KYC信息档案，保证至少每月进行一次电话或者短信的维护联系，由理财经理对客户价值进行再判断，识别客户价值，判断客户是否需要进行深度挖掘与维护
核心客户 100万元以上	属于客户金字塔结构的顶端，虽然数量占比少，但资产占比大	贵宾卡；资产配置	保证此类客户拥有银行相应等级的贵宾卡，管户经理或者支行行长对此类客户要进行客户KYC信息档案的详细记录，以客户生日及特殊节日为切入点，做到定期的问候及上门拜访工作，维护频次至少每月一次，管户人员必须做到清楚了解每一位客户，争取能够和客户做成朋友

银行大堂经理服务

案例4-1： 乔琳是某银行网点的大堂经理，业务做得红红火火。这段时间，由于与华安集团协商票据业务有关事宜，逐渐的与集团财务副经理闫鹏洲接触较多。严经理是知识分子出身，戴一副眼镜，显得斯斯文文的。而乔琳在银行里是个性格豪爽的"女侠"，与严经理接触时总是拍拍严总的肩膀，以示非常要好，弄得严经理有些不自在的感觉，且给乔琳的印象总是冷冰冰的。但是，所谈的业务多少还是有些进展。乔琳为了此事总是感到有些捉摸不定。后来，乔琳得知严经理的母亲得病住院，便赶到医院探望，并询问严经理是否愿意调换病房，因为自己在这家医院多少有些关系。没想到的是，严经理不但不领情，反而将他从病房里请了出去。乔琳百思不得其解"难道严总有什么不愿意他人知道的隐私不成？"……

案例4-2： 8月7日，某高校的董女士来到交行某网点，银行大堂经理小唐接待了这位交银理财客户。董女士说："我昨天收到了你行发送的关于基金拆分的短信，今天专门来详细了解一下。还有，我在家用不了交行的网银，输不了密码不能登录，该怎么办？"银行大堂经理在与董女士的交谈中发现其逻辑性强、思维敏捷、做事认真仔细。小唐向其介绍了将要拆分的基金成立日期、分红情况及历史业绩等情况，并提供了相宜的基金资料，给董女士以多方面参考。最后，又在电脑上为她演示了如何下载并安装网银"安全控键"及在网银上基金交易的操作。以后多次的接触，大堂经理感觉到董女士是一位很有潜力的客户。于是，大堂经理向她介绍了开具沃德财富账户的准入标准及所能享受的增值服务。董女士微笑地讲道："我以为我的资产不够标准呢，原来凭他行的贵宾卡也可以办你们的沃德卡！"同时还透露出其他存款到期后也可能转过来的意思。董女士认真的向小唐表示了她在交行了解的信息多，而且网上购买基金方便，费率还比较低。在董女士填写申请表时，大堂经理把这一情况向支行沃德客户经理进行了简单的汇报，客户经理过来与董女士做了详细沟通并留下了电话，告诉她如需帮助可以直接联系。沃德客户经理判断，董女士身边的人应该都比较具有潜力，便多次主动与之联系，告诉该客户若有够条件的亲朋好友，也可以前来办理沃德卡并享受贵宾服务。几日后，董女士果然带她的朋友前来办理交行贵宾卡，并继而从他行转款过来，同时还为自己爱人办了一张沃德卡。她兴奋地说："我爱人常出差，飞来飞去，有了交行的贵宾卡就方便多了！"董女士临别时表示，在交行办业务很愉快，她还会介绍朋友、同事来办理业务。

在熟悉客户分类并了解客户需求的基础上，银行大堂经理在保证普通客户服务的同时更侧重于对高端客户的挖掘和维护，以促进网点和自身业绩的快速增长。注重客户需求的同时，银行大堂经理应分析客户背景，从而找到更多突破口进行营销。现实工作中，不管你的客户性格特征及其行为特征有何不同，都应该注意通过口碑效应赢得客户，在老客户又推荐了新客户的时候，应对老客户做出积极且富有诚意的感谢，并提升更具品质的维护。

☀ 观察体会： 通过下面有关银行大堂经理对客户交易故障事件处理过程中的对话，揣摩银行大堂经理能够观察到的客户性格特征及其采取的相应服务举措。

刚过10点，一位姓文的女士匆匆来到某银行网点营业大厅，对大堂经理王静说道："今早8点来钟，我先生来你网点ATM机取款2000元钱，机器没吐钞不说，我银行卡里面的余额还少了，怎么办？"大堂经理向她询问了当时的情况，并将卡号、姓名、联系电话记录下来，宽慰她先去办理其他事情，过会儿查看相关记录后，再跟她联系。文女士走后，小王马上对ATM机进行了轧账，并与分行系统数据进行核对，并未有长款现象。经查看ATM流水记录，当时该客户来行取款9500元，在机器上有操作5次的影像记录，其中第3次交易并未成功。大堂经理马上电话联系客户:"您是否总共取款 9500 元,结果只拿到 7500 元?"客户平静的回答:"是的。"大堂经理又问道:"我们查看了相关记录后,发现您在取款时第 3 笔的 2000 元没有成功,您可以先到发卡行查一下卡的账务情况,那笔钱如果扣款了,过几天发卡行电脑系统会做回冲处理。"文女士笑着回答:"明白了。"中午,文女士拿着流水单来到网点讲:"我去查过了,钱的确是扣下了。"小王这回有了底,向这位客户进一步解释:"这种情况是系统故障造成的,相关报表要到明天就能看到,您先不要着急。"女士安静地离开了网点。第二天一早,小王通过核查报表,发现这位女士的卡只成功交易了 7500 元。小王于是又一次拨通了文女士的电话并告知过两天电脑会自动将钱款冲回账户的。3 天后这位客户来微信说:"我的那笔钱回来了,谢谢你那么认真仔细,给我说得那么清楚,以后我会经常来网点办理业务的。"果然,5 天后她将其他银行的钱转了过来并存了定期。

第二课 发现不了商机是你自己不用心的事

马丁·库帕是美国著名的摩托罗拉公司的工程技术人员。1973 年 4 月的一天,库帕站在纽约街头,掏出一个约有两块砖头大小的移动电话并打了一通,引得路人纷纷驻足观看。世界上第一部移动电话是打给他在贝尔实验室工作的一位对手,对方当时也在研制移动电话,只是尚未成功。库帕后来描述讲,我打电话跟他说:"'我正在用一部便携式蜂窝电话跟你通话。'我听到听筒那头的'咬牙切齿'虽然他已经保持了相当的礼貌。"到 2019 年 4 月,手机已经诞生整整 46 年了,给我们的生活带来了巨大的改变。马丁·库帕当年时的想法,就是想让媒体知道移动通讯手机是非常有价值的产品,最好是希望能激起美国联邦通讯委员会的兴趣,在摩托罗拉同 AT&T 的竞争中能支持前者。在今天的人们看来就是所谓的商机。其实,1946 年贝尔实验室造出了第一部移动通讯电话。但是,由于体积太大,慢慢人们就淡忘了。一直到了 20 世纪 60 年代末期,AT&T 和摩托罗拉这两个公司才开始对这种技术感兴趣起来。现在人们使用的手机除了体积缩水之外,功能上已经越来越像一把瑞士军刀了。新型的手机除了通话还可以用来收发邮件和短信,可以上网、玩游戏、拍照、社交聊天、购物消费、网银信贷,甚至可以看电影。这是最初的手机发明者所始料不及的。不会使用手机在现实社会中应该讲是很难生存。和通讯产品的经营有所不同的是,银行大堂经理的商机主要是来自于三类客户资源:第一类是银行大堂经理的亲朋好友,以及过去曾与银行大堂经理结缘的客户;第二类是通过已有客户延续网点产品或者服务的影响力,建立口碑,让自己的客户像滚雪球一样越来越多;第三类是每天在营业大厅里面对的陌生面孔,这是拓展工作量里面最大的部分,面临困难重重。银行大堂经理必须认识资产业务的重要。资产业务是银行的主流业务,在目前中间业务尚未成大气候的态势下,银行的利润相当程度上仍旧依赖于存贷利差,意味着信贷在现在及将来相当一段时间内仍是银行网点主要的利润增长点。其次是客观面对市场竞争。竞争的残酷自不待言,银行产品的同质化更使得大多数的银行大堂经理没有太多的竞争优势,而对资产业务而言,总体市场虽然是无限的,但一定时期内,一定领域里，一定范围内市场空间却是有限的，像市政工程、高等院校的资产业务做一个则少一个商机。要真正立足市场，无论是机制上还是商机拓展方式策略上都必须应市场需要而调整。而所谓更新观念，是树立拓展意识和竞争理念，要摒弃零风险观念，树立有效的风险意识和创新意识。银行网点目前还需要建立后台支持体系。成功的商机开发取决于前台部门和后台部门之间的通力合作。英国汇丰银行已将因洗钱丑闻而被迫建立的一种发现金融犯罪的算法转换为可以发现新商机的算法。该系统会将有关客户银行业务的数据与有关公司所有权和董事职务的公共数据结合在一起，以向汇丰银行职员标记潜在的客户，并提供通过现有关系与他们联系的方式。使用数据和人工智能来尝试增加收入是汇丰银行从其大型物理网络和客户数据中挤出更多资金的更广泛努力的一部分，也是其首席执行官诺埃尔·奎恩的首要任务。汇丰网络银行业务全球负责人尼维森表示，该工具可以重新用于寻找有吸引力的潜在客户的"绿色标志"，而不是以往寻找不法行为的"红色标志"。通过这种方式获得的业务具有较低的风险和更快的获胜机会。"网络收入"计划已经产生了数亿美元的额外收入。银行大堂经理的营销发展到今天要求其牢固树立商机管理的理念，掌握商机管理的方法。银行大堂经理在营销过程中应该建立起商机识别、商机初次挖掘、商机初次把握、商机二次挖掘一整套营销工作流程。要知道，发现客户的需求意味着发现商业机会，满足客户需求则意味实现产品销售。对大堂经理营销而言，无论是发展新客户，还是发掘老客户的新需求，都是重要的商业机会，是实现产品销售的良机。

银行大堂经理应该根据客户行为、填单资料、办理和咨询业务种类等信息，对客户进行价值判断和识别商机。

对于客户行为商机的发现，表现出以下行为特征的客户可能蕴含较大商机：留意银行营业大厅的理财产品、外汇产品宣传资料或者展示；留意贵宾客户服务介绍；留意热点产品或活动宣传资料；留意展柜、展示架上面摆放的宣传品；客户表现出气质出众，神态自若，眼神坚定，谈吐礼貌且语气坚定的神情。

对于阅读或者指导客户进行资料填写时发现的商机，一般而言，客户填单时资料显示以下信息的，则表露出较大商机：工作单位为优质企业或直属机关行政事业单位；手机号码后几位数重复数字较多。

对于客户办理及其咨询业务过程中发现的商机，若遇到办理以下业务的客户，则表明有较大的商机会出现：办理大额存取现金或汇款；办理大额存款证明或挂失；办理大额贷款提前还款业务；办理信用卡、贵宾卡、公务卡、保管箱业务；办理POS机、转账电话业务；办理理财业务；办理第三方存管或者银期转账业务；办理外汇或者留学业务；办理对公业务。

银行大堂经理商机初次挖掘时，根据识别的商机，应有针对性地主动赞美客户，递送宣传资料，进行一句话营销，可以引起客户购买新产品或购买更多产品的兴趣。银行大堂经理向等候客户分发宣传资料时，可以使用"这是我们最新推出的热点产品（服务），您可以了解一下"的话术；进行一句话营销时，可根据不同的客户、不同的产品，运用不同的话术，引起客户的兴趣。银行大堂经理根据客户需求和兴趣，可将潜在贵宾客户转推荐给理财经理进行后续营销。需要强调的是，对所有识别的商机，无论是否形成了产品需求或兴趣，都应该通过询问、填单信息、确保商机特征与客户信息对称，以便后期营销精准跟进；对有产品需求或兴趣的，按照客户引荐协作流程对潜在贵宾客户进行转推荐。客户不愿接受转推荐的,则直接办理业务,不要打扰客户正常的金融活动。银行大堂经理应该运用产品组合营销模板实施产品组合营销,提高产品交叉销售率;而对网上银行、手机银行等渠道类产品,可将客户带至电子银行服务区,进行产品使用体验。

案例 4-3:遇到汽车就会往前挡风玻璃里"窥探"一番,已经成了很多银行员工甚至家人2019年暑期的习惯性动作,不用说停车场,就连高速路的收费口也有了"条件反射"。这已经不是网络上流传的段了,而是活生生的现实。2019年的暑期,银行员工忽然发现"ETC有的做了!"几个月来,随着银行ETC营销的快速推进,银行员工普遍感觉到,车辆有限,资源急剧减少。那些跑高速用得着的,差不多都已经安装了;不该安的,也就是不常跑高速,很少出远门的,有一部分也安装了,剩下的真的不安了。然而,不少银行员工却发现了"商机"。这个假期,很多银行员工没休息,每天带上"免费办理ETC"的牌子和成袋子的OBU,赶去附近的旅游景点,到被车辆堵的水泄不通的停车场。起初,他们认为既然都是外埠来的车,肯定大部分都装了ETC。但出乎意料的是,隔着玻璃望去,竟有很多外省牌照的车并没有装ETC,而这些车肯定是走高速过来的呀。不少银行员工还发现,周末家住小区早上停得满满的车辆少了很多,但晚上下班回到小区的时候,看到很多眼熟的车辆又停回来了,肯定是去周边景点玩去了。这其中有很多车主是经过银行推广ETC,而没有"拿下的",理由就是不跑高速。不过,不出远门并非不出门,本来也是可以走高速啊。经验丰富的银行员工还是最终找到了"突破口"。对于常跑高速而又没装ETC的车主,你只需给他讲三点:一是举本假期内各省高速公路拥堵的事实,虽然假期未过,但拥堵的场景已经不断出现,电视报道随处可见,而堵在收费站的都是人工车道,ETC车辆一路畅行;二是给客户讲ETC用户的优惠措施,除了现在的95折,还有明年起的高速优惠政策大多依托ETC用户;三是讲政策和趋势,推广ETC是国家高速公路建设的快速进展,将来进入高速的车辆,ETC用户肯定是主流,人工收费口肯定越来越少。现在银行提供免费安装,为什么还要到时候再说呢?再者,很多城市已经陆续建起了ETC停车场,ETC停车场普及了,即使不跑高速,你不能出门不停车吧?

案例 4-4:9月初,某银行网点的大堂经理小戴着手进行营销全球购信用卡。小戴分析了该信用卡的五大权益卖点:全球免费WIFI租用10天;境外消费最高10%返利;自动购汇交易,折算人民币计入账户,无货币兑换手续费;全球出行特惠机票,精选酒店优惠,租车优惠;500万元高额航空意外险。小戴将本卡潜力卡客户定位在有一定资产规模,学历本科以上,有国外教育背景最佳,有境外旅游、商务、消费需求和机会的客户。小戴从平时维护的客户中筛选出了20名左右的潜力客户,而其中的孟先生是小戴1年前在某大型企业团办中认识并开卡的客户,名牌大学本科,时任招商经理半年。小戴曾经建议孟先生办理本行的携程旅游卡,双方互动关系融洽。国庆节将至,小戴准备以境外旅游为由,以全球免费WIFI租用,境外租车优惠和消费返利进行信用卡营销切入,对孟先生进行微信营销。

小戴:"哥,我是大堂经理小戴,最近过的怎么样?炎炎夏日可要注意防暑啊,像您这样经常需要跑市场见客户的优秀经理更应该注意身体!"

孟先生:"谢谢你的关怀。你也注意防暑。最近忙啥呢?"

小戴:"最近准备给家人安排一个十一泰国自助游,机票,交通,住宿,饮食都要自己安排。您十一上哪玩去呀?"

孟先生:"和几个朋友安排十一去趟澳大利亚自助游,世界上十大最美公路——大洋路听过吗？"

小戴："有过耳闻，离墨尔本不远，据说风景十分优美，还是您厉害，能跑那么远的地方去旅游，老羡慕了，准备工作怎么样了？机票、酒店、租车、WIFI 都安排妥了吗？"

孟先生："4 月份就定好酒店和机票了。就是国外租车不大熟，还没有定，WIFI 也还没有租呢。"

小戴："我喜欢境外旅游用租车方式，而且我们银行的信用卡租车最高 65 折。就是澳大利亚交规和国内不大一样，车是右舵，刚去可能有点不适应，需要稍微注意下。WIFI 在机场可以租的，9 天大概 400 元人民币左右吧。"

孟先生："我的卡能享受到这些优惠吗？你帮我查一下。"

小戴："哥，您原有的携程旅游卡还真不行，这是我们新推出的全球购信用卡才能享有的特惠。这种信用卡尊享租租车、赫兹、安飞士等国际租车满 5 天减 1 天，最高 65 折优惠，境外消费返利 10%，而且最近办理还能全球免费 WIFI 租用 10 天，省了 400 元，对您很合适。"

孟先生："这种信用卡怎么申请？"

小戴："稍后我把信用卡申请链接发给您，直接在上面填写就行，只是麻烦您填写上我的工号就可以了，具体填写不懂的问我就可以了，到时候租车租 WIFI 我教您怎么操作申请到最优惠折扣。"

做好客户维护，是深挖客户价值的基石。客户第一次办卡之后，银行大堂经理一定要跟客户保持联系，可以通过电话、短信以及微信来进行客户维护工作，要在日常维护中不断了解客户的大致家庭信息、资产信息、兴趣爱好，发现客户新的需求。同时结合本行现有的产品优势，进行相对应的产品匹配，及时进行二次营销。许多贵宾客户打高尔夫球、商务差旅机会增多想体验一下机场贵宾室、想要积分换里程服务，都是需要银行大堂经理在推销之后，客户认可了营销人员后，甚至将其当成一个可靠的朋友后才会告知银行大堂经理。在得知客户新需求之后，银行大堂经理可以寻找时机，将客户约到网点贵宾室，采用电话或者微信营销客户的需求。

👐 **阅读体会**：阅读下列资料，体会让客户感到被尊重，表现出对客户的关怀，尽量使用客户容易理解的语言，有利于创造出更多的营销商机。

某日，某银行大堂经理徐晶到证券公司营销第三方存管业务，发现证券大厅柜台前站着一位先生，证券公司柜员称他为鲁经理。当时他正在抱怨其原开卡银行服务态度不好，不想在该行办理第三方存管了。该银行大堂经理徐晶主动上前并热情地打招呼说："鲁经理，您好！您可以试试我行的服务和产品吗？"随即告诉他本行的银行卡除了第三方存管、储蓄功能外，还可有买基金、代缴费等其他用途。银行大堂经理徐晶简单扼要的语言，不厌其烦的解答疑问，终于打动了鲁经理，并主动留下了自己的联系方式。聊天过程中，适逢门外下起了罕见的大雪，见鲁经理手里并没有带伞，大堂经理徐晶亲自为他撑开伞并将其送上车，再轻轻附上一句"下雪天路滑，开车请注意"，并为他关上车门，将名片和支行服务卡留在了鲁经理的车里，在雪中目送他开车离去。以后徐晶又和他电话沟通了两次，及时告诉他本行与证券公司联合开展的第三方存管业务促销活动。细致的服务终于赢得了信任。没多久，他就主动来到网点找银行大堂经理徐晶联系，不仅将第三方存管转到了这家银行，还陆续办理了双币卡，购买了不少高净值理财产品。

第三课　寻找营销的切入点

国际品牌咨询机构 Interbrand 发布的 2019 年全球品牌 100 强榜单显示，家居零售业巨头宜家品牌价值位列第 26 位。宜家的成功之处在于其与众不同的经营模式。如果说宜家是一卖场销售型企业的话，它却偏偏拥有自己的产品设计和制造能力。如果说宜家是一制造型企业的话，宜家除了卖场型的品牌大壳外，其销售的所有产品都有自己各自的品牌。典型特征是，问曰："什么牌子的？"答曰："在宜家买的。"此时宜家已经不再是一卖场商标，而变成了一种品牌，一种蕴含着消费者对其认同的信任和价值归属感的品牌。宜家代表一种消费者能参与并从中能得到满足和认同的消费价值。宜家模式是典型的基于消费者大规模需求，然后实施大规模制造的经营模式。宜家实现价值转移的切入点并非无迹可寻，至少三条路径帮助宜家企业实现营销的价值创新。第一，基于服务客户购买流程的价值转让。当宜家锁定了目标消费群体后，则针对目标群体的需求，对客户的购买流程进行针对性的分析，从消费者的购买入手，让消费者体验到，并感受到企业所传递的价值，更是企业营销的创新点。第二，基于企业销售的价值增值。宜家在销售中将战略点落在基于店面服务上。它通过体验营销的方式完成了在店面与客户的沟通、交流、信息传递与买卖交易。第三，基于企业研发生产的价值创新。客户的需求是千差万别的，如何能满足不同消费者的需求是极具挑战性的课题。宜家的营销模式绝非是产品本身，而应是为消费者提供一种价值。和宜家经营有所不同的是，银行网点的服务更多是在银行大堂经理和客户之间进行。由于银行大堂经理背负着营销指标的压力，因而其主要的工作内容，除了维护秩序之外，最重要的就是和各种类型的客户沟通交流，寻找切入点，开展产品的营销工作。按照客户的不同来源，银行大堂经理应该采取不同的话术切入主题，进而根据客户的言谈举止判定客户的性格特征，为下一步沟通奠定基础。初次见面的客户，银行大堂经理可以根据表 4-3 中的切入点建议及其切入方式建议，进行初次的营销产品尝试。

表 4-3　　　　银行大堂经理初次营销产品的切入点建议及其切入方式建议

切入点建议	适宜基本情况	相关切入方式建议
谈转介绍人	如果客户是通过客户转介绍的方式而来咨询业务的，聊聊转介关系及其转介人是一个很好的开启话题的方式	和客户交流与介绍人的关系，诸如客户是如何认识介绍人的；介绍人在何种情况下推荐的本银行；找切入点进入营销主题
谈行业或工作	如果大堂经理了解客户从事的行业或者工作特点，这也是一个很轻松的话题	谈论客户的职业环境，工作成就或者工作艰辛，工作条件危险或其他特性；工作挣钱的目的；爱自己、爱家人、积累财富；找切入点进入营销主题

续表

切入点建议	适宜基本情况	相关切入方式建议
谈子女教育	如果大堂经理事前知道客户有孩子，或是见到客户的孩子，子女教育的话题是一个绝佳的切入点	聆听或相互交流育儿经验；了解客户对孩子的养育、教育的辛苦；客户对医疗费、教育费用的担忧；找切入点进入营销主题
谈养生保健	对中老年客户或者高收入群体相互交流身体保健感受是个非常有趣的话题；这将是拉近客户关系的最有价值的话题	健康饮食，疾病预防，体育锻炼，医疗保健以及家人的负担和可能产生的费用；进行相关风险转移；找切入点进入营销主题
谈穿着打扮	大堂经理初次见到客户后，判断客户衣着打扮的风格，判断客户是否重视仪容仪表，那么这个话题就轻松自在多了	进行合体的欣赏和赞美；攀谈相关费用支出；追求生活品质；理财追求幸福人生；找切入点进入营销主题
谈时事新闻	对大多数客户关注时事新闻的特点，大堂经理多了解时事大事，虽不要事事皆知，但要了解尽量多的资讯，并且有自己的观点。选择话题永远不会落伍，并且可以源源不断（当然，男性客户更多关注国家国际新闻热点问题，女性客户更多关注时尚及其名人生活）	找出和投资理财相关事件；在经济环境变化不定时让自己的财富保值；找切入点进入营销主题
谈投资理财	大堂经理对投资理财应有更深入的认识，若客户对投资理财颇感兴趣，大堂经理就要发挥其专业特长了，从这个话题切入银行产品的推销是再自然不过的事	相互分享理财经验及其热点；财富增值保值主要方式；是否交由理财专家打理；找切入点进入营销主题
谈家居环境	大堂经理能有幸到客户的家里或者是在楼盘装修样板间，则不需要费太大心思来思考切入话题的问题，周围全是话题。比如房子的地理位置、周边环境交通、屋内摆设分区、电梯安装在了什么位置	表现出赞美、羡慕；聆听客户的价值观；了解客户的财富积累观；客户退休后生活安排；找切入点进入营销主题

目前，众多商业银行会对自己的存量客户通过大数据分析技术进行大数据营销，大数据营销的主要价值源于以下几个方面：

1. 用户行为与特征分析。只要积累足够的用户数据，就能分析出用户的喜好与金融产品购买习惯，甚至做到"比用户更了解用户自己"。

2. 精准营销信息推送支撑。精准营销曾在过去被许多银行提及，但是垃圾信息随之泛滥。究其原因，主要是受技术限制缺少用户特征数据支撑及详细准确的分析，很难做到点对点精准推送营销信息，现在的 RTB 广告应用则向客户展示了比以前更好的精准性，而其背后靠的即是大数据支撑。

3. 匹配产品消费及营销活动开展。如果能在产品生产之前了解潜在用户的主要特征，以及他们对产品的期待，那么你的产品生产即可投其所好。

4. 锁定重点客户。银行可以从用户访问的网站可判断其最近关注的东西是否与银行业务相关;从用户在社交媒体上与他人互动的内容中找出千丝万缕的信息,利用某种规则关联及综合起来,帮助银行准确锁定目标客户。

5. 改善用户产品体验。要改善用户体验,关键在于真正了解用户及他们所使用银行产品的状况,做最适时的提醒。

6. 客户分级管理支持。银行会通过对粉丝的互动记录分析,将粉丝转化为潜在用户,并对潜在用户进行多个维度的画像,关联潜在用户与客服数据,对目标群体做精准营销,丰富用户不同维度的标签,动态更新消费者生命周期数据,保持信息新鲜有效。

随着互联网金融渠道的快速发展,大量客户通过电子银行、手机银行等远程渠道来办理自己所需的金融业务,致使网点离柜率不断攀升。对于存量客户的深度营销开发工作,是目前各银行网点在经营过程中的一大难点。银行大堂经理通过营销盘活存量客户,开展深度营销工作,可以按照下面不同情况采用分类营销话术建议盘活客户消费。

1. 正在活跃型。正在活跃型客户是与银行业务往来较为活跃的客户群体。对于此类客户群的营销工作,银行大堂经理需要定期或不定期的为客户提供最新的理财动态、金融知识以及关怀体验语言服务,让客户随时随地都能感受到贵宾级的优质服务感受。对于预约来到网点的客户,银行大堂经理应该对客户礼貌介绍自己后,提出近期本行正在为购买过理财产品的客户进行的理财规划成长服务。分析客户目前理财产品的收益状况,目前所持有的理财产品是否符合客户目前及未来的规划与需求。达成共识后及时预约交易合同及其规划时间。对于理财产品到期的客户,大堂经理可以继续推送同类产品或者新的产品。银行大堂经理可以借助短信回访维护客户关系。

2. 犹豫潜逃型。此类客户较"正在活跃"型客户对产品有更多的个人感受或要求。针对此类客户,银行大堂经理应该深入了解客户信息背景,并积极与客户沟通该客户的金融需求,通过有效的话术引导,为客户提供专属的金融消费体验。针对没有理财经验,正在犹豫是否尝试购买的存量客户,银行大堂经理应该针对客户平时工作很忙,没时间了解银行产品,不太懂得怎么做投资理财的情形,主动联系客户,称赞一定是位事业有成的人,而后分析现在银行定期存款利率较低,而且物价一直上涨,如果客户进行理财或基金定投的话,可以帮助客户提升现有存款额度,同时提供相关产品的资料。在得到客户的兴趣表达后,银行大堂经理可以索取客户QQ邮箱或微信联系方式,以便将产品的详细资料发送给产生兴趣的客户。银行大堂经理可以适时向客户提供有针对性的投资理财规划,并为客户您做详细的产品专业分析。而对于有投资理财经验,但由于亏损不想再购买的存量客户,银行大堂经理可以利用自己的专业知识对客户的投资过程进行专业的分析,提出符合逻辑操作方法建议。

3. 深度睡眠型。存量客户的"沉睡"往往是因为银行大堂经理没有积极营销客户,导致了客户自然"沉睡"。银行大堂经理应该正确认识到自己的工作和职责,积极与客户进行互动,对睡眠客户进行积极的后续营销工作。银行大堂经理可以使用两种方式来与客户联系,实现存量客户唤醒的目的:一是采用破冰短信唤醒存量客户,提醒客户银行网点委派自己成为客户的专属客户经理或者管家,并可以提供以后的金融消费支持;二是通过回访电话唤醒睡眠存量客户,同样告知客户自己以后就是客户的专属客户管家了,同时表示以后客户要是有理财投资或其他金融方面的问题,自己一定第一时间对客户进行解答。当客户表达出相关兴趣时,可以商量的口吻推送一些相关的银行产品供客户选择投资。

案例4-5:林辉是某银行网点的一名银行大堂经理。多年来,林辉利用丰富的工作经验，针对客户的不同需求，和网点理财经理一起客户量身打造理财方案。林辉的一位同事讲，有一次，林辉在大堂值班时，发现等待办理业务的客户无事可做，出现了焦急的情绪。他便在客户等待区竖立了一块白板，上面书写了本行最新的理财信息。吸引了很多客户的关注，其营销手段起到了事半功倍的效果。林辉和同事非常注重对原有客户的梳理、关注和维护，通过收集、整理客户理财、投资、资金回笼等方面信息，及时锁定存款资源和主攻方向。林辉不断强化深度营销、联动营销理念，以自己的业务知识为客户增加财富。有一次，林辉遇到一位将6万元零钱兑换成整钱的客户。提供服务的同时，凭借自己多年的工作经验，林辉断定这是一位优质目标客户。林辉根据客户的年龄、所从事的行业及参加保险情况，为客户推荐了一款适合他的保险产品。客户将6万元全部购买了此款保险产品。林辉不仅赢得客户的信任，最终还和这位客户成了朋友。通过对客户的维护，该客户在本行陆续开通了理财金卡、第三方存管，办理了外汇交易账户、黄金买卖业务，资产达400万元，同时还主动介绍他的亲友到该行办理业务。在新增大户的后续营销维护中，林辉先后为8位客户提供了合理的资产配置建议，还为他们配置了本行的理财金卡、白金卡产品。林辉还充分利用后台系统的强大功能，为优质客户提供生日慰问、事务提醒等服务，及时了解客户账户的变动情况，发现新的优质客户及时跟进联络。林辉通过分析客户的家庭资产情况，有针对性地制订客户关系维护计划，提升了客户对银行的忠诚度和贡献度。

案例4-6：8月17日，工商银行某网点来了一位中年男性客户，由于正处在网点业务经营的高峰期，银行大堂经理张晓峰当时正在分流客户并帮助客户划卡取号。见这位客户走进营业大厅，张晓峰很有礼貌的问了一声："请问，我有什么可以帮助您的？"客户犹豫了一下回答说："想咨询一下理财方面的问题。"小张又追问了一句："您是买过工行的理财产品吗？"客户回答"我自己曾在别的银行买过，但那已是很早以前的事了！""我就住在附近，因为我在你们网点需要经常办理一些个人结算业务，而看到这个网点的员工服务水准和服务设施都让我非常满意，因而我想咨询一下你们宣传架上的代理的理财产品，您是否方便回答？""哪里哪里，您客气了！"小张从交谈中感觉到这位男士可能是一位优质的潜在理财客户，于是亲自将其引荐给客户经理小苏。在贵宾客户理财区，小苏热情细致的同客户进行了交谈。了解到客户目前有一笔款不急于用，正想了解一下当下工商的理财产品后，和这位客户就当下的基金产品净值走势及其投资理念进行了交流，并给了这位客户必要的风险提示。在与客户沟通的过程中，理财经理发现这位客户对嘉实300指数基金很感兴趣，原来是其对该基金比较熟悉的缘故，客户以前曾投资过200万元购买该产品而且收益还不错。但由于手续比较麻烦，加上原有银行的员工又不熟悉业务，因而在赎回的过程中弄得双方非常不愉快。现在这位客户又想重新投资。客户经理详细介绍了该产品操作过程中应该注意的问题，并推荐了理财卡和便捷的网上银行操作，大堂经理小张现场给这位客户亲自进行了演示和具体操作要点的解释。这位客户显示出了很大的兴趣并在现场开通了理财金账户，在网上银行购买了1000万元的基金产品。

银行网点的产品营销工作，往往需要员工之间的相互配合，因而其工作本身就带有综合性。而丰富的理财知识和生活知识，获得客户的认可，熟练的掌握业务办理流程，才能根据客户的需求，准确把握营销的切入点，推荐适合客户的金融产品。而对于客户关系的持续性维护和持续性关注，要求银行大堂经理及其相关工作人员不能只是着眼于眼前利益的获取，而是要让客户分享到银行的服务和关注，提升客户对银行的忠诚度和贡献价值。

💡 **经验分享**：从下面的资料中，体会银行大堂经理对客户需求的敏锐是寻找到准确营销切入点的关键。

某日上午 10 点多钟，银行大堂经理孙葆华发现大厅里面熙熙攘攘的客流中，有一个二十多岁的小伙子手里拿着空白的存款凭条长时间站在填单台前而没有填写任何文字，这位客户长时间观察着正在忙于业务的储蓄柜员。小孙有些不解便主动上前搭讪起来客户："请问您是否需要帮助？我猜想您应该是第一次到我们网点办理业务吧？"小孙麻利的在叫号机上取了号，并细致的嘱咐小伙子办理业务的大概等候时间。没想到一转身，这位小伙子小声问起大堂经理小孙来："你们网点大额存现的速度快不快？"小孙从他的衣着举止看，猜想这位穿着帅气的客户可能要存上几万元吧。小苏懂得，服务本身可以带来很好的业绩收获，于是对小伙子的所有提问，都一一做了详细解答，并给他留了自己的业务名片。小伙子走出网点前礼貌的笑着说："就凭您的热情，我肯定会再来的！"客户走后，小孙又开始忙于自己的工作。下午 5 点多一点，小孙的手机突然接到一个陌生来电，原来是那个小伙子打来的，他在电话里说："我这里现在有 800 多万现金款，问一下您今天能不能存进来？"小苏无比兴奋紧张，立即与营业经理协调，组织网点专门车辆，以最快的速度上门服务。客户见到后惊讶又高兴地表示，"贵银行的服务真是细致高效。"小苏告诉客户，今天将钱款存进银行后，明天再约好这位小伙子到银行网点进行理财产品推荐开户。第二天小苏与客户的交谈才知道，这位小伙子是一位 IT 界的精英人士，有着精明的经营头脑和过人的才气。

第四课　乐观面对客户的拒绝

日本著名的保险推销员原一平，在刚入推销界的处境时惨淡不堪，而且自身也毫无气质和优势可言，在那段艰难的日子里，他并没有自怨自艾，生活虽然向他露出了狰狞的面孔，但他依然用微笑坦然面对，因为他始终坚信，生命的天空，会有晴朗的一天……为了能够使他的微笑让别人看起来是发自内心的，真诚的笑容，他曾经专门为此进行训练，假设各种场合与心理，自己面对镜子，练习各种微笑，使得面部表情更加丰富和感人。因为笑必须从全身出发才能产生强大的感染力，所以他找出一个能照出全身的大镜子，每天利用空余时间，不分昼夜的练习。经过一段时间的练习，原一平发现嘴唇的闭合和眉毛的上扬与下垂，皱纹的舒展性，这些表情的笑，都能表达出不同的含义，甚至于双手的起落与双腿的进退都会影响笑的效果。历经长期苦练之后，他终于可以用微笑表现出不同的情感反应，也可以用自己的微笑让对方露出笑容。有一次他前去拜访一位客户，这位客户年近花甲，性格内向，脾气古怪，有时对方谈的正欢，不知为什么他就突然发起脾气来……"你好，我是原一平，明治保险公司的业务员""对不起，我不需要投保，我向来讨厌保险！""能告诉我为什么吗？"原一平继续微笑着说。"讨厌是不需要理由的啊"，老人忽然提高声音，显得有些不耐烦。"听朋友说你在这个行业做得很成功，真羡慕你，如果我能在你的行业里也能做成像你一样的好，那到是一件非常令人羡慕的事情"原一平依然面带笑容地说。听他这么一说，那老人的态度略有好转，"我一向讨厌保险推销员，可是你的笑容让我不能拒绝与你交谈。好吧，你就说说你的保险吧！"原来是这样，他并非真正的讨厌保险，而是不喜欢推销员，找到问题的实质，以后事情就好办了，在接下来的交谈中，原一平都始终保持着微笑。老人在不知不觉中也受到了感染，谈到了他们感兴趣的话题时，彼此都兴奋大笑起来，最后那性情古怪的老人愉快的在单上签上了他的大名，并与原一平握手道别。其实生活真的像一面镜子，当你对他坦言欢笑时，他所回报给你的一定是醉人的笑容，乔吉拉德曾说："当你笑时，整个世界都在笑，一脸苦相没人理睬你"当你遇到冷漠型的客户时，请不要吝啬你的微笑，这是你能够打开客户心扉的唯一招数。银行大堂经理在拒绝中提升自己是一次难得的历练。要知道，那些销售高手也都是从被拒绝开始的。买卖过程中最常见的，也是银行大堂经理最不希望看到的情况就是被客户拒绝。尽管有经验的银行大堂经理已经把客户的拒绝当成家常便饭，但还是免不了会觉得受到了打击。高情商的银行大堂经理会采取做法找到其拒绝的原因，并以加倍的积极和热情来化解他们对银行大堂经理的不满。从某种意义上说，卖产品也是一个展示态度的过程。银行大堂经理的态度不好，会导致优质产品被客户不分青红皂白的拒绝。倘若银行大堂经理态度极佳，客户往往对先前的拒绝行为感到抱歉的情况也并不罕见。当然，光有好的态度不一定能挽回客户。以热情而和善的态度弄清客户的拒绝原因，才是解决问题的根本。客户在客观上的拒绝主要包括以下几点：

1. 对银行产品或者服务的价格不满意；
2. 对大堂经理的临场表现不满意；
3. 对银行产品的后续服务不满意；
4. 对银行产品的竞争对手比较看好。

这四种拒绝理由都非常现实，当客户对银行大堂经理的推荐表示拒绝时，要用友好的语气询问对方到底对什么地方不满意或者心存疑虑。把具体的拒绝理由先找出来。这时候，原本打算离开的客户，会设法找一个更具体的理由来回绝你。银行大堂经理只要弄清客户属于上述哪一种情况，就可以做更有针对性的说服工作了。客户对产品价格不满意时，银行大堂经理可以通过强调产品性价比或者提供一些适度的优惠政策进行说服。若客户认为银行大堂经理临场表现不佳就要在平时好好训练销售展示能力，增强自己对客户的感染力。如果客户对银行大堂经理的后续服务或产品的售后服务抱有怀疑态度，就要用热情和耐心向他们保证，并以行动给出有力证明。假如客户更喜欢竞争对手的产品，也不要就此罢手，可以仔细向客户分析对比各自产品的优劣，然后强调本行产品能够满足客户的哪个需求点。无论是说服客户的哪一种拒绝理由，银行大堂经理都应当运用合理的说服技巧，在不知不觉中让客户改变看法。

面对客户的拒绝，营销培训专家汤姆·霍普金斯提出了一个逐渐改变客户思维的办法："感觉—以为—发现"回答法。第一步：向客户表示"我理解你的感受"。人与人之间最宝贵的是相互理解。高情商者善于识别对方的情绪，感知对方的痛苦，故而能换位思考，弄清对方的心结所在。用一句"我理解你的感受"做回复的开头，可以让客户觉得你认真倾听了他们的心声。这份尊重感会让他们顿时对你产生亲近感。第二步：让客户以为大部分人都和他的想法一致。大家都希望自己的意见能被大众认可。与你意见相同的人越多，说明你的观点就越具有代表性。尽管有代表性的意见不等于就是真理，但必定会形成一种吸引更多人认同的力量。所以，银行大堂经理可用"其他人刚开始也都是这样以为的"做第二句回答，让客户以为自己的观点得到了普遍支持。这里的"其他人"可以是普通的消费者、该领域的专家或者其他知名人士。第三步：告诉客户"其他人的想法后来被事实改变了！"具体可用"然而，他们发现做了某种决策后却出现了另外的结果，于是改变了最初的看法，接受了我的建议来结尾。""感觉—以为—发现"的回复句式完整地还原了一个客户从怀疑产品到信任产品的转变过程。接下来，银行大堂经理顺势劝导客户如法炮制并转变最初的看法，像其他人那样接受自己的推销建议，暗示客户这样做同样能取得意想不到的结果。需要说明的是，这只是其中一种处理客户拒绝的技巧。要想运用这种技巧，银行大堂经理先要有一颗淡然对待挫折的心态。否则，你是根本提不起精神去扭转局面的。销售工作总是充满波折却又振奋，起起落落都是正常现象。不要苛求自己的每一次客户进店都能做到成交，因为连最顶尖的乔吉拉德都做不到这一点。正确认识销售工作的复杂性，正确认识自己的能力，这才是银行大堂经理应该做的事情。

客户拒绝，在整个销售过程中，应当属于异议处理范畴，有时会贯穿于产品销售过程始终，这是银行大堂经理工作的重要组成部分，是整个销售环节中最为重要也是最难处理的一部分，考验着银行大堂经理的综合素质。异议处理的结果，直接影响着销售工作的推进和成败，因此应对客户拒绝是每名银行大堂经理的必修课程。客户的拒绝既然能贯穿整个销售环节始终，当然拒绝的原因就会多种多样，经常遇到的几个方面有价格、服务、方案、竞争等，一般来说这几个方面也是随着销售工作的推进，而分阶段一个个展现出来的，这个阶段不存在递进关系，完全根据客户实际反馈来开展。

1. 方案不符。客户对银行大堂经理提出的解决方案没有兴趣，甚至是不认同，认为产品及方案与实际需求匹配度低，不能满足其真实需求。此时银行大堂经理需要同客户认真、细致的进行需求确认，看此前的需求信息是否存在收集不准确或理解偏差的情况，并且要通过"反问"的方式，来确认出造成这个异议的真实原因。例如，询问客户是否已经了解过其他银行的解决方案，才感觉这个方案不够匹配，或者是询问客户哪一部分的方案，与实际需求偏差最大。

2. 价格因素。价格因素通常出现在销售的初期及成单环节，客户在简单了解过产品及方案后，就会让银行先给出报价，一方面是看银行报价是否在预算范围内，另一方面也是要通过在不同银行间进行"询价"，来估算出产品合理的价格区间。如果客户在此期间直接给予了拒绝的答复，那就需要销售人员进行判断，是产品价格真的超出客户预算范围，还是客户有意让银行大堂经理降低报价。通常来说，初期拒绝超出项目预算可能性较大，成单环节则多数是在探寻底价。

3. 服务要求。在价格与方案大体通过认可后，通常来说就到了是否能够成单的关键阶段，这时就会涉及具体项目实施以及售后服务迭代的问题。客户此时可能会提出一些听起来非常特殊、甚至是近似苛刻的服务要求。此时银行大堂经理需要对整体项目有把握，确认出哪些服务要求是现实的，切实需要达标的，哪些要求只是客户的一个想法，是可以争取跟客户沟通取消掉或是放宽条件的。

4. 友商竞争。在产品销售过程中，友商间的竞争是难以避免的，与价格因素一样，是客户拒绝中概率最高的一种情况。客户提出友商的产品、方案、价格、服务更具竞争力，从而拒绝合作。在此过程中销售人员要判断客户所列举的情况是否属实，对于友商的综合实力，销售人员要十分清楚，才能正确加以判断。与此同时，还要多做客情，了解客户是真实青睐友商,还是想用友商来做二次的"探底",希望在价格优惠、服务保证、方案定制等方面,再做出一定让步,争取自身的利益最大化。友商间的竞争并不可怕,可怕的是被客户牵着鼻子走。

在销售过程中,对于客户的拒绝态度,都会作为异议进行处理。异议会有真实存在或虚假异议两种。对于真实存在的分歧,需要银行大堂经理根据实际情况,在价格、方案、服务等方面进行协调,在保证自身利益的前提下,尽可能的去满足客户提出来的要求。

1. 创造利益。在得到客户拒绝答复时,首先要进行原因判断,通常来自于三个方面,一是理性方面,即在产品、价格、服务等硬性条件方面,不满足客户的要求;二是感性方面,即客户依据自身所处环境,如上级的态度、下级的理解、推动的难度等,不愿推动此事;三是客户自身因素,因自身无进取心,不愿做此事,或感觉此事与自身无关系。此时销售需向客户提出大于疑虑或缺点的更大利益之处,通过利益驱使,使客户的观点发生转变,从态度消极转变成积极配合。

2. 避重就轻。任何产品和方案,都不可能做到绝对的完备,每个厂商的综合实力,都有自身的强弱所在。因此对于客户在价格、产品、服务、方案等方面提出来的真实异议,要懂得正确引导。所谓正确引导,即引导客户多了解自身优势之处,尽可能分散客户对于弱势方面的注意力,多展现自身综合实力,用自身的强势,去对比竞争厂商的弱势,以此来保证在众多竞争对手中脱颖而出。

3. 直面以对。真实存在的问题,如果客户已然关注到,不要试图加以隐瞒,要直面以对,坦诚告知。但是在直接面对的过程中,要懂得措词的重要性,例如价格方面,可以尽全力争取,最低折扣的答复。服务方面,可以用努力保证,随时待命的答复。方案方面,可以用条件允许,最大限度上满足的答复。要保证客户在得到明确答复后,不会直接造成失望或者放弃的想法。

4. 量身定制。产品和方案都是有着一定调整空间的,可以针对客户需求进行适当、合理的调整。但是在调整过程中一定要把握调整尺度,要确定调整的目的是为了满足客户需求,提高产品与客户间的友好度。绝不能为了满足客户需求,而过多的进行产品和方案的改变,以至于改变偏离了项目的初衷,造成整体项目偏移,使项目无法按预期验收、交付。

5. 推动合作达成。虚假异议有的时候比真实异议存在的情况更要多些,这主要反映了银行及其客户双方为了争取各自利益的一种博弈过程。虚假或者真实异议共同存在于银行产品的售前及其交付阶段,需要银行大堂经理针对实际情况始终进行合理的调整与处理,来推动双方的合作达成。银行大堂经理在和客户的交往中需要注意以下四个方面:

第一是学会深入客情。客户选择产品的过程,同时也是选择合作伙伴的过程,选择产品偏于理性,选择伙伴则偏于感性。在遇到客户提出异议时,银行大堂经理既要对异议给予正面回答,研究解决办法,同时也要通过不断的客情深入,来打消客户对部分异议的疑虑,使客户相信异议是可以在不断深入合作中,慢慢进行完善和抵消的。

第二是学会换位思考。银行大堂经理一定要站在客户角度来思考问题,将客户的要求按轻、重、缓、急来进行排序,将急、重的要求进行满足,对于缓、轻的要求,按实际情况再选择是否进行处理。在与客户交流过程中,懂得适当进行反问,反问客户提出异议的原因,包括证据在内,异议的观点是以何作为基础。这样才能将客户的异议搞清楚,明确出异议的真实性。

第三是用实例证明。俗话说口说无凭，当客户对产品、案例、数据等产生真实异议时，就要通过实际例子来证明之前所阐述的观点。用实际案例说话，用实际数据说话，用实际产品性能说话。这些方式要比银行大堂经理说再多的话都更有实际效用，可以真实的去除客户心中原有的疑虑。需要注意的是，案例、数据要尽可能的保证真实性及完整性，要有根可查，这样才能真正使客户相信。

第四是展现实力很重要。客户提出的很多异议，其实真正的源头还是在于客户对于产品性能、银行实力不了解所致。银行大堂经理在做客情的同时，不能忘记银行本身的综合实力才是自己最大的砝码，要将银行及产品给客户讲细、讲透，客户哪里不懂，就要认真给客户进行讲解，直到客户清晰为止。综合展现自身实力，得到客户对综合实力的认可，才能保证优于竞争对手，获得客户青睐。

被客户拒绝时，银行大堂经理换个角度来调整一下糟糕的心情也是银行大堂经理在工作中非常需要的。

1. 被拒绝的时候换个角度想。被客户拒绝的因素有很多，可能是因为客户没钱、没时间，也可能是因为银行大堂经理自身的业务素质不够。这个时候，我们要换个角度去想，要从被拒绝中吸取教训，避免陷入低潮，影响到后续的工作。可以想想客户拒绝的原因是什么，在拒绝中提升自己是一次难得的历练，只有这样才能让自己的内心变得强大起来，不再为被拒绝而烦恼不已。

2. 学着克服心理障碍。害怕被拒绝是由于银行大堂经理自己的自信心低落，自我价值不够强。面对客户的拒绝，银行大堂经理不要总想着自己的委屈，要分析一下客户拒绝自己的原因，以及接下来要用什么方式来对待这个客户。这样不仅能减少被拒绝的痛苦，还能增加销售成功的砝码。

3. 现在拒绝你，不代表永远拒绝你。通常有些客户对不了解的东西最习惯的反应就是拒绝，拒绝对他来说就是一种习惯。所以，银行大堂经理不能一被拒绝就放弃，要怀抱着坚定的信心继续走下去。在每次销售之前，银行大堂经理的心态不能着急，需要一步步走，每一步做好了，成交的结果就自然而来了。从准备、开场、挖掘需求、推荐说明一直到成交，每一步中都存在着拒绝，只要你保持乐观的心态，准确把握客户的需求，适当的解释清楚，或许能从拒绝中再次找到销售的希望。

4. 处理拒绝问题不等于"死缠烂打"。虽说面对客户拒绝不要放弃，但处理拒绝问题并不等于"死缠烂打"。在拒绝处理的过程中，银行大堂经理应该通过取得客户信任、深入沟通、理性分析、挖掘需求等专业的流程来消除客户的疑虑，进而促成产品合同。在现实工作中，不管客户出于什么原因，也不管客户是否真正愿意，不停地打电话或者上门拜访，这样的拙笨方法也许会帮助银行大堂经理赢得一两张保单，但毁掉的可能是一大片市场，而且还会对行业的信誉、银行大堂经理的形象造成非常负面的影响。"死缠烂打"式的拒绝处理绝对得不偿失。

5. 拒绝处理不能只靠话术。银行大堂经理面对客户的拒绝往往难以应对，于是只好通过背"拒绝处理话术"来学习应对的方法。学习话术固然有必要，但客户的拒绝理由不一定是其内心的真实想法，如果银行大堂经理不懂得如何分辨真假异议，不能找出客户拒绝你的真正原因而只会硬搬话术，那么要处理拒绝问题、促成产品合同也相当困难。一般来说，拒绝理由可以分为"借口类"和"真实类"两种。借口类的理由多半不符合逻辑，只是客户用来掩饰真实想法的托词而已。这些拒绝表明客户对银行大堂经理的信任度还不够，银行大堂经理需要通过进一步的努力及沟通，来获得客户的信任，了解其真实想法。而真实类的理由，就是客户有现在不买的正当理由。面对此种情况，银行大堂经理要告诉客户问题的解决方法，消除客户对此的疑虑，客户就会欣然买下产品。

  案例4-7： 某汽车配件五金厂是一家民营企业，主要生产汽车五金配件，与国内一汽大众有着长期稳定的合作关系。工商银行网点与该汽车配件厂的经营者朱某取得了联系，了解到其日后发展方向是一汽大众的主要配件供应商，于是通过登门拜访来促成汽车配件厂在本行办理贷款。首次电话联系时，银行大堂经理就工商银行的贷款政策、流程及其优势进行了简单介绍，并提出诚意合作的意向，但朱某当即电话里答复："我们已经跟原开户银行谈好贷款方案了，你行的产品虽然好，但以后有机会再合作吧。"得到客户拒绝的答复后，银行大堂经理并没有放弃"朱总，还是约您在百忙当中与我们见见面，一方面可以对工商银行有一些具体的了解，也许有机会能为贵企业提供服务；另一方面也让您对比一下我们工商银行与您服务的现有银行的贷款条件，多一个选择、多对比一下也符合您'货比三家'做生意的要求嘛！"在银行大堂经理的努力挽回下，银行工作人员得以与朱某见了面。进入朱某的办公室后，银行大堂经理紧紧切合客户的谈话方向，在谈话的过程中了解企业的历史及其经营的基本情况，为接下来提出针对性的贷款方案埋下伏笔。银行大堂经理则针对企业的运作特点、资金需求提出了以下合作方案：贷款分两笔发放，其中一笔使用按月还款、另一笔使用按季度还款，一方面能够使客户的资金用到实处、节省一部分利息，另一方面能够切合企业的资金周转期，避免出现还款压力。银行大堂经理还特意介绍了针对客户与一汽大众的汽车配件生产配套金融服务方案，为企业持续发展提供长期、良好的金融服务。朱某阅读后又仔细的看了一遍，当即拍板决定"这么周到专业的贷款支持方案，我还是第一次看到！就按工商银行的建议做。"此后，一系列的跟踪服务相继到位。目前，该汽车配件厂已将代发工资、主要结算都转至工商银行办理，并依托工商银行金融服务继续健康发展。

  案例4-8： 某公司几乎将所有的贴现业务放在中信银行网点办理。由于其近年来经营情况良好，资金状况不断改善，对银行的融资需求持续降低，并打算终止贴现业务申请。今年年初，银行大堂经理及其营销经理多次登门拜访都遭了对方的婉言拒绝。如何维持和深化与这家公司的资产业务，是中信银行网点大堂经理苏珊珊自去年以来一直在苦苦思索的问题。今年初，银行网点在与该公司财务人员的接触中了解到该司在销售中回收的银行承兑汇票数量不断增加，存量已经达到相当可观的水平，但该家公司并未意识到占用这么大一笔资金会损失的利益有多大的问题。网点多次开会后，销售队伍开始意识到这是一个巨大的富矿，蕴藏着巨大的营销机会。只是由于公司现金余额亦十分不足，并无办理贴现的打算。网点的大堂经理首先利用该公司财务经理来网点约谈下年度事宜贷款的机会，分析指出其大量的票据占款存在会降低企业的资金预期收益和企业资金周转速度，并对企业财务和经营的全局产生影响。企业应该想办法盘活这笔资产。经过反复交流，多次协商后，公司财务人员逐渐接受了苏珊珊的观点及其理财建议。银行网点根据这家公司的特点，向其提供了一份资金增值建议规划。公司经过论证，认为方案可行，最终顺理成章的在该银行网点办理了贴现业务增值规划方案，双方的合作得到了有效的收益回报。

  客户在大多数情况下对理财及其收益问题都是一知半解的状态，银行大堂经理的专业分析和专业理解往往是破解"拒绝"困局的"救命散"。同时，精心设计解惑过程，耐心解释客户的疑惑，有助于扭转"遭到拒绝"的悲观情绪及其不利局面。银行大堂经理的专业素养和专业水准表现，是面对客户拒绝时最有可能"破冰"并峰回路转的"折返点"。服务客户的过程，是一个价值认同的过程，是一个情感培育的过程，是一个专业水准提升的过程，而获得专业认可比什么都重要，是长久维系客户关系的基础，也可以避免或者减少客户拒绝现象的不断出现。

☺ **案例分析**：阅读下列资料，分析该网点服务被客户多次"拒绝"的原因是什么？为什么后来出现告状专业户变成理财大户的"大逆转"？

8月11日下午4点左右，某客户到网点声称缴纳交通罚款，不巧该网点已不再受理交通罚款业务了。客户不理解，认为银行服务不周到，是故意推诿怠慢。银行大堂经理再三解释，客户就是不理解，不愿到附近网点交款，并立即向省分行投诉。省分行接到投诉，责成该行分管行长立即妥善处理。正在外面走访客户的行长，请网点负责人出钱请客户"打的"到附近网点交款，客户明确表示"不同意"。这样一直折腾到17点半左右，银行对公系统停止营业。客户知道后火气大增，继续向省分行投诉，又向市交通管理局投诉。第二天一早又打电话到省银监局投诉，声称如果银监局不管，他还要投诉银监局。银监局指示银行，必须解决好此项投诉，下午给回复意见。接到银监局指示，市分行立即通知该支行积极化解矛盾、妥善处理投诉。后来得知，这位客户是"投诉专业大户"，稍不如意就到处告状。上个月正巧机器轧账 ATM 机吞钱没有及时记账，他就投诉了十多次。给他提供什么样的解决方案他都是"拒绝"。省分行为此专程来检查了好几次。支行反映拿这个客户真没办法。省分行决定，要以攻克存款大户的勇气把他争取过来。支行行长助理、网点负责人提上水果鲜花亲自登门拜访，接受他的批评和意见。经过沟通和交流，了解到他是一家房产中介经营商，每天下午都有现金要交存银行，而本行的自助设备最多最好，使用起来最方便，他对本行的服务有很大的依赖。"不解"迅速化解，随同前去的银行大堂经理向他推荐了网上银行和理财产品。他当即非常痛快地买下140万元的代销基金产品，并对银行工作人员主动上门赔礼道歉、积极为客户着想的精神表示感动。事件180度的大转弯，没想到难缠的告状专业户一下变成了理财大户。前去处理的银行大堂经理真是思绪万千……

第五课 学会倾听比什么都重要

戴尔·卡内基曾经说过："如果你想成为一个谈话高手，那么首先你得学会聆听，要鼓励别人多谈他自己的事，而不是让别人只听你说话。"这位美国著名的人际关系学大师还给我们讲了一个故事：有一天，戴尔·卡内基去纽约参加一场重要的晚宴，在这场晚宴上，他碰到了一位世界知名的植物学家。戴尔·卡内基从始至终都没有与植物学家说上几句话，只是全神贯注听着这位知名的植物学家介绍有关外来植物和交配新品种的许多实验。等到晚宴结束以后，这位著名的植物学家向主人极力称赞戴尔·卡内基，说赞戴尔·卡内基是这场晚宴中"能鼓舞人"的一个人，更是一个"有趣的谈话高手"。其实卡内基没怎么说话，只是让自己细心聆听，却博得了这位植物学家的好感。销售的原理莫过于此。大家都希望被关注，都希望自己所说的会被对方认可和喜欢，这是交流的乐趣所在。沟通的过程有了乐趣，销售过程自然是水到渠成的事。乔·吉拉德被誉为当今世界最伟大的推销员，其中有一件事让他终生难忘。在一次推销中，乔·吉拉德与客户洽谈顺利，就要签约成交时，却被对方突然放了鸽子。当天晚上，按照客户留下的地址，乔·吉拉德找上门去求教。客户见他满脸真诚，就实话实说：" 你的失败是由于你自始至终没有认真听我讲话。在我准备签约前，我提到我的小儿子将上密歇根大学，而且还提到他的运动成绩和他未来的抱负。我是以他为荣的，但是你当时却没有任何反应，而且还转过身去和同事谈昨天的篮球赛，我一恼就改变主意了！" 此番话重重提醒了乔·吉拉德，使其领悟到" 听" 的重要，认识到如果不能自始至终倾听客户讲话的内容，认同客户的心理感受，肯定最终失去自己的客户。银行大堂经理在销售过程中，由于急于成交的焦躁，谈话过程中，打断客户的话，不给客户说话的机会，其实这是非常错误的。要知道什么事情都是欲速则不达，客户了解产品，需要一个过程，银行大堂经理越是急于推销，客户可能越是不想买。银行大堂经理怎么做才能让客户更愿意与其交流呢？以下办法不妨试一试：其一，银行大堂经理首先要忘记自己的身份，站在一个朋友的角度去和客户交流，去倾听客户的讲话；其二，银行大堂经理要有足够的耐性，不能因为客户所讲的自己不感兴趣，就表现出一副心不在焉的样子。客户看到了，会觉得你是在敷衍他。而你在讲产品信息的时候，客户也会用同样的态度去对待你。在倾听的过程中，银行大堂经理要观察客户的肢体动作，去揣摩客户的真实需求。当银行大堂经理全神贯注地倾听客户讲话时，客户也会看在眼里，觉得自己受到了重视，他自然会去主动配合银行大堂经理；其三，银行大堂经理在倾听客户的讲话时，一定要认真倾听客户所讲的每一句话，甚至每一个字眼都要去细细揣摩，还要注意对方在说话时的语气、语速等，这些看似不重要的信息，却能给你提供了解客户的重要线索；其四，银行大堂经理倾听过程中，不要主动打断客户讲话的思路，要控制好自己的言行。当客户提出反对意见时，有些银行大堂经理急于证明自己说的在理，就去反驳客户，无形中紧张了银行大堂经理与客户之间的关系，让客户失去了继续谈下去的兴趣及其成交可能性；其五，银行大堂经理倾听过程中，对客户的讲话毫无兴趣表示，客户也会说得不耐烦，银行大堂经理在倾听的时候，要表现出对客户所讲内容非常感兴趣，表示客户说的没错、很有道理，或者重复客户的话，更能激发客户继续说下去的勇气。

　　银行大堂经理在与客户沟通的过程中的目的只有一个，就是让客户开口说话，这样更有利于银行大堂经理捕捉有用的信息。得到的信息越多在营销中越占据主动位置。许多银行大堂经理都认为销售的关键就是嘴巴会说话，所以一见到客户就滔滔不绝，而大部分客户都还没有耐心听完你讲就拒绝了，因而销售高手会更倾向于做销售耳朵要比嘴巴重要。沟通从交心开始，第一步就是学会倾听，在销售活动中，80%成交要靠耳朵完成，仅有20%靠嘴巴来讲解。成功的推销员都是一个好的听众。倾听背后的真相是：一个人永远不能改变另一个人。倾听原则是：适应讲话者的风格，附和、模仿对方的风格；听想法而非事实；理解肯定他人；鼓励他人表达自己的观点；倾听全部信息；表现出有兴趣倾听；及时与客户进行交流。倾听的关注点是：第一是问题点。在实际的销售对话中，问题会出现很多种，真假难辨，无法预料。而银行大堂经理的任务是听出真正的问题所在，而且是最核心，最令客户头疼的问题。客户自己是不会向你坦白的，这一点银行大堂经理应该清楚，所以要配合提问来引导出客户需要解决的真正的问题是什么。第二是兴奋点。客户的购买出于逃离痛苦和追求快乐两个出发点。问题点就是让客户感到痛苦的"痛点",兴奋点是让客户感觉快乐的理由。产品的销售流程通常是先让客户思考他所面临问题的严重,然后再展望解决问题后的快乐感与满足感,而销售的产品正是解决难题、收获快乐的最佳载体与方案。听兴奋点,关键是听容易让客户感到敏感的条件和情绪性字眼,同时还要注意每个特定阶段的肢体语言配合。第三是情绪性字眼。这些字眼表现出客户的潜意识向导,表明了他们深层次的看法。当客户感觉到痛苦或兴奋时,通常在对话中要通过一些字、词表现出来,如"太好了""真棒""怎么可能""非常""不满意"等,这些字眼都表现了客户的潜意识导向,表明了他们的深层看法,银行大堂经理在倾听时要格外注意。一般而言,在成交的那一刻,客户做决定总是感性的。所以每当客户在对话中流露出有利于购买成交的信号时,要抓住机会,及时促成。第四是敏感内容。当客户询问价格、优惠、折扣、送货、保障、维修、售后服务、购买承诺时,通常都是客户感兴趣的表现,要特别注意。

认真倾听,是增进银行大堂经理与客户之间信任的催化剂。学会倾听客户谈话的银行大堂经理,会真正走进客户的心理,能够在双方之间建立信任和默契。银行大堂经理首先应该扮演好听众,而后才是演说家。银行大堂经理要学会倾听客户的谈话:要让客户把话说完,不要打断对方;要努力去体察客户的感情;要投入全部精力关注聆听,不做无关的动作;要注意客户的反馈,及时验证自己是否已经了解客户的意思;不必介意客户谈话时的语言和动作特点。注意放在客户谈话的内容上;要注意客户语言以外的表达手段;要使自己思考的速度与谈话相适应,思考的往往速度比讲话的速度快若干倍,在聆听客户的谈话时,大脑要抓紧工作,勤于思考分析;要避免出现沉默的情况。

大多数的时候,客户的语言习惯能够至少能够为银行大堂经理透露出客户的一些内心世界:喜欢主动对他人评头品足可能是嫉妒心比较重的客户;说话暧昧可能是喜欢逢场作戏的客户;喜欢话家常的是想跟你套近乎的客户;避开某个话题的是内心潜藏着其他目的的客户;论断别人观点的是比较有心机的客户;银行大堂经理不要过于听信客户的这种论断,而要善于分析其中的玄机,不能影响销售;喜欢指责别人的是有强烈的支配欲的客户;总是见风使舵表示其观点和关键客户一致的是非常容易变脸的客户;爱发牢骚的是不能装下更多的事的客户;银行大堂经理大可不必把他们的话放在心上,只需要按原计划行动即可;总是回忆传统标准的大多是思想保守的客户。

客户"说话"时的习惯动作有时会泄露客户的重要信息或者客观的想法:在正式的场合发言中,客户一开始就清喉咙或者腿脚发抖,表明他有点紧张且缺少自信;说话时不断清喉咙,改变声调,表明客户可能还有某些焦虑;有的时候客户清嗓子,是因为他对问题还是迟疑不决,需要继续考虑;客户故意清喉咙则是对周围重要同事的警告,表达一种不满或者否定的信息;轻轻的口腔气流声有时是一种潇洒或处之泰然的表示,说明客户有十足的把握,银行大堂经理要想好对策,认真思索自己方案的疏漏;说话支支吾吾,冠冕堂皇的,表明客户没有经过认真准备,空虚做戏而已;声音阴阳怪气,将简单问题复杂的,表明客户并非真正购买产品或服务,而是对相关同事相互拆台;言谈清凉平和,表明客户对产品购买的重视和严肃;言辞上会有过激之声的,是财大气粗人的习惯性表现;交谈中喋喋不休主意颇多的,表明其是浮躁的客户。

口头语是客户有意或无意间习惯的说话词语,是个人特征及其行为标签的重要展示,是客户内在性格的口头体现。口头语多数时刻会展示出客户的性格特征或者行事风格：习惯使用"我个人的想法是……""是不是……""能不能……"作为口头语的客户，多数表明做事商量，客观理智分析，能做出正确的判断；习惯使用流行词汇作口头语的客户，多数表明喜欢浮夸，缺少主见和随大流；习惯使用"却是如此"作为口头语的客户，多数是浅薄应付了事；习惯使用"绝对"作为口头语的客户，多数是武断和喜欢争风吃醋；习惯使用外来语言和外语作为口头语的客户，多数属于虚荣心强，爱卖弄和夸耀自己；习惯使用"我早就知道了"作为口头语的客户，多数有表现自己的强烈欲望；"这个……""那个……"作为口头语的客户，多数是说话办事谨慎；习惯使用"果然"作为口头语的客户，多自以为是，很少顾及别人感受；习惯使用"其实"的作为口头语的客户，表现欲望较强，希望能引起别人的注意；习惯使用"最后怎么样怎么样"作为口头语的客户，多数是表达其欲望没有得到满足；习惯使用"我……"作为口头语的客户，多数是在寻找各种机会强调自己的重要；习惯使用"真的"之类强调词语作为口头语的客户，多数是缺乏自信；习惯使用"你应该……""你不能……""你必须……"作为口头语的客户，多数是行事武断，对自己盲目自信；习惯使用方言作为口头语的客户，多数是自信且个性十足；习惯使用"我要……""我想……""我不知道……"作为口头语的客户，多数是思维比较单纯，意气用事，且情绪不是很稳定。

案例 4-9：5月的一天，周女士持大额存单到某银行营业网点柜面要求办理大额和定期存单销户取款和跨行转账业务。柜员依照周女士的要求为其办理定期存单销户但提示大额存单不能提前支取，业务办理后，周女士发现其实际所得的利息与按照其预计的定期利率计算所得的利息有较大差距。周女士表示有疑惑。由于柜面客户较多，于是银行大堂经理带离周女士到服务台给予了进一步解释。大堂经理查明原因后告诉周女士，她的定期存单并未到期，提前支取应按照活期利率进行结算，而大额存单按照规定不能提前变现。周女士对核实的结果不满，随即向该银行客服中心投诉，意思是因为存单上的到期日期未打印清楚，同时柜员未尽到提醒义务，导致她误认为该定期存单已经到期了，并要求银行赔偿利息差额。客服中心接到客户投诉后，立即向支行反馈了客户的诉求，核实事件的经过。支行了解了客户的不满情绪后，积极处理投诉，主动与客户联系，进一步倾听客户诉求。银行大堂经理首先是安抚客户的情绪，表示网点正在尽力为客户解决问题，同时该支行积极与上级行相关部门联系，寻求解决办法。和周女士沟通过程中得知，这些钱是周女士与丈夫离异后在外打工积攒下的一笔钱，由于怕遭受投资损失才经人介绍购买了大额和定期存款产品。后来其原离异丈夫又委托律师和周女士打起了析产官司，周女士怕吃亏才想到赶紧将钱取出转回老家。银行大堂经理多次找到周女士核实具体的家庭困难，既然是离婚后的财产，存款放在银行是安全的，不用害怕。最后与客户再三沟通后，达成了一个让客户满意的解决方案。客户根据银行要求撰写了情况说明，表示同意银行对该笔业务进行抹账处理，挽回了客户的利息损失，客户对该银行的处理方式表示满意。半年后，银行大堂经理又看到了一脸春风的周女士走进银行网点，和大堂经理打招呼后开始询问起今年的银行基金产品来。

案例 4-10：6月中旬的一天，一位70多岁的老大爷来到网点，小心谨慎的到服务台前咨询股票开户手续。细心的银行大堂经理了解后得知，老人家由于村子拆迁得到了一笔不菲的拆迁补偿款。听周围亲戚议论当下炒股能赚不少钱，于是老人家动了炒股的想法。在和老人的攀谈过程中，银行大堂经理获悉该老人已经去过许多网点都没有弄清楚炒股是怎么回事，虽然给他讲解炒股需要非常专业的知识和承受风险的能力，但这位老人始终弄不清楚炒股是怎么一回事，只是一再要求银行大堂经理帮他把钱存好并生息。银行大堂经理看一时是难以讲清楚了，心想此种情况肯定在这个村子里还有不少。与网点经理商议后，银行大堂经理先送老人家回村子，而后约好周末到村委会给这些个村民尤其是老人们讲一讲理财是怎么一回事。经过讲座后，村民们对理财有了客观的认识，对自己感兴趣的银行产品开始咨询起具体的操作要求。上次来网点开户的这位老大爷在家人的陪伴下进一步了解了大额存单产品和国债存款产品，老人及其儿女的补偿款共计260万元全都购买了银行推荐的风险较小的存款产品，并一再感谢银行大堂经理的细心解释工作。

客户在许多时候并不知道银行产品的具体操作性规定，相关人员在与客户达成产品交易后，须对客户理财操作进行重要信息和相关风险提示。银行大堂经理发现客户有异议，应认真倾听客户的具体意见，从而发现网点工作中的问题所在，同时寻求双方都能接受的解决方案。在接待老年客户的时候，由于其反应能力慢，更加需要耐心和细致的解释和说明，倾听老年人絮絮叨叨的主张和不太合拍的需求。老年人大都有一定的经济实力基础，有理财的强烈愿望，但由于缺乏专业知识和长期与社会活动脱节，更容易感情用事和遭受投资陷阱。银行大堂经理和老年客户做朋友，既能够稳固住这些重要的客源，还能减少针对老年客户的诈骗滋扰。

案例分析：根据下面的报道，谈一谈你对"学会倾听比什么都重要"这句话更深层次的理解。

2019年10月，中国银保监会披露银行业金融机构法人名单。数据显示，截至2019年6月，银行业金融机构共4579家。众多的银行机构肯定是小银行占到了最大比例。许多人不禁会问：小银行靠什么生存？这是一家再普通不过的小银行了，整个城区的网点不过才10多家。其中藏在东城小区里的这家网点已经两年多了，两位柜员、一名保安、一位大堂经理支撑着网点的整个"门面"。记者前去采访的时候，发现银行大堂经理正在和一位老妇人低声细语的聊着天。原来，这位老妇人的丈夫刚刚去世不久。以前办理金融业务都是她先生的事，现在只能是由她自己亲自上阵了。老人家一想起老伴的好，不禁泪流满面。大堂经理一边安慰着老人，一边扶她离开网点。银行大堂经理告诉记者，这些老年人他都能叫出名字来，有些人的存款账号都能清楚的说出来。你别看是新建的小区，但这些老人是银行网点的"铁杆粉丝"，有事没事就到网点里面坐一坐，和银行大堂经理唠一唠。银行大堂经理的业绩自然也是这家银行的冠军了。正在谈话的时候，网点里推门走进一位60多岁的男性客户，和记者有礼貌地打了招呼后便将银行大堂经理拉到一边低声耳语起来，而后又赶快离开了网点。银行大堂经理告诉记者，这是住在小区里的一位老教授，退休后受邀讲课和写作挣了不少钱，刚才是问大额存款产品好不好买，我告诉他要一早8点来钟提前到网点，让柜员帮其操作一下看行不行。采访的半个小时内所看到的两个场景，还是让这位记者感慨不已……

第六课　把话说到客户心房里

《红楼梦》第三十四回写道,宝玉挨打以后,丫环袭人向王夫人提出了一条建议:"如今二爷也大了,里头姑娘们也大了,以后叫二爷搬出园外来住,就好了。"袭人没有想到,这条建议竟然重重地拨动了夫人的心弦。王夫人不仅对此建议大加赞赏,而且当场暗示,要"提升"袭人。这是为什么呢,王夫人一番感叹透露出个中底细:"我的儿!你竟有这个心胸,想得这样周全,我何曾又不想到这里,只是这几次有事就混忘了。你今日这话提醒了我,难为你这样细心。真是好孩子!"原来袭人的话正与王夫人的积虑暗合,说到了王夫人平日潜在的意念上,引发出王夫人内心强烈的共鸣。王夫人于是做出了非同寻常的反应,说:"你如今既说了这样的话,我索性就把他交给你自然不辜负你。"袭人的话"投其所好",与王夫人的潜在意念相合,发挥出了极大的言语效益。袭人毕竟是笔下人物,现实中会说话的人比比皆是。据三洋机电的副董事长后藤清先生回忆,年轻的时候他在松下公司任职。有一次因为一个小错误,惹恼了松下幸之助,被叫到松下幸之助的办公室,只见松下幸之助气急败坏,把火钳拼命地往桌子上拍,把后藤骂得狗血淋头,正欲悻悻离去的时候,松下幸之助却说道:"等等,刚才因为我太生气了,不小心将这火钳弄弯了,麻烦你费力,帮我弄直好吗?"后藤就拿起火钳拼命敲打,在敲打声中,后藤的心情也归于平静。当他把火钳交给松下幸之助的时候,松下幸之助说道:"嗯,比原来还好,你真不错!"然后高兴地笑了。松下幸之助而后又给后藤的家人打了电话:"今天你先生回家,脸色一定难看,请你好好照顾他!"就这几句暖到后藤心里的话,让他不再记恨松下幸之助的骂声,改变了辞职的想法。可见,把话说到人的心房,会让你在交际中游刃有余。

银行大堂经理与客户沟通的秘诀就是知道怎样说比说什么要重要。对客户要产生最大的影响,必须通过自己的手势、语调和词汇,使用最为广泛的表达方式。研究表明,声音、语调和外表占全部印象的90%以上,其具体比例是:视觉占到55%左右;声音占到38%左右;语言占到7%左右。具体来讲,身势、手势、视线的接触,以及整体的仪态与行为举止等都有助于立即产生印象。因为银行大堂经理的一举一动和脸部表情比银行大堂经理所使用的词语威力要强数倍,必须要意识到视觉的力量,并予以重视。而使用不同的语调、音高和语速,对于客户怎样理解银行大堂经理所说的话是差别很大的。因为银行大堂经理沟通所产生的影响有三分之一是来自声音的表述的,所以必须保证银行大堂经理的声音使自己想要沟通的内容增色。虽然语言在银行大堂经理施加的影响中所占的比例并不高,但须记住,当视觉和声音的效果消减时,剩下的就只有传达的信息了。为了使银行大堂经理的信息传达给客户并使之完全被理解,传送信息时必须伴随有恰当的身体语言、语音语调,并有贴切的语气加强。要使银行大堂经理的话语更加可信,使银行大堂经理自信十足,进而更主动的与客户展开交流沟通,以下的建议有着很重要的启示:

1. 使用肢体语言配合。

（1）使用银行大堂经理的眼睛。沟通时看着别人的眼睛而不是前额或肩膀，表明银行大堂经理很看重客户。这样做能使客户深感得到重视，也能防止客户走神，但更重要的是银行大堂经理在客户面前树立了自己的可信度。若客户与银行大堂经理交谈时并不看着银行大堂经理的眼睛，银行大堂经理自然会有这样的想法：客户对我所说的话根本不感兴趣，或者根本就不喜欢我这个银行大堂经理。

（2）使用银行大堂经理的面部和双手。谈话过程中银行大堂经理使用面部和双手如能随机应变，能大大改善影响客户的效果。即使是银行大堂经理稍纵即逝的细微面部表情，也能显露其个人的情感并立即被客户所捕获。面带微笑使客户觉得银行大堂经理和蔼可亲。而真心的微笑能立即传达给所交流的客户，从本质上改变客户的心情。使用张开手势给客户以肯定的强调，表明银行大堂经理非常热情，完全专注于眼下所说的事。视觉表达几乎是信息的全部内容。如果与别人交谈时没有四目相投并采用适当的表情或使用开放式的手势，客户有理由不会相信银行大堂经理所说的话带有足够的诚意。银行大堂经理在不同的场合使用一种或多种手势来加强自己的表达效果，能够保证视觉信号强化自己的语言信息。

（3）使用银行大堂经理的身体。视线的接触和表情构成了沟通效果的大部分，但是使用身体的功能同样能有助于树立良好的印象。在身体姿势方面，坐着或站立时挺直腰板给人以威严之感。耷拉着双肩或翘着二郎腿可能会使某个正式场合的庄严气氛荡然无存，但也可能使非正式场合更加轻松友善。不由自主地抖动或移动双腿，能泄露从漠不关心到焦虑担忧等一系列的情绪。无论面部和躯干是多么平静，只要叉着双臂，或抖动着双膝，都会明白无误地显露内心的不安。在身体距离方面，站得离客户太近会给客户入侵或威胁之感。如果与客户的距离不足 5 尺，客户会本能地往后移，这是当银行大堂经理过分靠近时产生的那种局促不安的感觉。反之，如果距离达 6 尺或更远，客户就会觉得银行大堂经理不在乎他的存在，并产生一种与世隔绝的感觉。

2. 塑造语言的美感。

银行大堂经理的声音是一种威力强大的媒介，通过它可以赢得客户的高度关注，能创造有益的沟通氛围，吸引客户聆听银行大堂经理的讲话内容。

（1）银行大堂经理讲话时注意语调。所谓语调，是指说话时句子中间高低、快慢、轻重、停顿的变化。不同的感情可以在语调的变化中表现出来。低沉的声音庄重严肃，会让客户更加严肃认真的对待所产生的问题。尖利的或粗暴刺耳的声音给客户的印象是反应过火，行为已经失控。即使是最高的音调也有层次，银行大堂经理可以找到最低的音调并使用它，直至自然为止。使用一种经过调控的语调表明银行大堂经理知道自己在做什么，使客户对您信任倍增。银行大堂经理讲话时适时改变语句重音能强调某些词语的重要。如果没有足够的强调重音，客户往往吃不准哪些内容很重要。另一方面，如果强调太多，客户瞬间会被弄得不知东西而且非常倦怠，什么也想不起来了。

（2）银行大堂经理讲话时注意语速。急缓适度的语速能吸引住客户的注意力，使客户易于吸收信息。如果语速过快，客户会无暇吸收说话的内容；如果过慢，声音听起来就非常阴郁无奈，客户就会转而做其他的事情；如果说话吞吞吐吐，客户就会不由自主地变得坐立不安。自然的呼吸能使客户吸收所说的内容；建设性地使用停顿能给客户片刻的时光进行思索，在聆听下一则信息之前部分消化前一则信息。

3. 正确的表述信息。

"想法"要转换成"能用于传递的有效信息"还需要银行大堂经理进行正确的领会。想法不错,但有两点可能会影响到沟通的良好效果:第一是不能对所沟通的内容进行清晰而富有逻辑的表述。当要表达"银行需要客户资信证明"的意思时却说成了"客户的资信信息已经过时了。"第二是不能理解客户的关注所在并正确的表达信息,以便获得客户的全部注意和理解。特别是该用通俗的口语时,却用了晦涩难懂的学术语。如果银行大堂经理不能对信息进行清晰的表达,它便不能被客户正确的理解,有效的沟通根本无从谈起。

案例4-11:进入2月,OCRM系统提示银行大堂经理小苏名下增加了一位时点资产数188万元的客户。经联系,得知该笔存款并非其本人资产,而是代其弟弟赖先生保管,赖先生一旦回国,资产便会划转其名下。小苏仍然细致的为这名客户讲解本行的理财产品,引导其购买后增加保管期间的利息收入。4月,赖先生回国,188万元本金及利息全额转回了赖先生的账户,赖先生对收益结果满意的不得了,小苏也因此获得到了和赖先生见面的机会。交谈中,得知赖先生拥有自己的公司。现有资产一部分是固定储蓄,还有一部分用于公司资金周转。由于有朋友在某银行任支行主管,所以客户的资产主要放在该银行购买不少银行理财产品,在本行的188万元极有可能转到其朋友工作的银行,但小苏仍感觉到有发展成贵宾客户的可能。小苏把握好三个关键进行说服和努力:在客户提出要购买对手银行产品时,能找出本行产品系列中对应的替代产品或组合;由于客户资产有一部分是需要随时投入企业的运营,保持资金调度的灵活性是其"刚需";客户当前把主要资产放在对手银行是缘于人情,而人情是可以通过不断工作逐步培养起来的。小苏得知对手银行正推出一款周期220天,年化收益率5.8%的理财产品,而本行理财产品一年期年化收益率5.8%,半年期年化收益率5.7%。对于客户而言,对半买入两款产品比全额购买对手银行产品流动性要高、收益也更有保证。小苏把这个建议告知客户后,客户表示并不合算。小苏向客户提供了当下各行纷纷下调理财产品年化收益率的数据,在这个期间购买理财产品,选择投资期限较长的产品更为有利。小苏抓住客户在乎流动性这个关键,介绍本行产品都会提供质押贷款业务,包括这款1年期限的产品。在产品持有期间客户需要临时用款,可以通过质押业务解决资金需求。从产品本身的利息收入分析,小苏将资金不同存法的到期利息进行了试算,更直观展示了本行产品的综合利息收入和流动性均高于对手。赖先生最终决定选择本行产品。年底,赖先生急需用款,于是小苏建议赖先生利用未到期的理财产品做质押贷款,解决了资金使用需求,替客户解决了燃眉之急。今年6月,客户有一笔业务急需用钱,客户想到对手银行取款,但对手银行做工作不愿客户将存款转出。小苏表示理解,上门帮助客户将其在本行的存款转入他行的对公账户,并且等客户确认资金到账后才离开。但仅仅过了4天,客户不仅将转出的500万元转回,还另外转来了900万元存款,替客户着想换来了客户的信任和忠诚。小苏通过与赖先生的持续沟通,发现客户对美元、贵金属、股票等投资都有兴趣,属于具备一定投资经验的客户。小苏开始将本行的优质产品通过微信的方式推送给客户。在中秋前贵金属的展销会上,一款金钞产品引起了赖先生的兴趣,赖先生当即购买多套回馈给自己的客户,小苏鞍前马后安排提货。回访中,赖先生表示这次的推荐帮了他的大忙,客户都觉得非常有面子。经过半年的努力,赖先生的资产从单一的储蓄变为理财、活期存款和贵金属合成结构,小苏认为仍有优化的空间。年初,股市迎来了新一轮上涨,小苏建议赖先生适当配置基金,客户又从他行转入了200万元购买基金产品。小苏建议客户搭配不同主题和类型的基金产品分散投资,并对每只基金进行了详细的分析;客户购买后,小苏坚持每天将基金净值发送给客户,并时常就基金的表现与客户进行沟通,一个月后客户的收益大幅提升,表示这个比他朋友投资股市的收益还高,更增加了对本行专业服务能力的信任。

案例 4-12:章经理是银行大堂经理董薇薇一位客户的朋友,记得客户初次介绍给小董时笑称:"这个人可有钱。"多次微信联系后,小董感觉到章经理对投资有浓厚的兴趣,但工作繁忙,没有精力钻研。章经理给小董的初步印象是做事认真讲信誉。小董觉得第一次拜访客户前工作一定要充分细致。小董选择一身整洁的职业装、淡雅的妆容、深色的包及文件夹、一支漂亮的钢笔和精致的名片夹。文件夹中有对高净值客户的调查问卷、私银产品分类和银行产品期刊。拜访前还要为见面定一个主题,提前设想一下可能遇到的客户问题及其应当如何回答处理。见面后,小董和章经理聊起了私人银行客户的财富管理模式,并在交谈中不断渗透理财规划、资产配置的理念,随后将本行的私银策略报告送给了章经理,并提出可以为章经理量身定制专属的综合财富规划报告。章经理欣然接受。第二次见面时小董特意向章经理的小女儿赠送了生日礼品,说明作为母亲自己明白孩子的用品必须是安全可靠的,所以挑了原装大牌子。愉快的开场之后,小董将财富规划方案向章经理进行了展示,包括其个人资产与企业资产怎样技术性分离和儿女教育保障投资,以及投资方案基本内容。章经理及其爱人认真阅读着具体的方案内容,同时和小董进行认真的沟通互动直至月上树梢才离开章经理居住的小区。小董第二天回到网点又和理财经理迅速调整理财方案。经过的沟通之后,规划方案最终获得了章经理的认可。章经理签字后转入资金 1000 万元购买了该行的私银产品和基金产品。只要不是出差,小董每周周末都坚持同自己的客户见见面,小董的客户里面京剧票友占了一大群人,于是小董说服一个开餐馆的客户周末晚上提供楼上免费场所供大家唱唱戏。章经理几乎是雷打不动的铁杆票友。小董利用周末票友会坚持为客户提供重要的金融资讯、供大家调整投资做参考,另一方面还积极寻找感情营销的机会。某次闲聊中小董了解到章经理对经营管理兴趣浓厚,希望能获得高水平学习的机会,于是利用银行的关系向章经理推荐了清华短期管理培训班,章经理学完后感觉收获颇多而且还认识了不少商圈朋友。春节前夕,小董特意上门拜访章经理:"春天到了,这个 HELLO KITTY 迷你行李箱送给您的小女儿吧,也让她爱上和全家共享美好周末时光的感觉。"章经理对这个旅行箱左看看右看看,高兴的不得了,还专门发微信告诉小董孩子特别喜欢。点滴的接触中,客户关系逐步得到增强。很快,章经理再次转入 1000 万元资金,配置存期存款资产。今年年初,小董分析黄金价格要涨,又帮助客户章经理拿下 40 万元的投资金条。章经理已经成为小董所在银行拥有 2000 万元资产的私人银行客户。

在银行大堂经理接触自己的理财客户之前,须先对理财目标客户有一个全方位的分析,客户的职业喜好、生活习惯、理财知识水平、理财兴趣类别、客户配偶爱好、子女教育信息,都会帮助银行大堂经理对客户脾气秉性及其社交习惯进行准确捕获,提前进行接触方案的反复演练,精心设计话题和兴趣点,以便在接触到客户后能够有效的切入营销主题,并最终达成对营销产品和理财规划方案的共识。银行大堂经理对客户的说话方式和说话内容特别是说话技术固然很重要,但都需要建立在前期对客户精准资料把握的基础之上,同时在接触客户的长期过程中不间断的感情培养也是同样不得忽视的工作。要善于情感营销,感情营销也是必不可少的。营销是聚沙成塔的过程。银行大堂经理应该是一名善于抓住机遇的营销能手,不急不躁,保持一种循序渐进的姿态。客户的需求很多,你只需要抓住一个做足,做到足以让客户折服和交付信任。

👄 **语言训练**：阅读下面资料后，请你从前期准备工作、营销切入点选择、感情建立培养三个方面对银行大堂经理可能在电话、现场或者微信中使用的交流语言进行一下还原。

王女士原是某银行网点的定期储蓄客户，OCRM 系统中显示客户没有在本行办理过除储蓄业务以外的其他任何业务。大堂经理徐冰发现客户近期有定期储蓄到期，便先给客户发送了短信名片并在次日电话和客户取得了联系，告知客户有定期存款到期，需要办理转存才能获得上浮利率。客户表示距离银行网点较远，但对于银行的告知表示满意，会在近期来银行网点办理相关业务。为了缩短客户办理业务的时间，徐冰提前为客户预留了停车位并准备好所需的单据和资料。但王女士表示对理财业务并无多大兴趣，仅仅办理了定期存款转存业务后便匆匆离开了网点。虽然没有和客户进行深层次的营销沟通，但徐冰通过王女士的言谈举止及其穿着打扮感觉到王女士肯定是个高净值客户。好在加了王女士的微信，徐冰在微信群中推送的美元牌价信息及其评价，王女士都会给点个"赞"回应。原来，王女士的儿子在美国留学，王女士需要不断汇款给自己的孩子交学费和生活费。徐冰于是在美元汇率降低时，便特别提示客户王女士分批换取美元。今年年初的一天，王女士主动发微信给徐冰表示小徐的服务让她满意，她已经将 300 万元到期的储蓄汇到本行账户。徐冰为客户配置了理财和基金产品并帮助王女士在本行办理了国际汇款业务。在办理相关业务过程中，徐冰发现王女士总是匆匆忙忙办完后就赶紧离开网点。细聊中得知，王女士的母亲已经患病多年，行动非常不方便。发现问题后，徐冰嘱咐好王女士每次来往点办理业务只需前在微信里面提示一下，自己将相关手续和单据提前准备好，这样王女士办理业务的时间会大大缩短。王女士生日这天，徐冰通过快递亲自将生日蛋糕送到客户的家里，王女士高兴得合不拢嘴。从这以后，王女士在微信里对徐冰的称谓已经不再使用"徐先生"而更多使用"徐弟"一词。

第七课　帮助客户做决定

这里讲三个故事，第一是麦肯锡的故事：南京路曾是上海著名的商业区，但对更年轻、更国际化、更富有的消费层并没有吸引力了，形象正在黯然。相关政府部门要求著名的美国麦肯锡公司的方案能使南京路恢复昔日的辉煌并转换成切实可行的收入。麦肯锡项目组坚持量化基本问题和可行的潜在方案一起向客户提出的工作思路，收集了所有有关该区域以及在沪相关主要零售区的信息并详分类析了每条商业街的人流量、销售额、功能定位、店铺大小和消费者的感觉。麦肯锡项目组总共听取了十位富有经验的规划专家对南京路的评价：陈旧的综合百货商店明显脱离当今趋势；陈设和市场策划毫无生气可言；没有休闲娱乐场所，游客购物之后很难有兴趣继续逗留。麦肯锡项目组询问了目标客户群共计 1000 位路人，消费者感觉整条道路有一种"疲惫感"。麦肯锡项目组建议客户援引最具代表性的世界级零售区域作为比较的基础，对其应有的三个主要特征定位在声誉全球、人流量大、收益可靠；六大关键因素是历史悠久、独特建筑和商业格局、功能全面、不断自我更新的支柱商户、便捷设施和愉悦环境、牢固的政企合作关系。南京路项目组仅仅利用一次陈述的机会便向其客户阐明了一个切实可行的计划,如何"从一个著名的中国购物区转变为一个世界级的娱乐商圈"。报告按时间顺序,循序渐进阐述了一个使南京路焕然一新的策略,将其定位为"世界上最著名、最长、最美丽的商业步行街,并且是亚洲最具活力和吸引力、世界一流的多功能商业区。"该项目总共需投资200亿元,时间跨度10年。报告预测在该零售区域成交的销售额在改造期的5年内将增至3倍。麦肯锡项目组还阐明了阶段性目标及其具体时间,以及一个激发并保持其发展势头的进程。麦肯锡项目组通过提供一面"镜子"和精确的数据来向政府量化他们的评价和建议,帮助政府最终做出了关键性的决定。包括:修复南京路上的历史性建筑,恢复其原有的光彩并尽量不让霓虹灯标牌遮掩它们的外观;创造引人注目、富有感染力的建筑表现手法;清理内部开放空间,使其充满活力;提供多元化的产品和服务吸引尽可能多的群体;清除毫无特色的商家,同时吸引代表主要产品类型的新颖独特的国内外支柱型商户;修整南京路区域的基础设施,提供更加完善的公共交通、更多的停车场、出租车站点,并扩展更多的步行区域;政企合作共同制订区域改建计划;创建一个房地产组织保证这条商业和公共设施共有的综合型街道的活力持久不衰。

  第二是爱马仕的故事:Tie Break 是由爱马仕 Hermès 最新推出的 APP,此项应用可帮助男性客户更加直观鲜明的做出对领带的选择以达到营销的目的。Tie Break 设计了系列的功能帮助用户选择领带,展示了领带和丝巾可如何搭配并演示了各种系法,告诉用户领带的工艺流程是怎样的,爱马仕是如何生产出一条高品质的领带。这种独特的用户体验大大提高了消费者对爱马仕领带的认知度。此项应用最贴心的设计是用户可通过此程序选择不同花纹及质地的领带,用户可直接在自己的衬衫上比对效果,并滑动手机屏幕切换不同图案,站在镜前仿如身临店铺的感觉,以帮助客户更好的做出决定。用户通过对领带花纹和质地的选择与比较后,可以选出自己最喜欢的几条作为购买参考,当然可即时在移动端购买,借此可以促进用户对领带及丝巾的销售。有趣的是,爱马仕在 Tie Break 应用里插有小游戏,插图和歌曲,为用户体验更增加了娱乐性。通过此款 APP 应用,爱马仕吸引了更多的男性消费者关注领带及丝巾,而不只是停留在箱包产品。该举措提高了整个品牌的销售业绩。2013 年 9 月,爱马仕又推出了 Hermès Silk Knots 一款专门针对女性用户的 APP 应用。这款 APP 比 Tie Break 更加注重系法展示,不同花纹、大小的丝巾如何可以系带出最佳效果,既有图画展示也有教授视频,同时用户还可以在社交圈分享系法与款式,并在线购买。APP 很好的展示了自己的产品,让所有爱美的女士忍不住去尝试购买一条爱马仕的丝巾。

  第三是维萨卡的故事:持卡者无论是以"星辰大海、诗和远方"标榜自己的文艺青年,还是"我带着你,你带着钱"我们一起周游世界的爱情男女,旅行已经成为一种重要的消遣娱乐方式,身未动心已远,身体和灵魂都在去远方的路上。但是大多说人对父辈们的印象依旧是"足不出户,家长里短"这样的形象。你可能走过很多个城市,看过很多不同的风景。但他们却少有远行。2016 年 12 月 30 日,VISA 信用卡推出的一则新年广告,讲述了两代人之间关于旅行的故事,女儿的旅游见闻成为他们向邻里炫耀的资本,但是旅行本身其实还真和年龄没有太多的关系。趁父母身体健康,硬朗矫健,世界那么大,不妨带上他们去看一看。VISA 投放了一部颇有新意的新年广告《2017 年第一场旅行》,鼓励年轻人带上父母和 VISA 卡出境旅行。据携程旅游 2017 年旅游大数据报告预测显示:2017 年将成为旅游出国过年史上最热的一年,出境旅游人次预计将超过 600 万人次。VISA 瞄准了这一广大出境游市场,结合新年全家出境旅行的倡导,展开了本次品牌活动。大家在新的一年展望未来的时候，都得回头望望过去的时间何以走的如此之快。世界精彩不断，只有父母还在家里深情守候着，消费者难免感慨万千。VISA 的广告直击了为人儿女的情感痛点，隐去了强烈的暗示消费者的动作，采用娓娓道来的方式讲述了亲情的感动和重要：我的世界越来越大，可爸妈的世界却从来都没有改变过一次，我要带上他们一起去看看这个世界。广告为年轻人创造了不一样的出境旅行方式的选择。从景点选择，交通方式选择，再到同行者的不一样，VISA 明确的瞄准了年轻消费群体的出境游市场选择。

三个故事都是直击消费者痛点的故事，都是帮助客户做出消费决定的故事，都是带来直接利益的故事。但三个故事展现的营销手段有着不同，麦肯锡公司采用的使用数据说服客户接受方案的营销方式，爱马仕采用的使用技术软件说服客户接受方案的营销方式，而维萨卡采用的是通过广告大打情感牌让客户接受方案的营销方式。三个故事对银行大堂经理的产品营销工作启发是很大的，那就是针对不同的产品和不同的客户要使用不同的方式方法。银行大堂经理所使用的营销方法主要有目标客户营销法、三多营销法、体验营销法、交叉营销法、情感营销法、顾问式营销法、电话营销法。

目标客户营销法是指大堂经理识别客户群体的基础上，选择其中一个或若干个客户群体为目标客户，运用适当的营销组合集中力量开发目标客户，满足目标客户需求并实现销售的营销方法。目标客户营销有利于大堂经理发现优质的目标客户，提高营销效率和产品竞争能力。个人客户群体可以采用目标客户的价值分类、统计分类、利益分类和性格分类标准，价值分类是指按照目标客户的财富层次及其对银行贡献大小将其分为贵宾客户、成长性客户和一般客户；人口统计分类是指以目标客户性别、年龄、职业、收入为标准进行分类方法；利益分类是指按照目标客户所追求的不同的利益将市场划分；性格分类是指根据目标客户的性格及行为特征进行有效的客户分类方法。

三多营销法是指银行大堂经理营销活动中多看一眼、多说一句话、多伸一次手。三多营销法是银行大堂经理关怀客户感受、多为客户利益着想、更多帮助客户的简称。三多营销可以为客户和银行网点带来更多的利益。

交叉营销法是指银行大堂经理在发现了现有客户存在多种需求的基础上，通过满足其多种需求而实现多种产品或服务销售的营销方式。交叉营销法在银行和保险领域的促销作用非常明显。消费者在购买相关产品或服务时必须提交真实的个人资料，而这些数据可以用来进一步分析客户的多样需求，从而为客户提供更多更好的服务。在用户个人隐私得到有效保护的前提下，用户的信息资源与其他互补型企业共享，还可以互为开展营销活动。

体验营销法是指通过为客户提供愉悦的购买体验，实现销售目的的营销方法。体验式营销从客户的感官、情感、思考、行动、关联五个方面定义、设计营销的思维方式。客户在购买前、购买中、购买后的体验是客户购买行为和银行营销的关键。银行大堂经理营销工作就是通过运用各种媒介刺激客户的情感，引发客户的思考、联想，并使其行动和体验，不断传播产品的利益。体验式营销站在客户角度审视银行的产品和服务，强调以客户体验为导向生产和销售产品，注重与客户之间的沟通，注重发掘客户内心的欲望，注重创造愉悦的销售情景和销售过程，注重客户购买过程中的内在价值观和消费理念。体验式营销既看重客户的个体体验，也看重相关群体互动产生的共同体验。网点是客户购买金融产品的重要渠道，银行大堂经理要重视客户愉悦的购买体验。

情感营销法是指在产品销售和服务过程中注入情感，通过产品情感设计、情感服务、情感关怀策略,实现与客户建立合作关系的营销方法。在产品、渠道、价格和促销策略同质或者差异不明显时,情感因素就成为营销的重要利器。银行大堂经理与目标客户建立合作关系对其产品推销的作用是直接而显著的。银行大堂经理在向目标客户推介产品和服务过程中,真诚对待客户,关怀爱护客户,自觉维护客户利益,在情感上与客户有不间断的良性互动,赢得了客户信赖,自然会不断巩固和提升对客户的营销效果。

顾问营销法是银行大堂经理以丰富的产品知识和投资原理,通过帮助和说服的手段,促使客户接受银行产品的营销方法。顾问式营销不仅要维护银行的利益,更要维护客户的利益,对客户实事求是介绍金融产品,通过良好的形象和建议来取信并说服客户,而且对销售出去的金融产品注重售后服务。银行大堂经理对于顾问式营销的恰当使用,有利于进一步开展关系营销并建立信任合作关系。

电话营销法是指银行大堂经理在准确定义目标客户的基础上,借助准确的营销数据库、明确的电话销售流程手段,引发潜在客户足够兴趣并营销成功银行产品的营销方法。电话营销法需要的技能是对话题的掌握和运用。电话营销法的关键是获得信任,在最短时间内获得一个陌生人的信任需要高超的技能,只有在信任的基础上开始营销,才能达到营销的签约目标。有效起到顾问作用来赢得潜在客户的信任是营销工作的关键和最大难度。

有很多时候,销售的订单是要出来的。当银行大堂经理能够判定客户可以成交,而且银行大堂经理主动提出成交的建议后客户也不会拒绝,那么买卖是可以做成的。银行大堂经理可以利用简单明了的语言直接向客户提出购买产品的建议或要求,这个方法适用于以下三种情况:其一,网点的老客户;其二,银行大堂经理指导客户对自己的推销感兴趣,主要是客户自己还拿不定主意;其三,客户提不出异议,但就是不想主动提出成交。银行大堂经理可以给客户两种选择,让客户只能在你所限定的两种选择内进行选择,让客户只能选择一款产品。银行大堂经理要多强调产品能够给客户带来哪些利益。银行大堂经理可以利用机会不再去应对那些犹豫不决的客户。

在销售中,如果客户之前没有买过银行的产品,或许还真不清楚以下几种情况:选择的产品中哪款更适合自己;优惠的购买金额;最佳的合同期限安排;付款结算的方式;购买的正常程序。银行大堂经理应该努力尝试以下的方式方法:要向客户主动介绍所需要的信息,诚实回答客户的提问,方便他们做出正确的购买决定;要帮助客户避免出现错误的购买决定,这样可以为自己赢得更多的销售机会;银行大堂经理知道客户肯定会犯错,可以用书面的建议告诉客户,当客户真正发生错误决定后,银行大堂经理可以拿出证据向客户证明自己曾经试图努力帮助过客户,只不过客户没听而已。

有些客户对产品或服务的价格比较敏感,感觉把收费压得越低会越好。银行大堂经理应该学会引导客户谈价钱,告诉客户与其他银行的产品或服务相比,同样的收费能够换取更高的安全性和收益率,帮助客户比较产品或者服务,这样一来,显示了银行大堂经理的诚信,同时让客户更加信任银行大堂经理的理由。银行大堂经理要向客户证明产品为什么卖这个价格,告诉客户一些产品成本情况,分析一下产品能够给客户带来的实惠。银行大堂经理可以让客户打听之前已经购买过产品的人,问他们投资产品所带来的收益回报。

案例4-13:在互联网及其通信技术快速普及的今天,银行大堂经理应该学会营销客户使用网上银行和电话银行及其智能设备来处理自己的日常金融业务。开学了,来银行网点为子女邮寄学费的家长多了起来。针对客户的需求,网上银行和手机银行更容易被营销出去,说服客户最管用的语言是"省钱是硬道理"。银行大堂经理只要简单的为学生家长算一笔账就清楚了：学费加生活费每年两万元，分10次汇给孩子，每笔需要手续费10元，一年100元，如果用网上银行费用50元，手机银行30元，经济上省钱不说，还可以省去跑网点及其在网点里排队等候的时间，并且操作方便，何乐而不为呢？当然，有时也遇到"不差钱"的客户。但是，还有网上银行和电话银行提供的定期活期互转、生活交费、网上购物等诸多功能也是令客户欣然接受的好渠道。如果遇到"差钱的"客户，不愿花钱购U盾，送上动态口令卡就是最好的选择，特别是手机银行停止收取手续费以来，就像开辟出了一条通往银行的"绿色通道"，人气越聚越盛。

案例4-14： 12月19日，大堂经理李媛媛值班时，发现一位客户正在填写取款凭条，而根据本行规定，5万元以下存取款是不需要填写单据的。于是她走上前礼貌问候："您好，请问您要办理什么业务？"那位女客户拿出几张存单给她看，说："别人给我付的货款，给了4张存单，我取钱。"李媛媛看了下，那是20万元，于是再次询问客户："请问您提前预约了么？"客户反问"预约什么，我自己的钱！取多少钱还需要预约？这么多人，我还得等多久？我着急走呢！"李媛媛看了看客户手里取的号，笑着说："根据规定，大额取款5万元及5万元以上需要提前一天预约。不过您别着急，我给您问问，如果现金充足的话，一定满足您的需求。"小李并帮助客户填写好取款单据，开始有意识的跟这位客户沟通。在沟通的过程中，大堂经理的服务态度让客户逐渐平静下来，并随着银行大堂经理来到VIP客户室。李媛媛试着询问客户："您取这么多现金带出去多不安全，如果要给别人付款的话，也给存单不就可以了么？"客户说："这钱我最近要用，但不知道是什么时候，我朋友说隔壁银行有个14天的理财产品挺好的，我想去隔壁银行买理财。"李媛媛意识到这是一次良好的销售机会，起身便说："大姐，您怎么不早说啊？我们行也有理财产品啊，短期长期都有。您看这样，我让理财经理来给您详细介绍一下，看有没有适合您的。如果有，您就不用取钱了，也省得您带这么多现金不安全。如果没有，您再取钱，好不好？"李媛媛一边说，一边倒了杯水给客户。客户犹豫了一下，还是说："好吧！"理财经理仔细倾听了客户的资金流动情况和需求，根据客户的风险承受能力建议客户把小部分用不着的钱尝试购买本行"月月升"产品，虽然期限较长，但是收益更高。由于当天是周六，无法购买理财产品，理财经理在征得客户同意的情况下和客户互换了名片，约定周一下午客户再过来购买"日日升"。周一，理财经理亲自接待了那位客户，帮助她快速办好相关手续。在办理业务的过程中，不失时机的向客户推荐了本行VIP贵宾卡，还为客户引荐了销售经理栾淑花，这让客户充分感受到了自己在这里受到的重视。办理完相关手续后，这位客户非常愉快的与他们告别，并表示今后还会再来。

案例4-15： 大堂经理小苏曾遇到一位特殊的客户农民工，那是一位四五十岁的阿姨，只见她东张西望地走进我们银行大门，用询问的目光注视着柜台里面的每位员工。那天正好是小苏担任大堂经理。小苏走到客户跟前微笑着向她问候："您好！请问您要办理什么业务？"阿姨小声说道："你给我看看我这个月发了多少钱？"小苏立即将其引导到自助设备补登存折。阿姨拿着存折注视了好一阵子，问大堂经理小苏："存款能得多少利息？"小苏连忙回答道："阿姨，定期存款利息多，活期存款利息相对比较少，您看您的钱如果常用，就存活期，不常用就存定期。定期有三个月，半年……而且我们家有一款银保产品也不错，适合您这个年龄段的人，我给您详细介绍一下，可以吗？"小苏根据阿姨提出能得多少利息问题，以最快的速度一一准确的算出利息。当她解答了阿姨所有疑惑并准备要帮助其填写单据时，那位阿姨却说了一句："啊，我就是随便问一问。"听到这话，小张顿时觉得很泄气。可是她还是面带微笑，亲切地对阿姨说："没关系，您有什么不明白的地方尽管问，等资金方便了再过来！"接着，同阿姨说了几句告别的话语，阿姨连连点头，笑着离开了。意想不到的是，仅过了一个多小时，那位阿姨又来了，这次，她拿来了 6 万元钱，主动找到大堂经理小苏表示："你服务态度好，我愿意到你们这儿存钱。你给我看看，我这个钱怎么存合适？"小苏与客户反复沟通后，阿姨同意将这 6 万元投资了本行一款 5 年期的理财产品。后来阿姨更是成为了小苏的忠实粉丝，并将存款 12 万元转存到了网点一个 7 天通知存款产品。钱虽然不多，却让小苏的心里涌起了一股成就的潮水。

有着大堂服务经历的员工都会有这样一种切身感受，那就是客户会随着银行大堂经理共同成长。当你走向银行大堂经理这个职位的时候，你所服务的客户可能只是一个极普通的存款客户而已；但当你在这个岗位上面已经游刃有余的时候，你所服务的客户也已经成为重要的理财客户了；而当你成为银行网点独当一面的理财专家的时候，你所服务的客户已经成长成贵宾级的大客户了。银行大堂经理成熟的素养和客户长期密切接触所建立起来的友谊，是客户信任和听从银行大堂经理"指挥"的基石。目前，随着网络技术特别是 APP 软件的大量使用，使得面对客户营销的方式方法发生了很大的改变。APP 软件会通过数据分析技术匹配展示客户最佳的产品和服务，同样，银行大堂经理会借助后台积攒的大量分析数据来匹配客户需求。从某种意义上讲，网点现场的营销更具智慧和情感温度，APP 工具的营销更加突出高效和快节奏。在对服务信誉有承诺并尊重客户意愿的前提下，APP 软件工具的买点是空间和时间不限条件下的匹配和多种选择；而网点营销的关键仍旧是怎样抓住时机来坐言起行的问题。需要强调的是，银行大堂经理要向客户销售他们真正需要的产品和服务，而且要注意营销方法的使用，特别是如何发现客户潜在的需求以及引导客户自己去发现需求所在，同时帮助客户做出购买的重要决定。

☺ **总结提炼**：根据所学相关知识及其生活观察，解读不同性格类型客户的购买信息产生的语言信息特征、动作信息特征和表情信息特征，填入下列表格空格里面（见表 4-4）。

表 4-4 不同性格类型客户的购买信息产生的语言信息特征、动作信息特征和表情信息特征

客户的购买信息	情感型客户	独断型客户	理智型客户	谨慎型客户
语言信息特征				
动作信息特征				
表情信息特征				

第八课　把客户当回事客户才会有好事想着你

2018 年度中国零售百强显示，屈臣氏中国销售规模位列第 33 位。屈臣氏成功的重要因

素是它视顾客关系为关键资产，通过顾客关系的维系，将企业对客户的情感持久的经营下去。而针对不同顾客设计不同的营销策略，是屈臣氏维系客户关系的基础。面对潜在客户和目标客户，屈臣氏要求员工仔细观察，主动接触，尽量详细介绍产品或者服务，耐心解答顾客提出的问题。对价格敏感的顾客，屈臣氏则要求员工记下顾客的联系方式，等有打折促销活动时再联系顾客进行购买。员工在与客户第一次购买交流中，要进行有针对性的交流，目的在于让顾客感受到关怀与呵护，努力与他们建立一种相互信任的关系，增加他第二次光顾的可能性。屈臣氏的调研数据显示，重复购买客户和忠诚客户的成功率则会在50%左右，对重复购买客户和忠诚客户的管理是屈臣氏客户管理的重点。屈臣氏要求员工在接触老客户时，要主动询问最近使用产品和享受服务时发现的问题，听取他们的意见或建议，然后根据他们的要求或需要对产品和服务进行改进。18岁~35岁的女性消费者是屈臣氏产品的消费主体，但追求舒适的购物环境，为了方便"最有价值客户"，在选址方面，最繁华的一类商圈一直是屈臣氏的首选，货架高度也从1.65米降低到1.40米，主销产品在货架的陈列高度则在1.3米到1.5米之间。光顾过屈臣氏的客户都有这样一个共识：我要买的，屈臣氏都有；我要买的，只有屈臣氏才有。屈臣氏有自己的官方网站商城，可以浏览屈臣氏代理的所有品牌以及产品，还可以在线咨询美容、健康顾问。屈臣氏的价格折扣是在特殊活动中才有的，如果客户在没有价格折扣的情况下购买产品，店员可以通过赠品来弥补客户的不满足感。在屈臣氏购物会大大降低了客户的时间成本，而且客户的体验满意度越高，越喜欢和好友分享，自然会提高客户忠诚度。对于忠诚客户，屈臣氏要特别记录，这样有利于了解忠诚客户的生活习惯，然后根据这种习惯，投其所好，大大增加客户对企业的好感及其忠诚。当客户对购买产品不满意时，店员一定要做出合理解释，并要把客户不满的原因记录在案，找到客户不满意原因，采取针对性措施尽力或极力挽回客户。客户流失到竞争对手的领域，则要参照竞争对手的营销策略，根据流失客户所需，改变自己的营销策略。屈臣氏的巨大成功还在于其运用CRM长期保持和会员客户的关系，培养出了忠实的客户群。CRM是屈臣氏经久不衰的重要内容。

目前，个人客户资源已经成为商业银行网点竞相争夺的热点。银行大堂经理如何在工作中建立与客户长期合作共赢的关系，是银行网点面临的长期而艰巨的任务。客户综合价值由客户显性价值、客户潜在价值和客户成长价值所构成，各价值要素通过个人交易行为直接反映在银行业务数据库中。银行可从数据库调取客户的业务数据并对客户价值进行分析评估。影响客户成长价值和潜在价值的关键因素之一是财富存量，它直接决定了客户的成长性以及客户潜在价值的大小。银行要从长期的、动态的角度来评估客户价值和基于客户价值进行产品市场细分，针对不同目标市场，制定相应的客户服务模式，包括产品设计、价格制定、渠道选择、营销方式选择，从而建立有效的银行客户关系维护和管理模式。

银行大堂经理应该学会对客户进行全程跟踪服务，以提高客户的满意度和忠诚度。为了达到对客户服务的最佳程度，银行大堂经理应该提倡开展顾问式营销和服务营销理念，提升客户关系温度。商业银行应认真研究客户金融消费心理活动规律，根据客户金融消费周期来描绘客户追求的价值结果所经历的关键增值阶段，再对每个关键阶段的增值机会进行评估并找出最佳增值方案，递进客户关系。同时应将客户关怀贯穿于营销的各个关键阶段，在重要的日期开展针对目标客户的关怀或者联谊，真诚的与客户交朋友，注重与客户关系的递进和发展，与客户保持连续性关系，以优质的服务贯穿于金融产品营销的全过程，提高客户满意度和忠诚度。

　　如何搞好人际关系在银行业同样是一个让人感兴趣的话题。受客户欢迎意味着银行大堂经理对自我的肯定。一个人可能一时不在乎别人是否喜欢他，但是他不可能所有的时候都不在乎。能否与客户交流沟通好，也是银行大堂经理在处理人际关系问题上的一种"本领"体现。处理好与客户的关系，关键是要意识到客户需求的存在，理解客户的感受，既满足自己，又尊重客户。加强客户关系沟通需要遵循相关的一些原则。第一是银行大堂经理要对客户真诚。真诚是打开客户心灵的金钥匙，因为真诚的银行大堂经理会使客户产生安全感。越是好的人际关系，越需要双方暴露一部分自我，也就是银行大堂经理把自己真实的想法与客户进行交流。真诚不一定会让客户接受，但是不真诚更会让客户无法产生信任。第二是接触客户要有主动性，要让客户感觉你是非常友好的。主动表达并有介绍的真诚，抓住客户所需，争取能够使客户产生受重视的感觉。主动的银行大堂经理往往令客户产生好感。第三是银行大堂经理要与客户多加来往。人们之间产生信任都是在互动中产生的，善意和恶意都是相互的结果。真诚换来真诚，敌意招致敌意。银行大堂经理与客户交往应以良好的动机出发，做到事后经常性的走动和来往，自然会产生相互支撑的意愿，银行大堂经理的营销自然也是水到渠成之事。

　　在工作中，银行大堂经理会面临不同的客户，而在工作中银行大堂经理又应如何处理与客户的关系，并能增强与客户的联系呢？与客户寻找共同话题可能是个不错的选项。如果工作中找到了潜在客户，并且关系处理的很好，客户就会喜欢你，信任你，并且购买产品和接受计划。而只有那些能引起顾客兴趣的话题才可能使整个沟通充满生机，不仅要活跃沟通氛围还要在最短的时间内增加顾客对你的好感。通常情况下，银行大堂经理可以通过以下话题引起顾客的兴趣：提起客户的主要爱好，试探式的了解是否愿意与你交流；谈论客户的工作或客户感兴趣的话题，如客户在工作上曾经取得的成就或对将来生活的美好前途；询问客户孩子或父母的信息；谈论时下大众比较关注的投资及其理财问题；和客户一起怀旧。银行大堂经理对客户十分感兴趣的话题，是可以通过问询和认真的观察分析进行而得到的，然后引入共同话题。银行大堂经理在与客户进行沟通之前，有必要花费一定的时间和精力对顾客的特殊喜好和品位、投资需求进行研究，这样在沟通过程中才能游刃有余。银行大堂经理要理性地去建议客户，对客户的工作应做到真正替顾客着想，为顾客提供真诚的建议。若出现某个适合客户需求的产品时，应积极向顾客做好产品的推介。这样做既不影响销售，又提高了顾客的满意度。

　　银行大堂经理应学会管理客户关系。其实，倾听和有效沟通一直都是维护客户关系的另一个重要组成部分。学会积极的倾听，使客户认为你尊重他，才有可能做到有效沟通，建立坚实的客户关系。银行大堂经理在倾听客户所述内容时，要集中精力，专心致志。这是有效倾听的基础，也是实现良好沟通的关键。银行大堂经理不要随意打断顾客谈话，尽量谨慎反驳顾客。要注意倾听的礼仪，保持视线接触，表情自然，耐心聆听客户把话讲完，插话时要经顾客允许，使用礼貌用语。除了学会倾听，银行大堂经理管理好客户关系同样非常重要。它不仅是一个不断加强与客户交流的方式，更是不断了解客户需求，不断对产品及服务进行改进和提高的一个助手，也是达到满足客户需求的连续过程。银行大堂经理要提高对客户关系管理的认识，打开各种信息收集的渠道，了解客户的各种需求并给以帮助和解决。客户关系管理是一个重要技术手段。银行大堂经理需要提供更快速和周到的优质服务来吸引和保持更多客户资源。而且良好的客户关系管理，能极大促进业绩增长。一旦客户关系管理好了，就会使客户在遇到问题时，及时通过系统与银行大堂经理进行联系。

案例 4-16：临近春节的一天，一位年迈的老奶奶来到农商银行网点，走到大堂经理王妍的服务台前说："你们这有没有什么产品可以让我的钱想定期就定期，想活期就活期呢？""您好，您说的是'定活两便'吗？"王妍急忙起身回应道。"大概，是吧！"老奶奶的回答让王妍多少还是有些顾虑。为了避免客户因对产品不熟造成不必要的损失，保证顾客利益最大化，王妍耐心地向老奶奶解释"定活两便"利息的计算方法。"老奶奶，您都明白我说的意思吗？""老奶奶，您还有什么不清楚的吗？""老奶奶，您觉得这样的存期您能接受吗？"王妍不断重复地向老奶奶进行着介绍。为了使其更明白产品内容，整个咨询过程持续了 20 多分钟。银行柜员顺利将存折递给老奶奶，周围的不少客户看老人这么大的岁数还出来亲自办业务，七嘴八舌说什么的都有。老奶奶不好意思地说道："人老了理解能力比较差，你今天帮我解释得很清楚，谢谢你呀，小姑娘！现在难得有年轻人对老人这么有耐心啦！""你们这里怎么不评价大堂经理的服务呢？小姑娘服务的这么好应该给个'满意'才行。"老人边走边回头看着王妍。王妍的心里感激得很，"老吾老，以及人之老"，说不定我们的家人哪时也需要他人的帮助。日后接触中得知，这位老人在本行只有 5 万元钱的存款，而且平时在存取款的时候动作很慢且经常唠叨，许多客户很反感她。但只要碰到王妍，小王都会帮她办好相关的手续。后来熟悉了以后，老奶奶来存款的时候都会事前和王妍电话联系一下。有一次来网点时，老奶奶听说王妍有存款指标，就问王妍相差多少任务数，王妍随口说大概是 3800 万元左右的对公存款，还有 10 张卡的任务没有完成。老奶奶当时并没有回应，仍旧是慢腾腾的离开了网点，王妍也并未将老奶奶的询问真当回事。可第三天一早，老奶奶领着个领导模样的中年男士来到网点告诉王妍这是她的儿子。原来，老奶奶的儿子是一家民营建筑公司的经理。老奶奶回去后要求儿子把基本户移到王妍所在的网点，还帮着王妍当天就完成了 50 多张信用卡的开卡指标。那天夜里，王妍躺在床上翻来覆去怎么也睡不着，她的眼睛是湿润的，她想到了许多许多……

案例 4-17：某日午后，一位孕妇区女士来支行网点办理国际汇款业务，正在值班的大堂经理韩笑笑见到客户后就主动招呼、了解办理的业务类型、取号，并引导客户填写购汇单据。由于客户无法提供境外收款银行的 SWIFT 代码，客户非常着急。小韩一边安抚客户焦虑的情绪，一边安排其他同事协助查询 SWIFT 代码，并详细地介绍了一些境外汇款的注意事项和收费标准。由于境外汇款办理程序较复杂，客户需要等待较长时间，等区女士办完国际汇款后，可能是孕妇且天气燥热的原因，此时区女士的脸色有点泛白，额头上开始沁出虚汗。小韩一边给客户倒了杯温水喝下，一边赶紧招呼网点女员工过来引导客户到贵宾室休息。细细一问才知道，由于家人出差了，区女士是自己开车来的网点，真的是有点着急出乱子。小韩跟客户问了家庭地址，由于距离支行网点并不远，于是小韩亲自开着区女士的车护送客户回家并将车子停在地下车库指定位置。第二天，小韩主动打电话问询区女士的身体状况和境外汇款是否已经收到，区女士确认境外亲属已经收到汇款，且非常感谢银行昨天对她提供的帮助。过了大概一个星期的时间，小韩又接到了区女士的联系电话，再次表示谢意，并表示从其他银行转入 200 万元到汇款开立的账户上面，希望小韩能在怎样关注汇率变化并把握购汇时点方面给些具体指导。由于韩笑笑专业和周到的服务，区女士陆续从他行将资金和个人业务相继转入小韩所在的支行网点，让韩笑笑深刻体会到细节服务和友善待客的

"回报"。

案例4-18：9月8日下午，坪镇桥两名客户来到农商银行仁和坪支行为家中老人代为办理存折取现业务，经办柜员多次提醒后，密码错误次数仍然超限，导致客户的存款账户被锁定。按照规定，锁定后必须由账户本人携带身份证前来才能办理密码解锁和挂失业务。大堂经理小周见客户在大厅内坐立不安、十分焦急，便上前询问，得知该存折账户本人年迈病弱，无法自由行动。客户带着哭腔说道："我母亲患了癌症，已经无法下床，每天需要人陪护，今天女婿回来了就带着我来取钱买药，家里还专门请了人照看，这下钱取不出来可要怎么办啊？"了解到客户的难处后，大堂经理小周先是安抚客户情绪，然后第一时间将此事汇报给了网点会计主管，并将该特殊情况向支行行长做出了报告。经商量，支行决定于第二天为客户进行上门服务。9月9日下班后，顾不上吃晚饭，大堂经理、柜员、会计主管一同前往客户家中。山路蜿蜒崎岖，一个多小时的车程，经过山路、泥泞路，一番波折之后终于到达了客户所在的村子。陈旧潮湿的老房子，昏暗的灯光，在与老人简短交流之后，便迅速为其核实办理了相关业务。对于网点人员的来访，老婆婆很是感动。离开客户之前，婆婆拉着大堂经理小周的手无语凝噎，小周感受到客户最诚挚的感谢。今年网点再次来到坪镇桥拓展存款和贷款业务，老婆婆的家人带着小周一行人挨家挨户进行宣传，小周和同事们一直忙到深夜还是差着20多户的人家没有办完开户，但朴实的乡亲们都说"不用急，你们先休息！明天一早我们再来。"小周真正感到为客户解决困难，客户是如何进行回报的真实。

银行大堂经理维系客户关系其实并非需要组织专门的活动或者破费专门的钱款，关怀客户的行为其实在网点服务中随时都在发生着，而且与客户情感关系的建立都是一些看起来鸡毛蒜皮的小事，但就是这些情感事件的不断积累，最终才能换来了客户对银行大堂经理的信任，也才能带来好的营销效果。产品营销有时看起来更像是感情经营，银行客户的维护其实是很简单的。和客户建立感情要从小事做起，不要因小而放弃或者忽略。需要强调的是，和客户保持联系并不是要求银行大堂经理频繁"骚扰"客户，过度联系反而会使客户感到厌烦。可以在新产品推出或账户有重大变动时和客户做一下简单沟通就可以了。要让客户感觉到银行大堂经理的确是个理财的行家，让客户对银行大堂经理产生好感和信任。

💧 **总结提炼**：根据所学相关知识及其实践积累，对商业银行网点不同存量客户类型关系维系所涉及的客户关怀范围、产品推荐方式、情感联系手段、享受专属服务及其客户投诉处理的主要办法填入下列表格（见表4-5）。

表4-5　　　　商业银行网点不同存量客户类型关系维系的主要办法

客户关系维系	贵宾客户	理财客户	普通客户	睡眠客户
客户关怀范围				
产品推荐方式				
情感联系手段				
享受专属服务				
客户投诉处理				

第九课　跟踪客户

　　99%的时候我们都是差不多的，甚至都是正确的，可是我们必须要正视另外的1%，有时候竞争力只是少许的、点滴的、细微的差别。占全球零售总额2.06%的沃尔玛2018年全球零售收益4858.73亿美元。其实，沃尔玛在大数据还未在行业流行前就开始利用大数据技术跟踪客户。2012年，沃尔玛的Hadoop集群迁移把10个不同的网站整合到一个网站，生成的非结构化数据被收集到一个新的Hadoop集群。自那时以来，沃尔玛为了能够提供卓越用户体验，而在提供一流电子商务技术和在大数据分析路上加速向前。沃尔玛收购了Inkiru来提高其数据性能，在针对性的市场营销和反欺诈方面为沃尔玛提供支持。沃尔玛有一个庞大的大数据的生态系统在每天处理着数TB级的新数据和PB级的历史数据，其分析涵盖了数以百万计的产品数据和从不同区域来源的数亿客户。沃尔玛的分析系统每天分析近1亿关键词从而优化每个关键字的对应搜索结果。沃尔玛改变了导致重复销售的决策，带来了10%至15%在线销售的明显涨幅，增加收入近10亿美元。沃尔玛第一个利用Hadoop数据应用节省捕手技术，只要周边竞争对手降低了客户已经购买的产品的价格，该应用程序就会提醒客户，然后会向客户发送一个补偿差价的礼券。沃尔玛还利用Hadoop来维护全球1000多家沃尔玛商店的最新地图。数据挖掘可以帮助沃尔玛的客户找到最佳消费模式，该模式基于哪些产品需要一起购买或者购买特殊商品前需要购买某一产品的使用信息，向用户提供商品推荐。在沃尔玛，有效的数据挖掘增加了客户的转化率。沃尔玛通过关联规则学习，发现草莓果的销售量在飓风之前增长了7倍。沃尔玛通过数据挖掘确认飓风和草莓果之间的联系，使得它所有的草莓果在飓风前签出。沃尔玛目前能够跟踪具体的消费者。沃尔玛拥有详尽的将近1.45亿美国客户数据，大约占到美国成年人的60%左右。沃尔玛通过店内WIFI收集关于客户购买的物品、他们住的地方，他们喜欢的产品信息。沃尔玛的数据团队分析用户在Walmart.com的点击行为，消费者在店内和线上购买的物品，推特上的消费信息热议，重要的社交活动，天气偏差如何影响购买模式。所有的活动都是由数据算法捕获和分析从而识别有意义的数据信息，而这可帮助数百万客户享受极具个性的体验。典型案例是沃尔玛通过分析社交媒体数据发现了热搜词"蛋糕棒棒糖"。沃尔玛迅速反应，于是蛋糕棒棒糖在各个商店上架。沃尔玛基于用户购买历史，通过大数据算法分析用户信用卡购买行为从而向其客户提供专业建议。其实在2007年，沃尔玛就推出了客户"商品评价和打分系统"，无论是商店销售的商品还是网上销售的商品，客户都可以在这个平台上对所购买的商品进行评分并发表意见。同时，沃尔玛也可以通过这个平台及时的获得客户对商品的看法及意见，了解客户真正的想法和需求，使沃尔玛能对产品的采购、销售和服务做出更好的规划及定位，给顾客提供更好、更优质的服务。在沃尔玛，大部分驱动决策的数据是基于社交媒体Facebook、Pinterest、Twitter、LinkedIn。沃尔玛利用社交媒体分析产生零售相关数据见解，帮助企业的产品上架与数百万客户相遇。最好的产品可以在沃尔玛商店卖给数百万客户。沃尔玛的社交媒体分析项目运营在600亿个社交文档上的可查找索引，帮助沃尔玛的商家实时监控情绪和流行热点，或者是统计过去的趋势。该项目还可以看到社会情绪和社会热点水平的地理差异。项目也有一些工具能帮助产生关联性，如在walmart.com上的婚姻趋势搜索，在沃尔玛实体店销售趋势和一个地方的社会热点趋势。目前，移动电话客户对沃尔玛是极其重要的，因为智能手机消费者大多出行且出行移动消费比店内消费多77%，手机用户购买量每年占沃尔玛销售量的1/3，在节假日的时候大约占40%。沃尔玛利用大数据分析技术提高它们移动应用的预测能力，通过分析客户每周购买数据，帮助客户生成一个购物清单。沃尔玛的移动应用程序由可告诉用户想购买商品的位置，并且该应用帮助客户通过提供Walmart.com上类似产品的折扣推动用户购买。沃尔玛移动应用的地理围栏技术能感知顾客是否进入沃尔玛商店。移动应用商店模式帮助顾客扫描提供折扣的或是他们本身想买的产品。

和沃尔玛客户维系原理相同的是，银行大堂经理同样需要维系好与客户的关系，让客户转介绍或二次购买。其要求一是坚持主动跟踪客户。第一是主动联系并跟踪客户，而不是被动的等待客户的召唤。很多银行大堂经理给客户发送了资料或通过一次电话后，就开始守株待兔，希望客户会主动联系他们。银行大堂经理不应该遵循这一被动守则，而是积极主动的与客户沟通见面，询问客户对于银行产品和服务的报价还有什么疑问或者需求，需要银行大堂经理做什么工作，这样做的好处非常明显：一方面表达出了银行大堂经理的诚意和服务姿态，尊重和重视客户；另一方面也便于银行大堂经理随时了解客户的真实需求，掌握产品营销的进度；同时，避免了造成与客户的信息不对称，客户无从联系到银行大堂经理。现实社会中，客户很多时候是不愿主动联系银行大堂经理的，他们更希望得到银行大堂经理的关怀。第二是坚持与客户的沟通和联系。银行大堂经理跟踪客户，应该是全方位的、多形式的跟踪客户，电话、短信、微信都可以使用；总之，要保证每个星期与重要客户至少1次以上的沟通和联系，银行大堂经理要学会在每周给已经签单的客户，即将签单的客户，重点跟踪的客户，需长期跟踪的较重要的客户逐一发送问候短信息。绝对不能群发给客户，严禁出现错别字，发送的短信息最后一定要署名。其要求二是坚持做好快速响应。第一，给客户一个明确的时间。当客户提出需求时，银行大堂经理要在第一时间给予对方一个明确的时间。客户要求银行大堂经理提供一个全面的解决方案和报价，评估设计这个解决方案和报价大概需要多长时间，然后告诉客户银行大堂经理会在什么时间内给他发送过去。有些营销新人要么轻易承诺，要么不明确回复，这样就会给客户留下很不好的印象，造成后期产品销售停止。当场不能明确时间的，必须在约定的时间内给予客户明确的反馈。银行大堂经理应去咨询相关部门，了解解决问题大概需要的时间，然后在第二天上午（也就是约定的时间内）直接联系客户，给予客户一个明确的回复。第二是说到做到。给客户进行了承诺，那么接下来的工作，就是全力完成银行大堂经理的承诺，做到说到做到，给予客户最大的诚信度和信任！涉及其他相关部门，尤其是平台部门，就需要银行大堂经理更积极主动的去沟通，去公关。对于重点客户，尤其是已经签单的重点客户，我们必须学会加强对客户的回访工作，主动与客户沟通，提前了解和发现问题，从而在问题积累之前，将问题给解决，从而赢得客户更大的满意度。

对于重点客户，更多的时候是在有限的时间内，银行大堂经理应做好拜访工作。银行大堂经理每次拜访客户的任务包括以下五个方面：第一是销售产品。这是拜访客户的最主要任务，也是银行大堂经理生存的需要。第二是市场维护。没有维护的市场是昙花一现。银行大堂经理要处理好市场运作中问题，解决银行与客户之间的矛盾，理顺渠道间的关系，确保营销关系的稳定。优质客户长期不维护，业务份额就会不断下降。第三是树立形象。银行大堂经理要在客户意识中要建立自己的良好形象，这将有助于银行大堂经理赢得客户对其工作的配合和支持。第四是信息收集。银行大堂经理要随时了解和监控市场产品销售态势。根据市场的需求改良现有产品，或是把握需求关联销售银行其他产品。第五是指导客户。银行大堂经理不能是只会向客户要业务的人，而是应该给客户出主意的人。只会向客户要业务的银行大堂经理获得业务的道路将会很漫长，给客户出主意的银行大堂经理会最终赢得了客户的尊重。要实现拜访客户的五大任务，银行大堂经理在拜访客户前，应做好以下工作：

1. 销售的前期准备。（1）银行大堂经理在拜访客户之前，要了解你自己有什么。了解本行产品的销售政策和价格政策。尤其是在银行推出新的产品销售政策、价格政策时，更要了解新的销售政策的详细内容。当银行推出新产品时，银行大堂经理要了解新产品的特点、卖点是什么，不了解销售政策，就无法用新的政策去吸引客户；不了解新产品，也就无法向客户推销新产品。（2）有明确的销售目标和计划。银行大堂经理要为实现目标而工作。销售准则就是：制订销售计划，然后按照计划去销售。销售人员每次拜访客户，都要明白，自己拜访客户的目标是什么？如何去做，才能实现目标？（3）销售技巧准备。掌握销售技巧，用专业的方法开展销售工作。（4）整理好自己的形象。银行大堂经理要通过良好的形象向客户展示品牌形象和企业形象。（5）检查必备的销售工具。推销工具犹如侠士之剑。凡是能促进销售的资料，销售人员都要带上。销售工具包括产品说明书、企业宣传资料；名片；计算器；笔记本、钢笔；价格表；宣传品；样品；剪报；订货单。

2. 行动反省。银行大堂经理要将已经完成的客户拜访情况做一个反省式的自检，发现不足之处，及时进行改进和补救。银行大堂经理可分为两种类型：做与不做的银行大堂经理；认真做与不认真做的银行大堂经理；工作完成后总结与不总结的银行大堂经理；改进与不改进的银行大堂经理；进步与不进步的银行大堂经理。前一类银行大堂经理往往伴随着成功，后一类银行大堂经理往往伴随着失败。反省的内容主要是：（1）上级指示是否按要求落实了。银行大堂经理的职责就是执行落实领导的指示。销售人员每次客户拜访前要检讨自己，上次拜访客户时，有没有完全落实领导的指示？哪些方面没有落实？今天如何落实？今天去销售什么，要达到什么样的工作目标。（2）未完成的任务是否跟踪处理了？（3）客户承诺是否兑现了。（4）近期的工作安排。今天的客户拜访是昨天客户拜访的延续，又是明天客户拜访的起点。银行大堂经理做好路线规划，统一安排好工作，合理利用时间，提高拜访效率。哪些客户可以顺路拜访，哪些客户可以顺带手传递回单等，应当做好统筹规划。

3. 进行客户指导。银行大堂经理拜访自己的客户时，如果能够帮助客户现场发现问题，并提出足以让客户信服的解决办法，则肯定是双赢的做法。银行大堂经理每次在拜访客户时，不是和客户东拉西扯说闲话，而是到客户的财务部、销售部看看，和客户手下的人谈谈，这样就可以真实的了解客户的信息，同时挖掘合作的机会。请客户吃百顿饭，不如为客户做件实事。银行大堂经理每次拜访客户时，抽出一两个小时的时间，培训自己的客户相关业务知识。多年的银行工作经历讲的肯定都是实际有价值的干货，很快就会赢得客户的好感。当客户都尊称你是"老师"的时候，他们肯定会大力助推你的产品。其次采取顾问式销售的模式，多给客户出主意、想办法，做客户生意场上不可缺少的有力臂膀。银行大堂经理应当是客户问题的解决者。当客户遇到问题时,能找到银行大堂经理,并且银行大堂经理能帮助客户解决难题,才会赢得客户尊重。而且正确处理客户投诉是银行大堂经理的基本功。正确处理客户投诉能够有效提高客户的满意程度,从而增加客户推广银行产品的积极性,给银行带来丰厚的利润。

4. 银行大堂经理在客户拜访结束后,还要认真做好以下工作:(1)填写销售报告及拜访客户记录卡;(2)落实对客户的承诺;(3)评估销售业绩。对拜访目标和实际结果进行比较分析,目的是让银行大堂经理把重点放到销售成果上,同时提醒自己,多思考改进的方法并且在下一次的拜访中落实这些步骤。银行大堂经理应思考自己是否达成拜访目标?如果没有达成,检讨分析具体原因;银行大堂经理应该想想自己的优点是什么?哪些方面还需要改进?最好把它们写下来。

案例 4-19:每晚 8 点来钟,东直门来福士广场总有一群大妈上演红色经典舞蹈,手上高举着玩具枪、敲打着架子鼓甚是惹眼。在广场舞的舞阵中还有个 20 岁的小伙子格外显眼。只见小伙子一会儿起劲的敲着架子鼓,一会儿打着小镲,一会儿戴上钢盔、贴上胡子扮演日本鬼子。哪位大妈跳累了需要喝水,他接过大刀就能补位接着跳,直到下一曲大妈再上场。不难看出,他对整场表演非常娴熟,每个角色都能"无缝切入"。一个多小时下来,小伙子早已满头大汗。演出结束,他又忙活着将大件乐器和服装道具逐一搬上面包车。老人们对这位年纪最小的团员也很疼爱,不时有大妈为他递毛巾,大叔给他递烟。原来,年轻人是平安银行的大堂经理小季,来跳广场舞主要是为拓展客户。小季是甘肃人,大学毕业不到两年。自从一年前无意中听说东直门有支人气极高的广场舞蹈队后,他几乎每天晚上下班后都来参加活动。银行大堂经理的收入有相当的部分来自零售提成,想要增加工资就得多拉客户。舞蹈队里四分之一的队员都是他的客户,其中不乏金卡客户。不仅跟舞蹈队队员混的熟,而且跟周围许多老观众也熟。观众中什么人都有。一位以前做房地产的阿姨常来看演出,慢慢被小季发展成了铁杆粉丝,客户在小季工作网点有上千万元的存款。据小季介绍,看中这支舞蹈队的银行网点不止一家。离老人们活动场地 20 米开外的另一家股份制银行,曾出资赞助舞蹈队部分乐器作为交换条件,舞蹈队则在活动时打出与该行有关的横幅"某某银行与您共舞财富人生""但他们并没坚持多久,觉得挖掘得差不多就撤出了。偶尔有小理财公司的人过来,但一直坚持下来的大概就我一个。"小季讲,下周就可以看到自己银行的横幅了,这是他向舞蹈队队长多次争取的结果。"我们没赞助什么,不过是买点矿泉水、出点修道具的钱而已。"小季很珍惜大堂经理的工作。家住北苑的他,每天跳完回家已将近 11 点。"下班没法陪女朋友了,只能周末补偿她。能进这行是我的运气,辛苦点儿不算什么。现在好多叔叔阿姨拿我当干儿子,邀请我去他们家里打麻将,我回老家还送我东西。销售做到这个份儿上,挺有成就感的。"舞蹈队一位大妈告诉记者,小季这孩子"挺好的",待人热情,推荐的理财产品也很适合老年人。一位大叔表示,自从几家银行与他们"接上头"后,大家买理财产品都会想着这几家银行,也会比较各行产品的收益。而对银行来说,跳广场舞的大妈们是非常优质的客户,大妈们有钱有闲,掌控家中财政大权;选择产品感性,被说服的几率比较大。她们对投资理财感兴趣,特别青睐稳健的银行理财产品。(摘自北京晚报 2014 年 8 月 10 日周日版,内容有调整)

案例 4-20:某行有位大客户,他的发掘过程颇有意思。早前这位客户来网点办理业务仅限于接收汇款,银行大堂经理对他一直很友善,并主动向其推介了"银信通"业务。他深有体会并多次表示在网点能够受到很好的接待。银行大堂经理在走访客户过程中了解到这位客户除了原有的"银信通"业务外还有理财方面的浓厚兴趣，于是主动向其推荐本行的人民币理财和基金产品。推荐给其的基金产品在股市行情较好情况下获得了翻倍收益。银行大堂经理慢慢的与这位客户建立了良好的信任关系。客户后来逐渐将他在其他银行的存款转移到该网点。一件事的发生使银行大堂经理与这位大客户的关系更进了一步。一次，客户的老母亲因出国要取美元，而网点柜台当时只有小票面现钞，这显然不便于出国携带。于是银行大堂经理就打电话给在其他网点工作的同学将这些小票面换成大票面，使客户的老母亲对网点的服务态度一百个满意。从此，客户对这家网点的信任度就更高了。以前客户在网点的存款仅有几十万元左右，在这件事后存款增加到百万元左右，自然也就成了该行的高质量客户。银行大堂经理深深懂得，取得客户信任只是第一步，跟踪维护客户则是更重要的工作。银行大堂经理发现一段时间以来这位客户来网点的次数少了，就想起上次他和太太来一起来网点办业务的时候，他的太太似乎快要临产了。银行大堂经理估计客户的太太已是产后了。于是银行大堂经理专门定制了鲜花送到客户的家里面，客户和太太非常高兴，再三邀请银行大堂经理去喝孩子的满月喜酒。银行大堂经理自然与客户成了极好的朋友并在投资理财方面向客户提供全面的资讯服务。目前，这位客户部分生意场上的朋友和客户也开始将资金陆续转入网点，而客户本人在网点的资产已经达到上千万元。

跟踪客户需要用平等的观念来对待客户，相信优质客户就在普通客户之中。最好是为每位客户建立一个全面的个人信息档案，将会使银行大堂经理的服务更加贴切和实用。从某种意义上讲，跟踪客户就是着眼于最大满足客户的需求，但银行大堂经理的工作却是从最小的事做起。相信客户，建立彼此信任，会使银行大堂经理得到最好的产品营销渠道。

☆ **资料分享**：阅读下面中国银行利用科技手段跟踪客户需求的文章并谈一谈你对跟踪客户需求新的工作思路。

中国银行是中国国际化和多元化程度最高的商业银行，树立了卓越的品牌形象。中国银行是连续几年来国内同业盈利最多的银行，2018年实现股东应享税后利润1800.86亿元，是连续16年进入世界500强企业的国内唯一的金融机构，并连续多年被国际金融界权威机构评为中国国内最佳银行。中国银行客户跟踪管理是一个不断加强与顾客交流，不断了解顾客需求，并不断对产品及服务进行改进和提高的连续过程。中国银行各项业务的开展都需要银行能够对客户进行充分彻底的了解。每一个重复进入银行的客户都能够被银行系统或者工作人员识别出，进而进行下一步业务服务。中国银行跟踪其客户信息通过直接渠道和间接渠道：直接渠道包括与客户的直接交谈和调研；营销活动中收集客户信息；通过售后跟踪获得客户信息。当然，中国银行还会通过公开出版物和购买咨询公司的报告来收集客户信息。中国银行还注意与其他行业进行一定程度的数据共享。像通过与航空公司的合作，让客户使用中国银行的借记卡或者贷记卡购买机票可以得到适当的折扣或者积分，从而共享优质客源。银行对客户信息通过数据综合整理，将客户识别的信息综合运用到银行商业活动的各个不同方面，从而方便客户参与到银行与客户的关系建设中来。对银行客户信息进行联网在方便客户随时随地享受服务需要的同时，还能帮助银行主动跟踪客户，而对客户信息进行及时更新并做到"与时俱进"，能够及时跟踪到客户服务需求并觅得商机。

什么样的客户对银行的发展最有利，有多少利，银行必须通过一定的手段鉴别出来，才能够区分出大客户和一辈子很少进入银行网点的客户。银行业60%的利润来自于10%的

"金牌"客户。要对客户进行细分,对客户进行差异化服务。只有对客户的需求价值进行彻底的了解才能够因人而异,对客户进行区别对待,为银行保留最大价值的客户。中国银行通过 ABC 分析法、TFM 分析法、CLV 分析法对其客户的客户价值、客户潜力、客户生命周期、客户需求进行分析,根据各个项目的不同对其进行分类,区分出最有价值的客户、最有增长潜力的客户、零点以下的客户、迁移的客户。中国银行通过三种分析方法对客户的各项指标进行分析,从中挑选出大客户,挑选出价值最高的客户,挑选出生命周期最长的客户,挑选出对银行忠诚度最高的客户,进而采取差异化的客户跟踪管理。大客户管理的目的是通过持续的为客户量身定制产品或服务,满足客户的特定需要,从而培养忠诚的大客户。中国银行诠释了"从优质客户处获得营业额,从次级客户处获得利润"的商业模式。置于顶端的高端优质客户给企业带来丰厚的资金来源及其利润源,在中银业务中占据着举足轻重的位置。对于次级客户,中国银行则通过风险补偿机制,提高客户的贷款利率,获得一定风险补偿。

中国银行为了在客户那里直接获取更多的有价值信息,会向客户提供竞争对手所不能提供的服务,不管是职员还是经理高层,都会与银行的客户进行典型的客户互动。中银工作人员与客户不管是网点面对面的交流,还是借助互联网实现两者之间的非现场互动,互动过程中获得客户的评论和想法对银行来说是至关重要的,它决定了银行是招来更多的客户还是流失掉更多的客户。而验证与客户的互动是否有效的一个办法就是向提供客户产品或服务后提供满意问答服务,及时了解客户的感受。中国银行根据自己的资源或者销售利润来决定与客户的互动预算和互动的活动内容,采取多渠道,多样式的客户互动方式,尽量避免客户产生排斥情绪。在众多客户里很多客户都有自己独特的需求,中国银行会根据自己客户的消费和需求开发出诸多不同的产品:在信用卡中会有好几种不同的利率和功能的卡,再比如企业客户和个人客户的区别对待。中国银行针对企业中高层管理者提供的白金信用卡则主要是针对该客户群国内股票减税、海外上市公司股权激励、海外投融资、高端专属理财、全球汇款服务、旅行支票的高端配套服务。面向代发薪企事业单位员工,中国银行可配套提供中银信用卡、个人定期约定转存和预约转账、基金定投、代缴费、汇款套餐、贷款、中银"富系列"理财服务,以形式多样、方便灵活的金融产品帮助客户实现财富保值增值。中国银行结合产品、网络技术、机构网点和资金清算方面的信息跟踪,为企业提供专属代发综合服务方案。促使企业网银代发产品的覆盖度更广;能够支持跨行代发;支持人事和财务人员代发权限分离。受到企业客户广泛的跟踪认可。中国银行曾依据客户的跟踪调查,定制客户专属的代发需要方案。如客户厂址距离中行的网点太远,工资发放后,员工取钱是个麻烦事,中国银行可为企业上门安置 ATM 自助设备,方便员工就近存取款。中国银行为企业客户员工办理工资 IC 卡,在卡中添加食堂、超市消费和门禁考勤应用,实现企业内部员工卡与工资卡合并。中行还应客户要求定制礼仪存单放入红包代替现金,该存单设计美观、携带方便,还有纪念意义,可依据企业提供的清单实名开立,企业员工持存单在全市中行网点都可取款。

为了满足高端客户的需求,中国银行于 2008 年建立了第一家私人银行用于争夺高端客户。私人银行客户 70% 为企业家,此外还有名人、明星。通过私人银行可以享有代买飞机票、享受私人健康医生、定制去南极旅游的线路、和高尔夫职业运动员配对比赛等高端服务。私人银行客户更注重资产配置。中国银行会花很长的时间跟踪客户的资产状况、对投资产品的喜好、风险承受能力,给客户出一份合理的投资理财建议,甚至还可请总行投资顾问为其定制专属理财产品。

进入 2018 年，在渠道建设方面，中国银行的手机银行实现"千人千面"、语音导航与搜索、中银直播间功能，客户体验得到全面提升。截至 2018 年底，手机银行签约客户达 1.45 亿户，较上年增长 26%，活跃客户大幅增长，全年交易金额 20.03 万亿，较上年增长 83%。智能柜台网点覆盖率达到 100%，先后推出移动柜台、现金版智能柜台等新设备形态，形成了贯通对公对私、现金非现金、居民非居民、场内场外的智能服务体系。在产品创新领域，2018 年中国银行推出智能投顾产品"中银慧投"，运用"AI + 专家顾问"人机结合模式，跟踪客户资产配置的服务。截至 2018 年底，累计销售额超 57 亿元、累计投资户超 10 万人。中国银行为首届中国国际进口博览会量身定制的"供需对接会"APP，在进博会期间共支持 1178 家海外展商和 2462 家国内客商进行了"一对一"的现场洽谈。中国银行通过引入大数据及其人工智能技术，交易模式实现了自动、程序、全面智能特征，期权自动报价时间由 300 秒缩短到 3 秒。在场景生态领域，中国银行整合场景以手机银行为统一入口，聚合金融非金融服务，深化第三方合作，推广分行和综合经营公司专区，打造集团综合金融移动门户；融入场景方面，优选中国银行产品，通过 SDK 嵌入服务、API 专用接口、公共 H5 服务等方式，融入客户聚集的线上线下场景，打造开放银行；自建场景方面聚焦中国银行在特定场景优势，基于全球撮合、复兴壹号、E 校园、E 社区等产品打造高频高黏性泛金融场景平台，不断提升活客水平。

第十课　来个时髦的"微沙龙"活动

"沙龙"一词最早源于意大利语"Salotto"，是法语"Salon"的译音，原指法国上流社会住宅中的豪华会客厅。从 17 世纪起，巴黎的名人且多半是名媛贵妇常把自家客厅变成著名的社交场所，进出者多为著名的戏剧家、小说家、诗人、音乐家、画家、评论家、哲学家和政治家。他们志趣相投，聚会一堂，品着饮料的同时，欣赏着典雅的音乐，或者抱膝长谈，无拘无束，从高谈阔论中吸取富于智慧的语言。其中一些文人学士往往在沙龙里还会朗诵自己的新作。沙龙文化在当时图书并不普及，各种媒体工具也不发达的年代，具有很大的社会影响，是一个展现自己扩大影响的极好舞台，并逐步风靡欧美各国文化界。第一个举办文学沙龙的人是德·朗布依埃侯爵夫人。由于其聚集了当时法国的许多名流及其学者，成为当时巴黎乃至整个法国最有名的沙龙。德·朗布依埃侯爵夫人出身贵族，因厌倦烦琐粗鄙的宫廷交际，但又不愿意远离社交，于是在家中举办聚会活动。她的沙龙从 1610 年起开始接待宾客，很快就声名鹊起。在她的沙龙里，成员彬彬有礼，使用矫揉造作却又不失典雅优美的语言，话题无所不包，学术、政治、时尚，甚至是流言蜚语。此后，这类沙龙通常由出身贵族的女性主持，她们才貌双全，机智优雅，被称作"女才子"。18 世纪后，沙龙的性质有所变化，谈论的话题更为广泛，不仅有文学艺术还有政治科学，有时也会出现激进的思想言论，因而那时的沙龙往往成为后期革命的温床。随后不久，由沙龙派生出来了只讨论政治问题的俱乐部。法国大革命期间，沙龙活动被禁止，之后尽管有所复苏，但也只是昙花一现，随后逐渐演变为"展览"的意思。最早的美展由路易十四于 1667 年举办。尽管法国大革命对沙龙有很大的影响，但沙龙仍风靡于欧美各国文化界，并在 19 世纪达到它的鼎盛时期。20 世纪的二三十年代，中国也曾有过一个著名沙龙，女主人就是著名的林徽因。目前，随着国内银行金融及其客户财富的快速增长，银行大堂在网点业绩贡献方面的位置越来越突出和重要。如何发挥银行大堂在营销方面的重要作用？如何让大堂致胜的理念在网点有效落实？如何让银行大堂里面等待的客户不再焦躁？如何让银行大堂成为网点产品推荐的有效场所……网点"微沙龙"形式开始受到众多商业银行的关注和推崇。

从目前多年的厅堂微沙龙活动的作用来看，主要体现在以下三个方面：一是有效缓解了银行大堂等待客户的焦躁情绪。网点在客流较大的情况下，客户由于等待时间长，往往会产生焦躁情绪，进而产生更多的抱怨。如果引发更多客户的不满，则会使网点秩序的管理的陷于被动。关注营业大厅里面客户情绪是大堂经理的重要职责，在网点里面客户流量达到一定规模左右的时候，可以通过组织微沙龙活动来集中引导客户的注意力，有效缓解银行大堂客户的焦躁情绪。二是识别潜力客户，促进产品营销。银行大堂经理组织微沙龙活动可以在不影响业务办理的前提下，通过关怀沟通提升客户满意度，同时还是营销宣传提升网点产能的突破口。在客户等待的过程中，可以通过派发宣传折页，简单产品介绍等集中宣导的方式，向客户讲解目前银行热销的产品，并进行及时的跟进工作，在跟进过程中，可有效挖掘厅堂的潜力客户，促进网点业绩的提升。三是提升银行大堂经理自信及营业大厅秩序的管控水准。举办厅堂微沙龙活动，可以有效提升银行大堂经理的演讲能力、表达能力以及沟通能力。通过微沙龙活动的组织及推行，可以帮助银行大堂经理建立自信，提升银行大堂经理的营业厅堂管理效率和工作节奏控制。

目前，各家商业银行的厅堂微沙龙活动的内容不尽相同，组织形式多样，但基本上是围绕着营销宣传主题来做。其主要特征如下：

1. 时间短。多数厅堂微沙龙活动只需 10 分钟左右的时间，就可完成从理念宣导到产品讲解，再到客户信息搜集的流程。主要是考虑到大部分客户来网点的主要经历是办理金融业务，时间过长会产生客户不断离场或者产生对活动内容的厌倦，营销宣传效果反而打了折扣。

2. 内容简单易懂。每次只选择一款产品或者一个主题进行讲解。既可以是理财知识方面的，也可以是产品营销方面的，或者是两者之间的结合。都是客户在短时间内易学易懂的东西，并不需要深奥的知识积淀。

3. 客户覆盖面大。无需提前邀请，整个厅堂的流量客户均可作为本次微沙龙的听众。但在活动过程中，银行大堂经理或者其他员工需要对到号的客户进行及时提示，以免耽误客户正常的金融业务办理。

4. 成本低。除特意准备的抽奖小礼品外，基本不需要其他开支。

5. 举办频次高。无需过长的准备时间，根据营业大厅里面客户数量灵活安排，每周每天可举办多次。

6. 操作难度低。无论是大堂经理、理财经理还是其他银行员工，经过简单学习培训后，即可上场讲授。事前职责分工明确，工作人员相互配合完成整个活动过程，现场工作压力非常小。

厅堂微沙龙活动的内容大都会涉及到理财知识和银行产品营销，基本组织流程如下：

1. 准备工作。准备工作中第一个重点是明确本次厅堂微沙龙活动的主题。如果此次厅堂微沙龙是以产品推介为主题，可通过银行大堂经理平板电脑查看大厅里面等候客户的营销商机中以哪种产品居多，选择共性产品进行讲解。开始前需要问自己几个问题：产品的FAB是什么？适合哪些客户购买？产品最吸引客户的特质是什么？银行大堂经理可以选择当下女性理财、养老问题、品质生活等热点话题作为微沙龙活动的主题。开始前，大堂经理需要问自己这样的问题：大厅里面客户最关心的话题是什么？是否收集了关于这个话题的最新新闻素材？这个话题可以和网点的哪些产品相匹配？如何进行话题和产品之间的自然过渡？准备工作中第二个重点是进行材料准备。对于发放的宣传折页，可以是现有的也可以是根据沙龙主题自制的。宣传折页是大堂经理与客户交流的重要工具，首次主持微沙龙活动的银行大堂经理，通过宣传折页能够很自然的拉近与客户间的距离。而需客户填写后收回的客户反馈卡是为了后期更好地进行客户跟进。每次厅堂微沙龙必须获得一定的效果，如果现场不能达单，微沙龙活动结束之后，大堂经理需要结合客户提供的信息进行客户跟进工作。微沙龙活动开始前，根据现场客户数量打印客户反馈卡，从中了解客户的准确需求，使下次的微沙龙更加贴合客户意愿。

2. 活动进行。厅堂微沙龙活动是个集体项目，银行大堂经理应请理财经理、客户经理或者网点负责人协助开展，以强化营销效果，同时避免受到刚刚进入网点客户的影响而被打断，或者出现不利的突发事件。银行大堂经理在营业大厅入口处做好客户分流工作，并邀请新客户加入微沙龙活动。主讲人应礼貌问候客户："亲爱的各位客户，大家上午好（时段性或节日性问好），欢迎光临我们××银行×支行……"，而后转入身份介绍："我是这里的……，我叫……，这是我的同事……"银行大堂经理应对活动主题说明："今天主要是（如有奖问答，可进行说明）……"

主讲人应选择出适合现在等候客户群体的产品或者服务，如果是年轻群体居多，可以推荐基金定投，如果是老年客户居多，可以推荐大额存单产品。大厅里面客户等候区超过一定人数即可开展微沙龙活动，每天开展不少于两场。若客户过少，可能会出现等待客户到号中途离场，降低营销宣传的效果；若客户超过一定上限，客户焦躁情绪显著，也会降低微沙龙效果。各商业银行网点基本是根据各自到访量特征适度调整等候区客户人数下限。当然如果网点人员允许的话，建议再配置一名人员负责递送折页和礼品，并根据排号结果提醒客户及时办理业务不要过号。

主讲人主持简单问答游戏，如是否第一次到网点办理业务，如是否购买过理财产品，让客户快速进入角色，并通过礼品调动客户的参与热情并吸引其注意力，为后面的产品问答游戏做好情绪铺垫。使用话术有："那接下来呢，我们一起来做个有奖问答小游戏，只要您回答对了我的问题就可以马上获得精美小礼品一份，（展示小礼品）好，大家听清楚了，我的问题非常简单。第一个问题，请问在座的各位，哪位是第一次来到我们网点办理业务的？好，欢迎您来我们网点，希望您以后能经常来，工作人员请送上礼品。大家看，我们的问题是不是很简单。接下来第二个问题，大家准备好，请问在座的各位，哪位曾经买过理财产品的，我行或它行都可以，只要您买过，举手示意下……"主讲人应马上给第一个回答问题的客户以小礼品，将现场客户的注意力迅速聚拢到自己这里。如果客户都举手，主讲人有权限选择一个自己喜欢的客户，并使用话术有："大家参与热情这么高，我都不知道给谁了，要不这样吧，我就随机点一个，好，就这位大哥，没关系，我们后面还有游戏还有礼品。"

而后主讲人加入新的游戏规则，切换到产品问答游戏。通过游戏规则的讲解、折页的发放、客户的阅读，事先准备好的产品相关问题安排客户回答、产品讲解和礼品发放来达到产品趣味宣讲。需要强调的是，产品相关问题要紧扣客户最关注的焦点，如资金的节省、政策的优惠、办理流程的便利性和业务门槛，将产品亮点和客户收益点展示出来，运用话术进行产品展示的建议是："看来大家投资理财意识都非常好，接下来我会把折页发到各位手上，接下来的问题，答案都在折页上，您有一分钟的时间可以仔细阅读，只要您回答正确，还有精美礼品相送。""好，各位！时间过得真快！眼看一分钟时间就到了，接下来我们继续有奖问答的小游戏。第三个问题是：×××。好，恭喜您回答正确（不要马上发礼品），您阅读得非常仔细，答案在折页这里。（讲解折页完后发放礼品）第四个问题是：××…第五个问题是：×××……"

微沙龙活动也要做好结尾。建议主讲人使用的话术有："好，感谢大家对我们活动的热情参与和支持。如果说有客户对我们产品有兴趣，欢迎大家在业务办理中直接询问我们的柜员，当然也可以直接找我或理财经理，我就在这里为大家提供服务。谢谢！"或者"不好意思礼品只有×份，都发完啦，明天我们将继续进行有奖问答小游戏，希望大家能经常来我们网点办业务，我们将定期举办这类有奖问答游戏。感谢大家对我工作的支持！"而后是及时收回客户填写的反馈卡。

3. 注意事项。厅堂微沙龙活动的组织并没有想象的那么难，当然要做好也并不是容易的事，需要在组织的过程中特别留意一些问题。第一是对客户的关怀和服务问题。若理财经理或银行大堂经理在大厅进行讲授时客户出现不耐烦的情绪，银行大堂经理或其他员工要注意及时上前安抚或引导离开。在整场微沙龙的过程中，一定要有一位工作人员负责现场的积极配合，在理财经理或银行大堂经理讲授时，负责适时给客户补齐茶点或茶水。第二是对客户的持续跟进问题。银行大堂经理或许走进一个误区，那就是只忙着提供最好和最专业的服务了，而忘记了最重要的把这些服务怎么转换成自己的销售业绩。沙龙活动有声有色，客户都很开心，但是没有意识趁热打铁，把客户的感觉转化成为业绩，等于是白忙活了。为了让自己付出的努力得到最好的回报，每次举办完沙龙活动，银行大堂经理都要仔细留意那些有购买意向的客户并及时跟进。很多时候，沙龙只是创造机会，让我们有机会跟客户见面，并将理财理念和产品知识传递给客户，但最终的成交，还需要后面的继续跟进。银行大堂经理可根据客户反馈表的信息，进行有目的的电话拨打。在沙龙开始之前，还可以提前告知客户将从客户反馈卡中抽取幸运听众，其后针对有潜在价值的客户进行电话邀约，邀请客户前来网点领取奖品，继续进行深入面谈。第三是让客户觉得有收获。银行大堂经理太过强调销售，会让客户产生银行只在乎是否卖出产品的感觉，而不在乎他们的利益。所带来的后果就是客户来过一两次之后，就再也不来了。为了让客户觉得来参加沙龙活动"很值得"，银行大堂经理需要把宣讲的内容跟客户最关注的问题结合起来，并弱化销售的痕迹。如可以讲最近经济的走势、黄金的走势、基金的走势，或者讲解各年龄阶层的理财规划。在宣讲的时候，要尽量让客户觉得银行大堂经理是在给他提供专业的服务，而不是在销售产品。第四是持续性和频率问题。微沙龙活动以为客户提供最专业服务的形象而出现，所以举办的时候用渗透式的方式影响客户。这种方式不像直接推销那样立竿见影，需要一定时间的沉淀和积累才能发挥最大的作用。对微沙龙活动举办的频率和连贯性要事先计划好，由浅入深，持续加深客户的感知，最终得到客户的信任和接受。

案例 4-21：银行大堂经理对于自己主持的厅堂微沙龙活动是否能够吸引住客户都是非常在意的，而现场的讲演稿的准备尤其重要。下面摘录的是工商银行某网点的银行大堂经理在贵宾客户理财沙龙活动中准备的讲演稿内容：

尊敬的各位来宾、亲爱的朋友们：

大家下午好！欢迎您参加工行××支行举办的贵宾客户理财沙龙。非常荣幸由我来担任本次理财沙龙的司仪，希望通过我的服务给在座的各位嘉宾带来下午的愉悦时光！如果您需要帮助，请示意场内工作人员，他们会为您提供热情周到的服务，感谢您的配合！

每一次相聚都是企盼幸福的盛典，每一次相聚都是放飞希望的瞬间。很高兴在这个美丽的下午与您相约工行××支行，共同品味幸福美丽的人生。

亲爱的朋友们，您现在所在的位置是工商银行××支行"个人贵宾客户理财沙龙"的活动现场，我是主持人×××，首先对您的如约光临表示最衷心的感谢和热烈的欢迎！在此祝各位尊敬的来宾：

高居宝地财兴旺，福照家门富生辉；

芝麻开花节节高，一年更比一年好！

二月的济南，春寒料峭，春风中依然包裹着丝丝寒意。春天是万物复苏的季节，春天是播种希望的季节！在这个美好的季节我们应该做些什么呢？第一，做一个快乐的人。在座的各位都是积极乐观、快乐向上的，大家的脸上都洋溢着快乐、写满了幸福，我们也与大家分享着这份快乐。第二，生活在有品位的社交圈。在平时的生活中，我们都需要和一些有思想、有品位的人做朋友，这样才可以有自己的空间和生活，每天都充实，让自己经常有变化。工行××支行很愿意像今天一样为大家提供这个交流相聚的平台。第三，要管理好我们的财富。在座的各位贵宾都通过自己的智慧与勤劳，积累了一定的财富，但我们每一个人都希望通过财富管理让我们的资产能够越来越多。可有时候，我们却不知道如何设定我们的财富管理目标及计划。理财，看似简单，但却需要理性的分析、智慧的判断，以及选择适合自己的投资渠道和产品。都说"理财的境界是让别人打理财务。"大家可以依托一些机构和产品，达到资产保值增值及其财富安全的目标。工行××支行是您最可信赖的理财顾问和知心朋友！

工商银行秉承"诚信立业、稳健行远"的核心价值观和"客户至上、始终如一"的服务理念，向广大客户提供优质高效的金融服务：其中包含安心得利系列的短期理财产品、基金、黄金、保险、债券、期货、外汇等等，为广大客户提供良好的投资平台和优质的理财产品。面向中高端客户提供财务分析与规划、投资策略建议、投资产品推荐等专业化服务。

本次理财沙龙活动正是工行在××年推出的贵宾客户专享金融服务系列活动之一。有请理财经理××为大家介绍购买理财产品的风险注意事项和工行的××宝实物黄金业务。

感谢××经理的精彩讲解！幸运大传递，快乐我和你！接下来有请我们第一位收获幸运的贵宾将您的幸运传递下去！（抽奖）

为了更好地服务于我行的贵宾客户，工商银行根据贵宾客户对于资产保值增值、合理避债避税、财富安全等理财需求，特别联合××保险公司推出了一款我行个人贵宾客户专属的年金保险产品。今天有请特邀××，为您提供更丰富的理财资讯、为您诠释家庭投资和财税规划的最新理念。

让我们再次用热烈的掌声感谢××老师的精彩讲解。幸运大传递，工行有好礼！接下来

我们又将进行幸运嘉宾大搜索行动，有请幸运传递嘉宾上前抽奖。（抽奖）

通过××经理、××老师的讲解，相信各位嘉宾对工行推出的高端客户专属产品××有了一个更加深入的了解。存入一缕阳光，收获一轮太阳。保险不会是您的投资，但却是我们最必要的投资！过去的我们无法控制，未来的我们无法预知。但明天的幸福生活我们可以掌控。您今天的选择，决定您的未来。相信用您的睿智，您会做出明智的选择。

各位嘉宾朋友，为了感谢您长期以来对工行××支行的关怀和信任，真情回馈广大客户，我们为现场认购××的嘉宾准备了丰厚的礼品。为了给您提供更加贴心周到的服务，接下来我们将为您安排5分钟的交流时间和您的理财顾问做沟通，他们将为您详细讲解在今后的岁月中也将为您提供长期可靠的服务。××老师也可以直接面对面近距离的交流。好，下面进入知心交流时间。

快乐的时光总是很短暂，但工行为您提供的回报和服务却是无止境的，希望今天这种愉快的气氛是一个良好的开始，更希望通过今天的沟通架起我们之间友谊的桥梁，让我们成为您永远的朋友！各位来宾，今天我们相聚在一起，是一种缘分，更是一种情谊，随着时间的推移，我们的友谊将会更加深厚，更加牢固。

将幸运传递进行到底，把幸福和快乐带回家，有请幸运传递使者继续传递幸运！（抽奖）

今天，我们特意为您准备了礼物，请各位嘉宾在离场的时候到签到处领取精美的礼包。感谢各位的光临，我们下次再会。

案例4-22：银行大堂经理对于自己主持的厅堂微沙龙活动是否能够达到满意的营销效果，都需要事前经过精心的活动策划。下面摘录的是招商银行某网点的银行大堂经理在金葵花理财课堂沙龙活动中准备的活动策划方案：

1. 活动时间：201×年8月29日；活动网点：××支行营业大厅贵宾区；活动主题：震荡市场的投资秘诀；主要推动产品：财富精选投连险；目标客户群：30岁~45岁之间有闲置资金但找不到满意的投资产品的客户。

2. 邀约客户：（1）8月23日前由客户经理×××提供列出邀约的客户名单并以网点理财沙龙客户邀约计划表的格式提供。（2）8月23日安排发送邀约短信。招商银行理财服务短信内容：股市震荡，您的资产安全吗？本周日上午本网点特别邀请浙江卫视《理财大赢家》特邀嘉宾钟晓健先生为我们分享《震荡市场的投资秘诀》讲座，阐述股市抗震荡的必胜策略。名额有限，了解详情请致电88334878。招商银行您最好的理财伙伴，理财经理×××。（3）8月24日至25日电话邀约客户。注意事项有：如果觉得话术不够，可再参照联泰提供版本；邀约中可以不必提起产品；产品应该作为《震荡市场的投资秘诀》的解决方案提出来，而不是一开始就分析产品，不要为卖产品而介绍产品，是为了给客户找到一个好的震荡市场的投资秘诀而推出产品。主题内容不能与产品没有挂钩，却也不能挂钩太直接。这一点应该事先跟主讲人沟通一下，包括PPT上没有必要做大幅的关于保险公司的或者产品的广告。（4）8月26日至27日对答应要来的客户发送确认短信。招商银行理财服务活动确认短信：恭喜您获邀参加本周我行举办的金葵花理财课堂，特别发送此短信提醒您，时间是本周日上午十点我行××网点营业大厅贵宾区，本次讲座题目《震荡市场的投资秘诀》。相信对您的理财一定会有很大帮助。期待您的莅临。招商银行您最好的理财伙伴，理财经理×××。

3. 其他准备：签到表制作（有客户姓名让客户对照签名）；给客户阅读的资料（贵宾理财中心服务项目及服务理念/理财沙龙活动介绍/理财观念宣传资料/营销产品说明）；签单资料；主持人与主讲人的沟通配合演练。

4. 现场组织：（1）接待客户要点：招呼邀约的客户经理来引导客户到指定位置坐下；和客户简单寒暄后主要讲为什么要做这次活动？为什么要谈这个主题？介绍主讲嘉宾给客户认识；灌输理财观念为营销产品准备；若是有其他客户来了，强调这里有需要分享的内容与观念在今天沙龙活动中你可以了解一下。（2）活动过程中与客户互动要点：坐在客户旁边，当老师说到一些情况的时候要表示认同；引导客户与老师进行互动响应。（3）理财课程后促成工作要点：找感兴趣与认真听课的客户；简单了解对活动内容的评价；客户离开前先最好填写反馈表（奖品则在客户填好问卷后收回时候再给）；引导意向客户到理财室进行完整的产品说明（时间不超过20分钟为原则）；若未成交则引导客户填写反馈表来留下客户基本信息。（4）交流阶段要点：重复强调主讲人的观点；了解客户对这一些观点的想法；借沙龙的观点引导出产品；产品介绍围绕着沙龙的重点；产品特征介绍尽量不超过四点；最后将产品相关说明数据给客户。研讨会促成的话术流程：您看今天的专家讲得如何？您看，对于今天老师讲的内容，哪一个是您最认同或是感兴趣的？哦？是什么原因您最关心这一点呢？

厅堂微沙龙的"微"字并非代表着有具体的活动时间、人数规模和场所面积的具体"标准"。厅堂微沙龙是利用碎片时间，灵活开展小型理财知识的普及和银行产品营销的最佳活动载体，是集腋成裘、深入服务微量客户的最佳手段。它将原本枯燥无味的等待时间变成了信息分享的黄金时段。在客流高峰时段通过举办金融安全知识、保护民众合法权益、推荐银行热销产品的微型讲座，用大家喜闻乐见的方式，将金融知识和产品推介传递给客户。厅堂微沙龙活动的开展，改善的不仅仅是客户在等候期间的服务体验，同时也将金融知识的普及和金融产品的营销变成了网点每日工作的不可或缺的内容。目前，厅堂微沙龙活动内容涵盖了金融消费者权益保护、远离非法集资、网络安全教育、理财产品销售等多方面内容。活动中穿插着小游戏或有奖问答，客户与工作人员之间有问有答、有来有往、气氛融洽，有互动的热度，有互动的效果。

活动方案设计：按照下列表格中的要求或者提示，设计一款理财产品的营销或者理财知识的普及讲座的文字活动方案。

活动时间	举办时间：网点客流相对集中的时候（早上10点至11点；下午3点至4点） 沙龙活动时间：安排在3~10分钟左右
活动地点	网点大厅客户等候区 客户相对集中的区域
组织人员	主要人员：银行大堂经理；银行理财经理 辅助人员：大堂引导员
活动内容	银行厅堂员工与客户对客户进行一对一深度管理 金融产品营销微沙龙 如"贵金属、信用卡、手机银行" 金融法律法规微沙龙 如宣传预防电信诈骗

续表

活动工具	投影设备及其屏幕；宣传折页；签字笔；礼品记事本；蛋糕店代金券 PPT； 客户反馈意见表
活动流程	自我介绍；感谢等候；内容解读；游戏穿插；活动结束 活动结束后对意向客户进行重点营销

第五部分
银行大堂经理的客户维护

第一课　让客户变成你的忠实粉丝

在以色列的耶路撒冷有一家名叫"芬克斯"的小酒吧，面积不足30平方米，仅有一个柜台和五张桌子，是一位名叫罗斯恰尔斯的犹太人开设的。一天，到访的美国国务卿基辛格路经此处时无意间发现了这家路边的小酒吧。晚上，他突然想到这家酒吧去放松和消遣一下，于是亲自打电话到酒吧，告诉酒吧的老板罗斯恰尔斯，说他本人以及他的十几个随从和保镖要到贵店。而出于安全的考虑，希望贵店能够到时拒绝其他顾客来此消费。一位声名显赫的国家级重要人物会光临一个普通而平凡的小店，是一般的老板求之不得的事情，然而面对基辛格的要求，罗斯恰尔斯却彬彬有礼的怼了回去："您能光临小店，我感到莫大的荣幸。但是要我因此而拒绝其他客人，我做不到；因为他们都是我多年的老熟客，是一直支持本店的人，因为您的来临而把他们拒之门外，我就失去了信誉。"听了老板的这些话，基辛格只得酸溜溜的挂了电话……正是由于"芬克斯"敢于为了维护老顾客的利益和自己的商业信誉而拒绝了美国国务卿基辛格，这家名不见经传的小酒吧被美国的《新闻周刊》评选进入世界最佳酒吧的前15名。"芬克斯"酒吧老板罗斯恰尔斯奉行了一种顾客利益至上，商业信誉至上的经营理念。忠诚的老客户是企业最重要的财富、是企业最独特的资源。只有忠诚与你的老客户，他们才会始终支持你。商业信誉是企业生存的根本，是企业经营的灵魂。要想获得顾客的信任，首先必须诚实守信，用信誉换取顾客的信赖，这是营销和服务行业的一条铁律。

2016年6月20日，FX168财经报社（香港）报道：英国一个消费者团体Which?呼吁储户考虑其他存储方式，以替代银行提供的随时存取的个人储蓄账户（ISA），因供应商经常随意削减利息。该组织表示，此类储户通常是银行最忠实的客户，他们被看似诱人的利率吸引，而实际上这一利率会迅速消失，有些公司提供的回报甚至低于英国央行0.5%的基准利率。Which?连续观察了21个供应商近6年来所提供超过200款产品的收益率，称在目前0.5%的低利率环境下，客户若只选择一个供应商，则最初的合同利率过期后，他们实际很难享受更多的利率选择机会。资料显示哈利法克斯银行（Halifax）、劳埃德银行（Lloyds）和桑坦德银行（Santander）都曾提供给 ISA 储户暂时的较高利率以吸引客户，而这一利率之后就会回落至 0.25%。Which? 表示国民西敏寺银行（NatWest Group）最恶劣，曾在 6 年内对两类账户减息 8 次。它就此给出一个案例：如果储户 2010 年在国民西敏寺银行的网络 ISA 账户存入其所允许的最大数额，当年将受益 2% 利率水平得到利息 204 英镑。但 6 年后，利率将降至 0.25%，利息收益仅为 25.5 英镑。Which? 提议："不愿更换银行的储户应该考虑在更为可信而不会轻易减息的银行存钱。"

客户忠诚就是客户对特定的银行或其某种产品或者服务产生较深厚的情感，长期惠顾这家银行，而对竞争银行及其产品或者服务的营销活动具有免疫能力。商业银行客户忠诚的价值主要体现在以下几个方面：

1. 客户忠诚可以促进银行收入和利润的增长。数据显示：多次光顾的客户比初次登门的客户可为企业多带来 20%~85% 的利润，在包括银行在内的多个行业的研究也表明：忠诚客户每增长 5%，利润将增加 25%~95%。客户对银行的价值应该以顾客终生价值来计量，顾客忠诚于银行的时间越长，为银行带来的收入和利润就越多，而且忠诚的客户尤其是心理忠诚的客户对银行的产品和服务的溢价并不敏感，从而会给银行带来更高的利润空间。

2. 客户忠诚可以降低银行的顾客获得成本和顾客服务成本。数据显示，争取一位新客户的成本是维持一位存量顾客成本的 5~6 倍，商业银行如果善于维系和存量客户的密切关系，在此基础上争取更多新的客源，商业银行的获的客户成本无疑会大大降低；相反，如果商业银行只是片面争取新客户，而忽视了老客户的维系将产生"漏桶"效应，则会得不偿失。银行存量客户对于银行的产品特点和服务流程等已经比较熟悉，而新客户要有一个学习和适应的过程。银行为存量客户提供服务的成本应该是划算的。

3. 客户忠诚有助于银行树立良好的品牌形象。忠诚客户尤其是心理上忠诚的客户对自己所忠诚的银行具有认同和信赖等积极的情感，会积极的向其他客户赞美自己忠诚的银行、宣传银行的特点并推荐选择这家银行，从而产生"口碑效应"。很多研究表明，口碑传播的效果强于广告等其他传播手段，"口碑效应"将有助于银行吸引新客户和提升自身的品牌形象。

4. 客户忠诚有利于银行新产品和新业务的传播。忠诚客户对自己所忠诚银行往往比较信赖，而且对其发展也会投入更多的关注，当银行推出新产品或新业务时，忠诚顾客往往愿意根据自己的需要首先尝试，甚至会向其他顾客进行宣传和推荐，这对银行新产品和新业务的迅速传播大有好处。

影响客户忠诚度高低的因素主要有：转移成本、客户满意度、客户信任度和客户感知价值。

1. 转移成本。转移成本是指当买者从一个供应商向另一个供应商转换时所面临的一次性成本。当客户更换银行而使自身利益受损时，转移成本就产生了。这种成本不仅包括违约成本、谈判成本、重签成本，而且还包括客户在面对一个新的服务提供者所导致的不确定性引起的心理上和时间上的接受成本。转换成本越高，客户对银行的行为忠诚度越高。

2. 客户满意度。顾客满意度是指一个人通过对一个产品的可感知效果与他的期望值相比较后，所形成的愉悦或失望的感觉状态的大小。客户满意度是客户忠诚的重要因素，一般情况下，客户满意与客户忠诚之间存在正相关关系，客户满意度越高，则客户的购买次数和购买量就越多，对商业银行的忠诚度也就越高。

3. 客户信任度。客户信任是指客户认为接受本银行的服务比接受竞争对手银行的服务更安全，更值得信赖。信任主要取决于商业银行的形象以及客户过去接受服务的经历等。如果商业银行有良好的信誉和较大的规模，客户曾经与该银行往来多年而且合作非常愉快的话，信任感自然会产生并随着时间的推移而逐步加强加深。客户逐渐形成的信任感会促使他们对该银行更加满意，更加忠诚。

4. 客户感知价值。客户认知价值是指从客户角度进行的价值判断，它是客户在消费产品或服务过程中对银行网点提供的服务内容及其方式方法、产品主要类型及其回报、信息分享类型及其渠道、服务提供、服务补救和其他要素的一种自我评估过程。客户感知价值是客户忠诚的关键性决定因素，客户认知价值越高，客户对商业银行的忠诚度越强。

众所周知，银行维持客户忠诚度的关键要素之一是能否与客户建立更加密切的联系。然而，客户的态度和需求千差万别，因此意味着这是一项艰巨的工作。基于客户与主要银行联系的接触程度和参与程度，可以将银行客户从低到高分成三个类别：那些和银行联系紧密的客户（高度连接客户）对银行的忠诚度很高。他们经常参与互动，倾向于去银行网点办理业务，而与银行联系最不紧密的客户则表现出了不在乎、不满意的态度。中间的客户则觉得银行可以解决他们基本的金融需求，但可能还在寻找更加个性化、更方便的代替性服务。调查数据显示，大部分客户没有感觉到和银行之间有很深的联系。大概四分之三的客户表示没有感觉到所存款的银行是"值得信任的长期利益合作伙伴"或者"获取分析和建议的专业金融机构资源"。这正是导致大量"交易型关系"和低客户忠诚度的原因之所在。如果客户感觉不到他们和银行之间有紧密的联系，觉得他们的需求没有被满足，就很容易转向竞争对手，从而开设基于利率、促销或使用非传统金融服务的多个账户。

商业银行应该着重基于目前客户与银行的接触程度，来制定满足每个客户需求的具体策略：与银行接触程度较低的客户（低连接客户）的关系最为薄弱，最有可能离开。这类客户让人担忧的是其漠不关心或者是不满意的消极态度。为了解决客户的这种"冷酷"状态，银行网点需要考虑重要的参与策略。商业银行网点要有更舒适、更愉悦的体验感，吸引客户愿意去银行网点办理业务。如何让银行体验更有趣一些呢？许多网点经营者想到了客户参与计划可以包括有趣、互动的银行设计元素，游戏应用程序和数字化渠道，以及在目标导向的进度跟踪中加入互动和有趣的元素。或者，客户对银行持否定态度是否是因为银行使他们产生了负面情绪，或者客户在银行网点受到了冷落？在这种情况下，商业银行网点如何才能将客户体验变得更加积极有效？通过银行网点体验设计、服务设计、银行形象和社会责任感来创造"温馨"的感觉，让客户在银行办理业务过程中感觉很舒服很享受。表达不满的另一个因素是客户与银行之间的接触很少。客户觉得银行网点的工作人员不够友好、帮不上忙或者知识储备不够。事实上，这类客户更喜欢上网查询金融建议或者询问朋友圈及其家人，而非去银行网点找银行的管理者或是工作人员。他们对银行的信任感和满意度比较低，最有可能考虑代替服务或其他金融机构，以便找到更高的利率回报。信任感和满意度需要通过银行网点的精确设计、对客户需求的准确理解、员工技术培训、品牌信息传递来最终解决。与银行具有中等和密切接触程度的客户（高连接客户和中等连接客户）不会对金融机构服务商的客户挽留工作构成太大的威胁，但在这些关系中仍然有值得改善的空间。在中等关系组中，个性化服务的提升空间依然很大。个性化定制产品、便利性，是关注客户个人福利、忠诚度以及储蓄的目标。现在客户和金融机构有密切接触的这些人已经感觉到被理财机构重视。这类客户表现出对社区宣讲以及微沙龙活动、理财讲座、金融知识学习机会感兴趣。有趣的话，这类客户群体去银行网点的次数就会增加。

虽然客户的行为可能看起来过于复杂且难以理解，但银行的持续性密切关注可以帮助客户实现更具针对性的忠诚度计划。目前，商业银行可以提出的提升网点客户忠诚度的具体方案有：

1. 设计忠诚度计划。银行忠诚度计划变得越来越普遍，而且不那么独占。在竞争激烈的银行业环境中，客户可以通过更具吸引力的提案轻松地转向竞争对手，缺乏对银行忠诚度计划的关注可能会导致客户流失。拥有忠诚度计划只是使客户保留成为可能的先决条件。这就是为什么提供普通忠诚度计划的银行在获得平庸的业绩时不应感到惊讶的原因。为了获得更明显的利益，银行需要提供优于传统服务水平的奖励。一些银行已经在这方面取得了进展。

2. 专注于客户需求和偏好。数据显示，61%的客户喜欢通过移动钱包管理忠诚度计划的能力，但只有21%的金融服务提供商提供此功能。个性化产品打造就是用来满足独特的客户偏好。不少商业银行和著名的商业机构联名推出信用卡，适应借记卡的客户的独特购物偏好并量身定制个性化现金奖励，提供从店内到网上的优惠。专注于客户需求和偏好的想法考虑到了客户的喜好和品味，有更多机会吸引客户进行持续的互动，从而提高客户的保留率。

3. 吸引和留住年轻一代。目前，银行要紧的主题是如何与年轻一代建立长期稳定关系，让年轻的客户使用更多的金融产品和服务。年轻一代比其他任何人口群体更有可能转换服务的银行。

4. 使用正确的技术。如果银行希望创建引人注目的忠诚度计划，而且这些计划能够足以打败竞争对手的招数，并且有更高的机会留住客户，那么商业银行就不应忽视那些能够为客户提供有价值见解并引入新客户保留方法的技术工具。实现忠诚度计划的关键手段是充分利用银行CRM系统。它可以帮助银行从容管理本网点客户数据库，不仅根据收入水平或人口统计标准对客户进行细分，还可以根据客户的生活方式和购买行为进行细分。将CRM与先进的分析工具相结合，可以帮助银行首先推出具有个性化目标的智能奖励计划。通过全面了解客户，银行CRM将有助于识别和定位最有利可图的客户，并消除那些无法带来重大价值的计划。增强忠诚度计划的另一种方法是确保忠诚的数字奖励。据专家称，46%的客户希望与家人或朋友共享积分，但目前只有21%的银行提供此功能。银行可以考虑为客户提供使用移动银行应用程序发送和接收奖励积分的技术。客户应该能够欣赏从任何平台（无论是手机，平板电脑还是台式机）查看忠诚度的积分，以及设置自动兑换存款账户，信用额度或兑换商家的礼品。

案例5-1：又到了建设银行业务的旺季，银行柜面一直忙忙碌碌，排队等候的客户比较多，但是秩序依旧井然。正值正午柜员交替吃饭时间，有一个不满的男声突然从等候区冒了出来："怎么这么慢？就你一个人办业务吗？我一个VIP给我一个普通号，看这个样子还要等多久啊？"边说边凑到了正在办理业务的窗口前，意图插队提前办业务，被后面客户制止后只得站在窗口一边。柜员小邹一边耐心向客户解释原因，一边快速为坐在跟前的客户办理业务。客户对小邹不优先为其办理业务的态度极为不满，并大声嚷嚷到："我是贵宾客户,在你们银行做贵宾客户有什么用?还不是一样要等!"站在大厅的银行大堂经理小赵闻声立即赶了过来,根据他的经验判断,应该快速的将这位情绪激动的客户和人群隔离,防止不满情绪在大堂蔓延……小赵把这个客户让到贵宾室后,泡上一杯热茶,耐心地跟客户解释:"由于现在是午饭时间,柜员人手不够,中午吃饭暂时停止了 VIP 窗口。给您带来了不便,真的是不好意思。"客户很不耐烦地说:"那怎么不告知客户呢?我好不容易来办次业务就这样,你们银行怎么这样,我要把钱全部转走再也不来了!"耐心听完客户的抱怨,小赵还是十分诚恳地给客户道歉,安抚客户的不满。在温馨友好的氛围,客户开始慢慢情绪稳定下来了。小赵适时插话询问客户需要办理什么业务,得知客户要取钱存到其他银行,周转资金。听到这儿,小赵立即向客户推荐了本行结算通手机银行,将其免手续费和方便快捷等优点进行了详细说明。客户听后很高兴:"我是个生意人,如果真有你说的那么好,我愿意现在办理。"小赵带着脾气已经平和下来的客户去智慧柜员机办理了卡和手机银行等业务,并指导客户手机银行具体操作流程,成功将款项汇出。离开网点之前,客户带着歉意告诉小赵:"看来还是我的不对,来银行网点太少了,这么多先进产品优惠资讯到现在才享受到!"客户对小赵表示感谢,彼此加了对方微信,并表示下次有空再来网点了解本行的其他理财产品。一来二去,随着与客户的联系越来越多,小赵了解客户的资产情况、理财规划、风险偏好及个人性格特点的相关信息越来越多。小赵发现,自己几次预约这位客户来网点听理财讲座,他都是雷打不动的铁杆粉丝,而且还带着自己的老伴,其购买的理财产品规模也达到了千万元级的水准。小赵感觉到了不少客户加深了客户对本行的认同感,客户开始慢慢地把他行财产转移了过来。"没有难缠的客户,要化被动为主动,要用我们的专业和热忱吸引客户、打动客户。越是难处理的客户,我们越要仔细聆听客户需求,找到客户异议的原因,稳定客户情绪,并用我行优质产品绑定客户,最后才能赢得客户忠诚。"小赵跟大家分享着他的客户忠诚度维护体会。

案例5-2:暑假的某日,紧邻校园的某银行网点来了位教授办理托收票据业务但结果是被退了票。银行大堂经理林慧按照网点工作程序要求电话通知该客户托收业务已经退票并需负担退票费。老教授电话里先是哼呀哎呀好像迷惑不解似的,随后又气愤得敲打着电话听筒开始执着自己的所谓"理由":结算对手是自己女儿的贸易公司,绝对不可能退票的,肯定是银行内部工作流程出了问题。老教授借口天气炎热且工作繁忙,没有时间到银行网点来,更不愿意承担退票费用。当天营业结束后,银行大堂经理林慧和柜员穆春携带着国外银行扣费报文的复印件和对方退票的传真件,到客户家中进行当面解释。还没等林慧和柜员穆春开口,客户就愤愤不平的直言:"退票是银行的原因和责任,跟我没关系"。对于客户激动的情绪,银行大堂经林慧耐心细致的按照银行结算制度规定进行解释,并给老教授提示了国外银行的扣费报文复印件。老教授的态度和其家庭气氛逐渐有所缓和及友善起来。经过银行大堂经理的进一步提示,客户通过微信与远在国外的女儿取得了联系。原来,退票原因是其女儿贸易公司账上留存金额不足,导致托收支票空头被退,完全是自己女儿的工作疏忽所造成的。老教授再三表示深感愧疚,连连说:"对不起!对不起!我误解你们了。"第二天一早,老教授的家人赶到该行补交了退票费,并一再表示今后的票据托收业务依然放在该网点来做。事后一个月,营业大厅里熙熙攘攘的客流中,银行大堂经理又一次看到了熟悉的老教授的身影。原来,老教授的千万元存款都转入了本网点的存款账户,今天是应银行大堂经理之邀来网点进行个人理财专属产品方案的沟通并准备购买银行的理财配套产品。半年后的某日，银行大堂经理下班后仔细准备着即将亲自送到客户手中的请柬，这是本行为了贵宾客户特别安排的周末消夏音乐欣赏之旅，老教授的名字赫然写在了邀请函上面……

　　银行大堂经理的真诚换来客户的真诚。银行大堂经理在服务中难免被客户误解或产生矛盾，但需要的是银行大堂经理的真诚、耐性和沉着冷静，找出事实真相，用真诚感动客户，用道理说服客户。有的客户接受情谊感召，有的客户接受道理解惑；有的客户在营业大厅贵宾室就可完成沟通解释，有的客户则要工作人员亲自到家里当面进行说服。银行大堂经理的专业质素会加深客户的品牌认同。当客户充分感受到员工在化解矛盾时表现出来的专业质素和高度责任感的时候，会加深客户对银行产品及其服务的信赖和品牌价值认同，客户的忠诚或者称作"粘性"并不会轻易受到侵害。要知道，客户决定要离开一家服务多年的银行是需要反复权衡利弊并经历痛苦的思考。

　　阅读思考：阅读下列文章后认真思考一下这个问题："苹果粉丝"为什么至今也没有出现于我们的商业银行？

　　史蒂夫·乔布斯是谁？你手上有一两款苹果的产品吗？如果 iPhone 出了新品，你会提前在店面门口排队去抢购它吗？如果你连一个问题都回答不上来，或者只会说"不"，那么你肯定不是一个苹果粉丝。要知道，2007 年，当 iPhone 在美国开始发售时，当地的苹果粉丝提前三天就开始排队等候了。但很可惜，在中国，这样的苹果粉丝实在是太少了。尽管伴随着 Mac 电脑、iPod 和水货 iPhone 在中国销量的快速增长，已经有那么一批人开始使用、喜爱甚至膜拜、追逐和模仿苹果。但是在大多数国人眼里，这些被称作"果粉"的人群，远远没有国外粉丝的疯狂，他们少了几分冲动，想得更多、更实际。2007 年，他们对苹果，只是一种理性的热爱。

　　"其实，当我在两年前拥有属于自己的第一个 iPod 时，心情远没有 15 年前买索尼 Walkman 时那么兴奋。"时年 35 岁的唐先生说。唐先生与苹果结缘很早。20 世纪 80 年代，他的父亲在某报社工作时，办公室里就有一台硕大的苹果电脑。"那时也没什么人用，一到下班，我们小孩子就跑到办公室里用这台电脑打游戏。"唐先生说，那时候，他便知道有一种长相很独特的电脑叫作"苹果电脑"，用它可以玩其他电脑不能玩的"小蜜蜂"游戏。尽管如此，成年后在 IT 公司工作的唐先生，从没想过给自己买一台苹果电脑。

　　一直以来，"苹果粉丝"似乎与"疯狂""疯癫""一见钟情""铁杆"等字眼画上了等号。无论苹果产品怎样更新换代，即使只是在原有功能上做少许的更新，仍能刺激消费者的购买欲望。有些人甚至只要用过一款，就希望拥有成系列、成套的苹果产品。但在中国却不尽然。中国的苹果粉丝始终是一个很小众的群体，中国一直是苹果的慢热区域。喜欢苹果的有两种人：一种是喜欢玩技术的发烧友或粉丝，每逢新的产品出来，就追随着尝试和研究；另一种是爱好者或使用者，因为工作或生活中接触到苹果，觉得很好用，便一直用下去了。

　　"苹果的确是技术和艺术的结合，如果苹果电脑能够全面取代 PC，我绝对不再碰 PC 了。"用了 12 年苹果电脑的资深设计师东哥，拥有不少苹果的产品，但他始终觉得自己很难成为一名粉丝。他认为，苹果粉丝是发烧的、喜欢钻研的、同时有财力物力去收集产品。"很明显，我没有成为粉丝的能力。"国内比较早一批使用到苹果产品的人是"70 后"的设计师。在很多使用者心里，他们欣赏、喜欢且习惯使用苹果，却不认为自己是粉丝。

　　1992 年，上大学的佟先生在北京一家叫作"亚细亚图文"的设计公司实习，在那里，他第一次见到苹果电脑。"我第一次发现，原来电脑也可以有鼠标的！"回想那个情景，佟先生脸上依然是当时那种"不可思议"的表情。"据说那叫鼠标，真的很形象。"第一个鼠标诞生于1968年，但直到苹果电脑出现后，许多人才认识到有鼠标的电脑是什么样。1983年，苹果公司在推出的Lisa机型中首次使用了鼠标，尽管Lisa机型并未获得很大成功，但毕竟是苹果对计算机发展的又一次革命。"我想，早期的苹果粉丝，都是因为苹果技术的领先和前卫而对它一见钟情，并将这种喜爱深深植入心里。"佟先生一语道出了苹果最吸引粉丝的"关键"是什么？亚细亚图文是一个美国全资的公司，做文案美化或简单的设计。"那时，国内大部分设计公司还没有设计广告的能力，只有三四家能有苹果电脑，而且都采用晒图和照相制版技术。要是谁家有一台苹果电脑，就显得既专业又有面子，这个单子基本没人能抢得了了。"佟先生说。

佟先生的朋友蒋先生，是国内第一批使用iPhone的人。2007年，iPhone刚在美国上市，蒋先生的朋友从美国给他带了一个回来。一打开盒子，蒋先生就呆住了，"这是什么手机？没有键盘，只有一个键，连说明书都没有，只有一张写着'苹果具有体验性'的纸。"蒋先生说，直到后来他才明白iPhone为什么没有说明书，因为它不需要说明，每个人在使用过程中都有不同的体验。由于很多服务在国内没开通，系统也是英文的，蒋先生拿着手机到中关村想破解系统，而很多人却也是第一次看到iPhone的长相。直到两个月之后，蒋先生才看见第一个能刷系统的人。"还挺贵，刷一次要1000元钱。"虽然蒋先生始终不承认自己是果粉。但蒋先生觉得，他要是再年轻10岁，或许会成为苹果的真实粉丝。

如佟先生和蒋先生一样，并非所有使用苹果的人都能成为以及被称为"粉丝"，在使用者和爱好者的心里，苹果只是一个符号而已。而近年来，随着苹果市场份额的突飞猛进，苹果也开始走下圣坛，价格亲民，眷顾市场。但对许多爱好者来说，这个曾经的"American Dream"已经逝去，从此之后，这个符号的意义也变了。

2009年6月19日早晨7点，iPhone 3G S将在美国正式开始发售。在纽约的苹果旗舰店前，早已有几名忠实粉丝在阴雨中排队等候了。为了这款手机，他们打着伞蹲在街边，宁可这样待上整整24个小时，也不愿意在家里通过网上预订。但这种现象似乎很难出现在中国。一直以来，中国的苹果粉丝缺乏用来表达自己、也可以让他们变得如国外粉丝般狂热的途径。当时苹果在美国有217家直营店，在全球有56个国际店，英国22家，日本7家，加拿大14家，意大利2家，澳大利亚5家，北京1家。2008年夏天开业的位于三里屯Village的北京苹果商店，是独立核算的日本市场以外、亚洲的第一个苹果商店。"在旧金山街头的苹果商店，总是人山人海，有免费的开放课程可以听。北京的店却显得有些冷清和缺少人气，让人不愿多待。"中国的苹果粉丝缺少可以感受苹果气氛的场所，自然无法疯狂。在中国，苹果粉丝的聚集区域是网络社区。输入"苹果""Mac""iPhone"等词汇，能搜出过亿的社区、博客、网站。

"电车"是一个摄影爱好者，1983年生人。他对苹果的第一次认知，是在中学的一堂课上。那位教《数据结构》的年轻女老师，平时看起来既柔弱又文静，偶然在课堂上提到了苹果电脑，立刻就像换了一个人一样，兴奋地给同学讲述苹果公司的历史和伟大。这一幕惊到了台下的许多同学，从此，"苹果"这个名字就深深植入了"电车"的心里。"真正认识到苹果是什么，是很久之后的事了。""电车"在几年前，才拥有了第一个苹果产品Classic。两年前，有朋友淘汰给他一台还比较新的苹果电脑，在此之前，他都在自己的PC上装上苹果的操作系统使用着。"电车"另一个贴近苹果的渠道是卖场，他经常跑到中关村，在海龙、鼎好等卖场里转，只要是卖苹果和周边产品的店，他就进去跟店员聊天。到后来，有的店员甚至将他当成苹果公司派来的调研员，跟他说话都很谨慎。

乔布斯从来没来过中国，但苹果在中国的影响力却不断扩大。随着iPhone将通过中国联通与苹果为期3年的协议进入中国大陆销售，会有越来越多的苹果用户和粉丝。很多人都想知道，在中国的苹果社会里，何时引爆真正的"疯狂"？

2009年9月9日，当史蒂夫·乔布斯在秋季发布会上宣布内置摄像头的iPod Nano等几款升级产品时，许多消费者显然感到失望。第二天，苹果股价收盘下挫1.04%。没有颠覆性的、重量级的新品问世，令这个苹果粉丝每年期盼的节日十分平淡。业内人士纷纷预测，苹果的创新到了需要颠覆的时候。创新和颠覆是苹果与众不同的地方，同时，这也使人们对苹果的创新产生了"苛求的期待"。乔布斯开始打造一个针眼项目iPod。一炮打响后，他一点点地将这个针眼扩大，使更多的人往下跳。"社会是由个体组成的，苹果先感动了一批最时尚的个体，这些人引领了一个时代。"而当苹果成了时尚代名词之后，许多人开始有意地抗拒了。就像所有曾经一度成为大众偶像的产品一样，只有稀缺的时候才是经典，此后终会走向没落。设计师因为有苹果风格而趋同，消费者因为有苹果产品而趋同，企业因为苹果创造的奇迹而追随……当所有人都在做苹果风格时，这是一件恐怖的事。

谁来颠覆苹果呢？承担这个重任的，仍旧是苹果自己。2017年，iPhoneX正式发售已接近1个月，作为十周年重磅机型，苹果对这款有着多项重大变革的新机型寄予了厚望。iPhoneX能否承担起这个重任？极光大数据发布《2017年果粉调查报告》，基于iPhone手机用户群体进行精准调研，从现有iPhone用户的换机目标、不同年龄、职业、学历及收入群体对iPhone新机型的看法等多个维度洞察果粉对于iPhone新机型的购买意愿。极光观点：

1. 用户忠诚度惊人！87.8%的iPhone换机用户仍然选择苹果；
2. 43.4%的iPhone计划换机用户准备购买iPhoneX；
3. 7P换机用户最想购买iPhoneX，6P换机用户更多考虑购买iPhone8/8P；
4. 收入越高要求越高，月入一万元以上的iPhone用户中，超过半数认为iPhoneX的水平很一般；
5. 硕士及以上学历iPhone用户最在乎价格。

极光大数据精准调研显示，iPhoneX为iPhone换机用户最为青睐机型。43.4%iPhone计划换机用户准备购买iPhoneX，仅有15.8%选择购买iPhone8Plus，另外有12.2%选择向安卓手机转移。数据统计还显示，7P换机用户购买iPhoneX意愿最强。41.5%的iPhone7Plus计划换机用户准备购买iPhoneX，iPhone6sPlus换机用户意愿同样强烈，40.5%表示将购买iPhoneX。同时，6P换机用户购买iPhone8/8P意愿最强。iPhone6Plus计划换机用户中，18.5%准备购买iPhone8/8P，另外17.4%的iPhone6换机用户称将购买iPhone8/8P。

不知不觉时间又到了2019年9月，各个厂商纷纷推出自己的旗舰机型。9月11日苹果召开了一年一度的发布会，推出了今年的新款iPhone机型，分为iPhone11、iPhone11 Pro和iPhone11 Pro max三款，机型发布当天，就有很多人开始预约，网络上的消息称，iPhone11的新配色暗夜绿还卖断货，最高峰的时候需要加价千元，苹果三次进行补货。有不少网友感叹，苹果的粉丝真好糊弄啊！

今年的iPhone11系列到底怎么样呢？首先我们来说一说这款机型的优势，iPhone11系列全系用上了a13芯片，根据苹果发布会上给出的数据，苹果a13的GPU性能是现在手机中最强的，足以"吊打"骁龙855plus和麒麟980。另外iPhone11用上了后置双摄，iPhone11 Pro和iPhone11 Pro max用上了后置三摄，拍照能力更上一层楼，特别是在暗光的情况下拍照改善比较明显。

苹果手机的忠实粉丝购买了第一部苹果手机后，接下来就会拥有一部又一部的苹果手机。iPhone手机有什么独特的优点？为什么能让人如此沉迷呢？网友归纳提炼的三大原因颇有平凡朴素，但细细揣摩又颇有些耐人寻味。道理谁都明白，但要做到极致可只有乔布斯一人做到了。

1. 体验。iPhone手机的体验感达到了一流水平，因为它的综合素质非常优秀。它自开发的iOS系统和APP非常优质，是目前几乎所有面世的安卓手机远远追赶不上的。在性能方面，苹果A系列和自己的系统搭配完美，让用户体验达到了全新的高度，它采用的异形屏、手势操作等新功能一经发布，就会引起安卓手机的新一轮模仿与借鉴。拍照方面技术方面，iPhone手机更是一直引领着手机行业的发展方向。当然苹果手机除了配置优秀外，它的颜值也相当夺目。苹果手机的体验无机能敌。

2. 品牌。除了体验感，还有很多人是冲着iPhone的品牌知名度去购买使用它。苹果是全球数一数二的科技巨头，而且它在手机领域做出的巨大贡献是到现在为止安卓品牌所达不到的高度。苹果粉丝就是冲着品牌去购买iPhone手机甚至是其台式电脑并或者笔记本，而这并不意味着消费者是崇洋媚外的，而是代表了他们对高品质生活的追求。品牌知名度也是企业重要的竞争要素之一。

3. 售后。苹果手机的售后服务同样出色。凡是亲身体验过苹果售后服务的粉丝几乎都会毫不吝啬的给它的售后评上五星。苹果的售后人员非常专业又友好，有任何问题苹果店里的员工都会以最快的速度和完美的解决方法帮你搞定。因为售后的出色表现，苹果用户对iPhone更加有了信赖感。下一部手机自然还会选择苹果产品，甚至数据线、耳机、充电座及其外壳也必须是苹果原装产品，真是一个完善的销售计划。

（来源：部分内容摘自《计算机世界》2009年第37期作者：王臻　文字有调整）

第二课　面对职业投诉客户

王海是著名的职业打假者、王海热线消费者权益保护项目负责人、北京大海商务顾问有限公司总经理，著有《我是刁民》《王海忠告》《当头棒喝》等颇具影响的维权书籍。2011年9月上旬，王海爆猛料指所购买的耐克篮球鞋品质与宣传不一：不仅价格高出国外500多元，且在国外销售的双气垫到国内变成了单气垫。耐克体育（中国）有限公司回复新闻媒体称，耐克已启动调查流程，正在调查事件的确切情况。王海表示，他在北京西单大悦城耐克专卖店购买了一双NIKE ZOOM HYPERDUNK 2011篮球运动鞋，发现该款篮球鞋在产品质量上与国外有别，在美国销售的同款鞋有两个ZOOM气垫，而在中国销售的却只有一个ZOOM气垫，而耐克对于该款鞋的对外宣传一直都是足跟和前掌双气垫。此外，王海表示，同款产品在国内和国外的售价也差距很大，国内的统一销售价1299元人民币，而耐克美国官网同款产品的售价约合人民币780元左右，比国内低500多元。王海认为耐克此举涉嫌欺诈，他已向北京市工商局西城分局举报，在工商局查处后，会向法院提起诉讼，要求耐克给所有消费者退货和双倍赔偿。9月7日，记者登录耐克中文官网，在该款篮球鞋页面看到了六项介绍，不过没有任何一项内容是针对气垫的说明。王海称，耐克在昨天上午紧急更新了页面，删掉了"足跟和前掌ZOOM AIR为双脚带来柔软、高响应的缓震保护"的描述。"耐克的做法，实际上已经承认了虚假宣传欺诈中国消费者的事实。但很遗憾，耐克没有道歉，也没有召回此鞋告诉消费者可以要求双倍赔偿"王海在谈到自己的看法时，显得非常有底气。2015年，职业打假人王海仍在维权打假一线，并成立了四个职业打假公司。一年里王海的公司买了202万元的假货，但索赔赚了400多万元。2017年，王海买了"六个核桃"，喝了以后认为自己没变聪明，将生产商和代言人陈鲁豫告上法庭，要求其退货并赔偿500元。一审法院以依据不足为由驳回王海诉讼请求。有打假人坦言，风口上猪也能飞，他们的风就是法律，现在风向好像要转。职业打假这条路不好走了。2018年，新浪财经11月21日消息称，王海在微博上发表文章，公开举报美团涉嫌非法经营二次清算。王海在举报信中称，自己在美团手机客户端完成消费后，通过查询网银交易记录以及咨询银行热线，发现商户收款人为"（特约）美团点评"，没有显示收款商户的全称，并且通过银行也查不到全称。此后，他在大众点评网分别使用微信、Apple Pay、美团支付进行了3笔消费，查询银行交易记录发现，三笔交易的收款人也同样都显示为"美团点评"，没有全称。但在办理退款后，微信账单详情显示，该交易的收款人商户全称为"北京三快在线科技有限公司。"王海表示，除去被北京三快在线科技有限公司（下称三快在线）收取的佣金，用户所付款项性质为客户备付金，根据规定，需由持支付业务许可证的第三方支付机构来代收。美团和大众点评网虽然在此前完成了对第三方支付公司钱袋宝的收购，但亦只能通过钱袋宝进行收单业务，作为美团子公司的三快在线，并没有第三方支付业务的运营资质。美团介绍，自提结款项目每隔七天商家才能自提结款。王海则认为，美团通过并无资质的"三快在线"进行收单，涉嫌逃避监管以便于挪用资金或赚取利差。王海表示，美团点评2017年交易额已破3600亿元、日均交易额约10亿元人民币，即便只有7天的账期，也意味着可能被挪用或用于吃利差的资金高达将近70亿元。中国支付清算协会官网显示，目前该举报已经被受理。美团点评回应称，此前已与有关部门按照要求制定合规改进方案，并按计划持续推动方案实施。美团称，公司已经按有关部门要求，与清算组织合作，按计划推动整改方案实施。

在银行，有一条不成文的规矩：只要站在银行的厅堂里，客户永远是对的。再无效的投诉那也是投诉，投诉率在银行网点的考核中所占有的比例又很有分量，有的甚至在年终的考核中实行一票否决制。而不容忽视的现实是，随着客户维权意识的增强和金融知识、法律知识的不断学习提升，职业投诉客户的队伍也在不断增长，而银行的产品或服务并非没有瑕疵存在。职业投诉事件的处理过程非常繁琐，被投诉的银行或者相关工作人员需要面对约谈、沟通、道歉、处罚、整改、补救及其通报。与其说银行对职业投诉有多么的重视，倒不如说银行对投诉是一种畏惧，因为要安抚好一个满带情绪来投诉的客户往往比去营销一个陌生的新客户要困难得多。

各种各样的职业性投诉有不少，总的也不外乎三类：投诉产品问题；投诉服务质量；投诉服务态度。产品或者业务办理过程中出错的投诉，主要是银行推出的产品或者银行大堂经理在协助客户办理业务时出现错误，耽误了客户的时间和精力或者造成了客户的经济损失从而产生投诉。遇到投诉产品瑕疵问题的职业投诉客户，应尽快联系相关的技术部门进行及时改善并在第一时间回复客户意见。应积极承认并诚恳解释产品的技术局限，认真查看产品设计依据的技术标准和法律标准，积极准备应诉材料和客户赔偿金额预估的准备工作。职业投诉客户针对产品进行的投诉针对的是产品，并不是人，不容易滋生新的矛盾和冲突。遇到投诉服务质量和服务态度的就相对难搞定多了，因为职业投诉客户具有非常专业的知识及其投诉经验积累。而银行投诉机制设置，恰恰是为了更好的保障客户的切身利益，让客户获得更好的服务体验，同时也能起到约束银行大堂经理职业道德，树立银行大堂经理职业形象的作用。但银行大堂经理本身是个集万千情感于一身的生物复合体，高度紧张又身负巨大心理压力，被刺激后存在偶然的情绪失控表现自然也在情理之中。而处于策略方面的考虑，职业投诉客户会采取类似找茬、挑错、刁难的做法，去逼迫银行大堂经理在服务的质量或者态度方面出现不应该有的负面反应，从而索取到对自己有力的证据。从目前职业投诉事件统计数据来看，投诉服务质量问题主要集中在两个方面：

1. 银行大堂经理和柜台业务员口径不一致导致客户产生投诉。客户进入网点后最先面对的就是银行大堂经理，而银行大堂经理最主要的作用就是指导客户办理业务，告知客户相关金融业务如何办理，需填写哪些表格、应提供什么样的证件和证明。但问题是客户已经严格按照大堂经理的指导做完先期准备了，但在柜台进行业务办理时，却被柜台业务员指出依然存在错误或问题。此种情况发生后，柜台业务员和银行大堂经理由于岗位分离问题难以有效沟通，只能通过客户传话，极大影响了客户的信任以及业务办理的顺畅度。有投诉习惯的客户容易在这个时候产生取证和依靠投诉渠道最终获得满意答案的想法。

2. 办理业务过程中等待时间过长导致投诉。有些客户来网点只是进行简单的存款取款业务，但是由于银行大堂经理的工作未到位，前一客户业务办理流程复杂，客户等待时间较长而产生投诉。其实，如果网点客户非常多的时候，即使排队等待时间超过半个小时，投诉的客户都寥寥无几；但如果一个客户拿了号后发现前面只有一两位客户时，等待时间超过10分钟后投诉的概率就会大大上升。有些业务手续复杂，需要复印和扫描多种印鉴并需要会计主管授权，其中大部分是不需要与客户进行互动的，客户坐在座位上只是无聊看着，难免产生着急情绪。某些时候，柜台业务员在业务办理的流程上存在技巧问题，容易让职业投诉客户发现办理过程中的"漏洞"而以有意拖延时间为由进行投诉。

需要强调的是，在网络技术通道畅通无阻和自媒体技术非常发达的今天，职业投诉客户往往会利用自媒体平台营造气氛和给投诉的银行施加舆论压力。银行大堂经理在和客户沟通接触过程中对客户可能采取的利用媒体的情形做出准确的预估，和相关事件管理部门相互配合，提前介入媒体说明事件的真相。

案例5-3：2006年11月，因工商银行"通知存款"业务的大月31日不计算利息，北京储户段某发现其个人存款利息一年下来被少算了100余元，于是将工商银行朝阳区支行告上法庭，法院经审理后驳回了段某的诉讼请求。因为根据央行相关规定，商业银行既可按照360天计算年利息，也可按照365天来计算。但法院在审理此案中发现，工商银行制定的储蓄合同条款，特别是涉及计息规则等关系储户利益的条款，未完全尽到对储户的告知及其明示义务，易引发纠纷，遂就此向工商银行发出司法建议，建议其针对储蓄合同的"公开""透明"问题予以规范，并采取在存款凭证上、营业网点张贴公告等储户易于接受的方式，就涉及储户利益的相关交易规则予以明确注释、说明和告知。8月2日，工行对朝阳法院的司法建议做出积极回应，在全面梳理存贷款计结息的合同条款、改进了服务告知制度的同时，并对该行个人活期存款的计息方式做出相应调整。调整后，银行计息不再像以前那样无论大月、小月每月按30天计息的方式，而是按实际天数来计算，即将大月的31日也计入利息计算时间。工行相关负责人指出，之所以做出上述调整，主要是为寻求一个更为精准的计息方式。轰动全国的北京储户状告工商银行少算利息一事，虽然终审败诉，但质疑银行"每月31号不计利息"的行动，依然对当事银行触动很大。工行积极回应法院给出的"应尽到公示义务"司法建议，明确做出"计息不再忽略大月31日"的决定，全面结束延续了41年的"360天全年计息"方式。

案例5-4：客户王某，从事律师工作，职业养成的习惯做事严谨，但在许多人看来颇有些"爱钻牛角尖"。因银行大堂经理的表述让客户有不愉快的服务感受，于是该客户以银行大堂经理遗漏发送费用调整短信多次来电要求其致电道歉并给予积分赔偿。上级行核查网点监控录像，银行大堂经理确实存在表述较生硬的情况，但在处理业务时已告知客户费调结果并让客户留意账单，未承诺会发送短信通知客户。上级行经办投诉部门多次电话方式约谈该客户到网点解决问题并以短信方式确认客户来行时间，但该客户只是一再强调工作时间忙，抽不开身。银行大堂经理和上级行经办部门负责人亲自利用下班时间到该客户居住小区进行等候，晚上近10点钟才看到醉醺醺的客户走进小区大门。银行大堂经理对该客户在服务过程中遇到的不愉快感受表示歉意，并对客户理清整个事件的真实情况，相关负责人感谢客户对银行服务的监督，表示银行会有持续的培训机制去提高服务品质。客户随即表示可以理解银行大堂经理的服务态度问题，并相约第二天上午到上级行进一步进行沟通。但第二天上午和该客户沟通的过程中，其从文件夹中拿出一叠本行关于员工服务规则及其处罚办法的规定文件，提出银行应该处理员工并处罚其经济利益。相关负责人适时提醒客户应理性看问题。经过多次沟通，并在客户看来银行监控录像后，该客户似乎看到了银行相关层面处理该问题的态度和诚意，才最终释怀并放弃所有的要求。

面对职业投诉客户，银行大堂经理会面临着各种各样的挑战。当银行大堂经理遇到客户带有取证性质的相关行为的时候，切记保持平静的心态。千万不要去质问客户为什么投诉你。在银行被投诉，不怕当时跟你怒怼争执的客户，最怕的是和你不发生正面冲突，背后却投诉你或者和你法庭上见的客户。和职业投诉客户接触的过程，其实就是斗智斗勇的过程。既要敢于面对产品和服务中出现的瑕疵，又要采取有力措施消除客户的投诉想法，要有积极主动的媒体合作不要让该事件成为银行的负面样板。任何时候客户都是银行大堂经理的一面镜子，如果银行大堂经理用同样的方式去怒怼那些无理的客户，那么银行大堂经理跟他们又有什么区别呢？银行大堂经理要学会在厅堂里让所有人都看到自己的宽容与大度，看到自己的智慧与涵养。有些职业投诉客户的投诉既是在投诉和批评，也是在建议和教导，这些客户乐于通过这种方式获得一种成就感，还经常以代表广大消费者之名来讨个说法。银行大堂经理要理解职业投诉客户的这种心情，多多表示同情客户。但面对职业投诉客户的诸多建议和要求，银行大堂经理也要让客户明白产品和服务从来都不存在"十全十美"的境界。银行也有丰富的资源应对投诉。

问题诊断：下面是摘录于相关银行员工BBS上面的"经验分享"和"倒霉遭遇"的文字记述。请你用职业的观点或者你的智慧办法点拨一下帖子中的这三位当事人应该怎样做?

1. 我有一个同事非常的有意思。有一次又遇到了常来网点投诉的那名客户怒爆粗口，她一句话也没有说，而是把自己的手机掏出来开始对着客户录视频，骂着骂着，客户不骂了，"你这是录什么？不许录"。我同事很淡定的抬起头说："我只是想录下来回去给我孩子看，让他从小就学会如何的去善待别人，去宽容别人。"而那位客户当时脸都绿了。我说的这个例子并不是想让大家去如法炮制，而是想告诉大家：作为银行大堂经理的我们会遇到形形色色的客户，任何时候我们都要学会冷静的去看待问题，去思考问题，用旁敲侧击的方式去机智的反驳客户的无理。

2. 昨天，一个客户被柜员办理业务的时候惹火了，走到我这里的服务台前态度相当恶劣，不让我说一句话，在营业大厅里面大吵大闹。网点经理来了，先给那该死的老头子赔不是，又是端茶又是递水，谁知那厮是个"人来疯"，越发放肆了，结果领导说要上门道歉。我听了简直没死过去，无论如何我咽不下这口气。如果老老实实道了歉，被罚了款，我会抑郁而死的。今天，领导带着我去登门道歉，那该死的老家伙一副得意扬扬的样子，告诉我明天他会到分行去继续投诉我。我现在已经想好、打算找黑社会解决了。步骤正在筹划中……

3. 曾经看过一个银行大堂经理被投诉的视频，内容是一客户在咨询办理业务时，与银行大堂经理发生了争执，客户情绪很激动，拍着服务台骂着粗口，而那名银行大堂经理也突然做了一个让所有人都意想不到的举动，她把手里的一沓表格狠狠的朝着客户的脸扔了过去。虽然隔着宽宽的柜台，但视频录得很清楚，纸张重重的砸在客户脸上，声音干净响亮，然后零乱的散落在地面上。那一刻，厅堂里所有的人都震住了，大概这名银行大堂经理都没想到自己会那样做，那一刻，扔出去的仿佛不是一叠纸，而是这名银行大堂经理的职业生涯。据说这起投诉事件的最后处理结果是该大堂经理被银行直接辞退了。说实话，我对这名银行大堂经理一时的过激行为感到非常的惋惜。可回过头来想想，这名银行大堂经理并不是刚刚入行的新员工，而是有着丰富柜面经验的老员工，那位客户的话语该有多么的刺耳？才能具备那么强大的杀伤力，能让这名经验丰富的老员工会如此的不冷静，答案我们也不得而知。

第三课　超越客户的期望

3M公司素以勇于创新、产品繁多著称于世，其产品已深入人们的生活，从家庭用品到医疗用品，从运输、建筑到商业、教育和电子、通信等各个领域，极大地改变了人们的生活和工作方式。3M品牌2019年Interbrand全球品牌百强榜排名第64位。3M捕捉新创意的火花，将其转化为成千上万种极富创意的新产品，激发了永无止境的技术洪流，不断提高人们的生活质量。3M是一家永不停止发明创造的创新型企业。2012年，3M相继推出四款创新标识贴膜产品：3M Envision品牌旗下的彩色半透光膜（3730）、匀光膜（3735－50/60 & IJ3730－50/60）、画面包覆贴膜（480Cv3）和画面保护膜（8548）。作为标识行业的领导者，3M 走在标识及贴膜产品的技术前沿，用创新科技不断满足并超越客户需求。彩色半透光膜和匀光膜是全球首款专为 LED 优化设计的标识贴膜，而画面包覆贴膜及画面保护膜则以其卓越性能及环保优势，超越了市面上所有同类的包覆贴膜产品。3MEnvision 彩色半透光膜和匀光膜能够为标牌制造商提供色彩更鲜艳、亮度更均匀的背光标牌。这一技术的诞生，使用户能在减少 LED 光源数量的情况下，实现相同的亮度，从而降低材料和维护成本，同时亦能达到客户期望的外观效果。凭借 3M 的创新科技和产品，用户将获得更大的设计自由，随意打造心目中理想的广告效果。据业内专业人士讲，标识生产越来越注重产品本身的质量及其节能环保属性，3M 一直致力于为用户提供创新的标识解决方案，在保证产品性能一致的情况下，实现卓越的绿色优势。尽管这两款彩色半透光膜和匀光膜产品专为 LED 应用优化而设计，但其也同样适用于荧光灯领域，并能使各种背光标牌实现最佳的表现效果。扩散膜可实现 50% 和 60% 两种光传输水平，以此调节标牌表面的亮度。而彩色半透光膜则可提供多个标准色和自定义颜色，并可作为喷墨打印膜，为标牌制造商带来多样化的设计选择。3M 此次推出的另外两款产品画面包覆贴膜和画面保护膜也为标识领域带来革命性的突破。作为全球首款高性能非聚氯乙烯（非 PVC）标识贴膜，3M Envision 画面包覆贴膜和画面保护膜不仅结合了先进的技术和一流的产品性能，同时还具有卓越的绿色环保优势，广泛适用于汽车、拖车、厢式卡车、轮船、巴士、摩托车、质感墙面等各类应用。这一产品还可以在极端温度下进行安装，并且对各种复杂形状表面具有高度贴合性。可滑动性、可重贴性、排气性和卓越的印刷效果使 3M 包覆贴膜在市场中脱颖而出。3MEnvision 画面包覆贴膜使用非 PVC 材料，生产中没有添加氯或其他卤素，不含邻苯二甲酸盐，并且在生产过程中使用的溶剂用量降低了 60%，同时使用了部分生物材料。3M Envision 画面包覆贴膜在环保及可持续性上拥有无可比拟的优势。对于用户而言，使用 3M Envision 画面包覆贴膜可使他们在重复利用标识时，获得更高的 LEED 信用等级。LEED 信用等级是指由美国绿色建筑协会建立并推行的《绿色建筑评估体系》，是目前在世界各国的各类建筑环保评估、绿色建筑评估以及建筑可持续性评估标准中被认为是最完善、最有影响力的评估标准。

　　超越客户期望价值的理念同样适用银行。超越客户期望的最终目标就是为了让银行的产品和服务能够最大满足甚至是超越客户的期望。但银行设定的期望目标和客户所要求的期望值之间的应有合理的差距区间。如果期望目标过高，就算运用再多的技巧，恐怕顾客也不会接受，因为客户的期望值对客户自身来说是最重要的。

　　客户就是银行生存与发展的基础，客户期望值管理是每一个银行都必须面对的。但辩证的讲，超越客户期望必须是超越客户合理的期望；或者说，超越客户期望必须是建立在客户合理期望的基础之上。而做好期望值管理的关键是要给客户一个合理的期望值，让银行与客户共同朝着一个方向努力，并通过银行产品和服务的创新，给客户带来超越期望的惊喜。理解并处理好合理期望值和超越期望之间的关系，应该从以下几个方面着手：

　　1. 要利用各种渠道了解目标客户的合理期望。即使是顾客的合理期望，也是多种多样且标准不一的。这些期望中，有些是合理并能迅速满足的，而有些则是合理但在短时间内无法得到满足。银行大堂经理需要利用大堂接触了解顾客的合理期望，并迅速做出反应，能马上满足的，应给予服务，以助其实现；暂时无法满足的，做好解释说明，尽量取得顾客的理解。界定客户期望是否合理，应该以行业标准来确定。对不合理的期望银行大堂经理不能表现出不耐烦，因为"客户永远是对的"，耐心解释和沟通则是必要的工作。但有些时候"蛮不讲理"的客户会抓住这类问题不放,银行大堂经理应表现出积极帮助客户的愿望,给客户已经尽力的感觉,获得客户的同情和认可。

2. 适当降低客户期望值是为了更好超越。当所提供服务无法去满足客户的期望值时,银行大堂经理应该尝试怎样去合理调整客户的期望值。适当降低客户过高的预期,将客户期望控制在一个相对合理的水平,银行大堂经理的营销空间就会更加宽阔一些,可以使客户感知达到或超过期望值的愉悦更大,换取其对银行的忠诚度更加牢固。

3. 提供信息与期望选择。当银行大堂经理感觉现有的产品或者服务不能满足顾客提出的期望时,银行大堂经理应给顾客提供另外的信息与期望选择方案。

4. 银行创造的应该是能够兑现的客户期望。期望过低,难以吸引顾客,期望过高,难以使顾客满意,银行大堂经理必须在两者之间寻求一个平衡点。正如 ISO 认证所描述的那样:说你所做的,做你所说的。做好你所承诺的服务,兑现承诺,满足客户的需要,才能长期维系客户的高满意度和忠诚度。

5. 努力超越顾客的期望值。如果银行的工作仅仅是为了满足顾客期望显然是不够的,必须超越顾客期望才能留住顾客。只有做到"提供的比承诺的更好",才能让客户收获意外之惊喜。银行大堂经理在做好基础服务的前提下,不断深化服务内容、突出服务个性、施展服务亲情,不断进行技术创新非常重要,是增加客户"粘性"、保证其忠诚度的最有效"策略",也是在同行业竞争中最终获胜的"法宝"。

银行仅仅是满足顾客的期望是远远不够的,必须超越客户的期望才能保留住客户。商业银行能够在以下六个方面或者其中的一两个方面超出客户的期望的话,那么客户的忠诚度会显著上升。

1. 产品或者服务价值。在实践中,产品或者服务的价值总是与价格相关。价值的定义应该是:与价格相对应的产品或服务的质量。目前,很多中小商业银行都在试图降低收费来吸引客户,获得客户对价值的认可。但是降费不是唯一有效的方法,并且也不是最稳妥的方法。而更好的方法是如何提高顾客的感知价值。有时顾客需要的仅仅是对自己正在接受的价值某种提示,比如服务环境的外观,设施的舒适程度,产品的形象包装,服务人员的仪容仪表。当然,银行的可信任程度,银行的品牌形象等都是创造更高的感知价值的重要因素。要想超越客户的期望值,你需要制造一种很强的感知价值,在以上这些方面银行可以做的事情还很多。

2. 信息。银行应该通过向客户提供更多或更清晰的有用信息来超出顾客的期望值:联系基金管理公司每周给自己的客户邮寄经过整理的重要财经要闻,每周基金净值变化资料;联系证券公司通过平台的改造能够提供更加全面的上市公司财务报表、主要财务指标、上市公司股票交易价格、同行业绩排队、公司基本情况资料;联系主要外汇交易平台提供外汇交易价格实时动态数据。目前,不少商业银行网点还通过微沙龙、主题讲座、周末专题度假等多种方式向客户提供热销产品信息。

3. 速度。在服务速度方面,银行应该通过员工的办事速率来超出顾客的期望值。对客户的调研数据表明,客户不喜欢等候太长时间才能得到产品或者服务,而提供快捷的服务是超越顾客期望值的最好表现。

4. 个性。银行在个性方面超出顾客的期望值,首先是根据自家银行客户的财产构成特征及其金融消费喜好来专门打造适合于本银行客户群体特征的个性产品或者服务,其次是按照客户个人消费能力、财富数量及其风险偏好来单独规划属于客户私人的专属理财产品或者是专属理财方案。同时，银行提供的个性服务也是吸引客户、增加客户忠诚度的比较聪明的竞争手段；而从另一方面来讲，这也是推行差别服务，特别是吸引特殊消费客户群体的比较有效的办法，自然也是银行最有所作为的方面。

5. 赠品。目前大多数银行都采取积分换赠品或者通过网点活动换赠品的方式向自己的客户回赠或成本价出售客户所需要或喜欢的东西来超出顾客的期望值。银行大堂经理会在客户填写完毕调查表后赠给客户纪念币、在讲座活动中客户回答问题后奖励客户毛绒玩具、在产品推销活动中回赠客户相当的现金折扣比率，等等，都是超越客户期望的例证。不管是低价出卖或者干脆是赠送，两种方法都很有效。其实，选择赠品基本都是那些客户感觉价值较高但对银行来说又是成本很低的东西。

6. 方便。通过使产品或服务比期望更为方便的方式来超出顾客的期望值，是超越顾客最能发挥潜力的方面。客户每天都会面临着许许多多的不便，如果银行能在提供方便方面提出许多好点子来超出客户期望值，就会拥有非常强的竞争优势。客户以前要查银行账户的余额，需要带上存折，在银行的查询打印设备上面才能实现。但是现在，你发现很多商业银行的网站就可以查了，方便了很多。

面对你的客户，商业银行需要采取切实的行动来实现超越客户期望的梦想，让客户感觉到你做得足够专业和完美。

1. 持续报告进度：在产品或者服务购买意向达成之后及正式交款转账之前，或在客户等待款项划拨之际，电话或者网络的方式与客户联系，对客户作进度报告，让客户知道产品或者服务目前的进度，客户会感激银行大堂经理的周到服务，并对你的服务产生深刻且良好的印象。

2. 认真包装产品：银行可以做一份产品或者摘要说明，着重于说明此次客户购买的产品或者服务内容，并强调银行产品的购买需求会随着时间与环境的不同而有所改变，银行产品特别是理财产品还会有风险大小问题。银行今后将会随时提供服务，在未来不断的为客户提供更适合的建议与调整更符合其未来需求的财产结构。

3. 认识竞争对手：银行往往担心客户随时可能将给你的业务转移给竞争对手银行，因此要求你要随时提供最好的服务。我们要从客户那里了解到竞争对手的卓越不同之处，同时也要借鉴他们的错误并告诫自己不犯类似的错误。

4. 认识本行客户：银行大堂经理应尽可能的认识你的客户，不要只与他们建立单纯的买卖与服务的关系；而是以真诚待人的方式去认识他们。假如你以做生意的态度来对待他们，你会损失大量的转介绍机会，更不可能从现有客户中再次取得业绩。

5. 帮助客户认识公司：客户最初与银行开始交易时基于他们当时的需求，在售后服务中，银行大堂经理要开始陆续告诉客户你们公司所有销售的商品，你愈能持续推荐适合他们的商品愈能够好好地服务他们。

6. 成为相关领域专家：优秀的销售人员从来不敢停止学习，他们总是不断地阅读、研究，才能赶得上形势的发展。当银行大堂经理成为行业中的专家，也就成为了权威信息的来源，客户才会尊重你，才会聚集在你的身边找你寻求帮助。假如你针对某一主题每天研究揣摩一小时，在两三年间，你就会成为一位专家。如果你继续每天研读一小时，三五年你就会成为这方面的权威。

7. 持续不断服务客户：银行大堂经理服务的每一位客户，都会有可能给银行带来潜在的客户，所以银行大堂经理必须不断寻找新的机会来服务他们，即使所提供的服务与你销售的产品毫无关联，你也要这么做。借着为客户额外地多做一点事来创造连锁反应——让客户常想到你、依赖你。这是卓越服务的能量，也是想要获得转介绍必备的工作态度；而这样做的结果就是开创出源源不断的转介绍名单。

8. 客户调查走访：银行大堂经理应该经常面对面地询问客户自己做的怎么样？在哪些方面还可以做得更好？其次才是运用电话或者微信方式做好客户回访调查。另外一份是正式的客户意见调查表，也会十分有帮助的，不少客户仍喜欢填文字方式，以打勾的方法来表达自己的意见。要将调查问卷视为银行大堂经理最好的朋友，而且是一位愿意告诉你事件真相的朋友。不管如何，它会帮助你放弃不好的习惯，强化具有生产力的个人特质。

9. 采用加速减速行动。在客户面前银行大堂经理要做令你的形象加速而不是减速的行为，让客户认为你才是最佳人选。加速行动会让客户觉得银行大堂经理干练和高效；减速行动会让客户觉得银行大堂经理优柔寡断。

案例5-5：工行武汉金桥嘉园支行大堂经理戴慧华，是一位具有扎实专业功底、丰富服务经验的员工。在支行会计科及计划财务部都工作过，2010年转岗来到金桥嘉园担任大堂经理。戴师傅每天早上都会检查柜台及填单台签字笔能否正常使用，各类单据是否齐全、充足。检查叫号机及自助设备、电子显示屏是否正常运行，检查宣传海报、展架是否按规定正确摆放，折页品种是否齐全、数量是否充足。营业中，工作积极主动、文明礼貌。当客户进入营业大厅之后，她会主动迎上前，然后热情的询问客户："您好，欢迎光临，请问您办理什么业务？"明白客户的来意之后，将客户引领到叫号机前或是到填单台前填写单据。等客户办完业务后，她会真诚地道一声："欢迎下次光临，再见请慢走。"排队等候时间长，必然会挤走部分优质客户，那就从疏导开始做起，识别并发现优质客户，向这些优质客户推荐办理我行的贵宾卡。对汇款业务客户，则推介办理借记卡，同时开通网上银行、手机银行、电话银行和自助柜员机转账功能，并手把手支教会他们如何使用，让他们有更多的渠道办理汇款业务，不仅减少了柜面压力同时使我行自动取款机也能带来更大的优势；对小额现金汇款业务客户推介使用存取一体机办理存款业务。当遇见挑剔易怒的客户，戴师傅总是耐心的讲解，从容的解决问题。为了消除客户的误解，尽量减少摩擦，戴师傅注意在工作中不断总结，并摸索出了方法，首先就是稳住客户的情绪，根据客户的不同性格、素质，采取不同处理的方式，先稳住客户的情绪；二是静静倾听客户倾诉，平息心中不快；三是及时了解、调查事情原委，弄清事情的前因后果，做到心中有数；四是与客户进行坦诚的沟通、交流，以取得双方的理解和接受；五是面对银行的失误，该道歉就道歉，该办理就办理，对客户的无理要求则"动之以情、晓之以理"拒绝。戴师傅虽然还有两年即将退休，但是她的身上完全没有懈怠的影子。网点实行智能化以来，戴师傅积极主动摸索，一直都是智能终端服务的主力；网点成功向商户营销二维码支付，并引入花店的观赏花和小盆栽来吸引顾客，戴师傅一直坚持向客户推荐融E联、并指导客户扫描支付享受减免活动。戴师傅在服务中真正做到了超越平凡、追求卓越。（时间：2017-03-28 16：18：17 来源：银行界网 作者：谭泉洪 文字有调整）

案例5-6：某周五早晨网点刚刚开门，有位心急如焚的中年男子匆匆走了进来，向银行大堂经理咨询关于购汇的事宜。银行大堂经理微笑问道："您好，请问您需要办理什么业务?"这位先生着急的说:"我要取澳元。"银行大堂经理询问说:"取外币您事先预约了没有?"这位先生回答:"没有预约过,可是我有急用。我的孩子在澳洲留学,但是租的房子遭窃,现在钱没有了,护照等重要的证件也不见了。学校下周一开学就要交学费了,我想取些澳元让亲戚的小孩帮忙带过去解个燃眉之急。"银行大堂经理赶紧帮这位中年男子取了号,并调整到贵宾窗口办理取钞。柜员问这位男子:"您大概要取多少澳元?"中年男子想了想后问道:"最多可以取多少?"柜员回答说:"等额一万美金。"中年男子紧接着问柜员道:"那我今天能取多少?"柜员既没有问库里是否有澳元,也没有问大库管理员,而是直接告诉中年男子说:"今天没有。要不要帮您预约明天取?"中年男子听了以后更着急了:"明天亲戚的小孩就要去澳洲了,坐下午的飞机,现在预约取钞,明天早上我一开门就来,能保证足额拿到澳元吗?"柜员生硬的回答说:"按理应提前两天预约的,你今天预约就明天来取吧。记住,以后取外币提前两天预约噢。"客户答应着离开了银行。第二天一早,中年男子准时来到网点办理购汇业务。负责接待的另一位柜员说:"您不是今天直接取卡里的澳元吗?"中年男子说:"昨天上班的那位柜员说帮我预约了呀,说好了我今天一早来就可以取走的啊!"柜员解释说:"钱我们已经留着了,可是我看了下您的卡里没有澳元的存款啊。"此时,中年男子急忙强调说:"我是用人民币换澳元。"柜员又解释说:"今天是星期六,外汇局有规定,星期六星期日两天只能做美元的购汇、结汇,别的币种需要在周一至周五办理购汇、结汇业务。"这位男子顿时傻了眼,着急地说:"我又不懂外汇局的规定是怎么样的,昨天她也没有和我说今天不可以换,我真的很着急,我的小孩等着付学费!"站在一旁的银行大堂经理此时只能显出一副无可奈何的样子。最终这位先生不但没能成功的办理购汇,还和银行的大堂经理及其办事柜员发生了争执,说银行不讲究诚信,承诺的事情不给办理。当天下午,中年男子带着家属在网点里面大吵起来,取出了他在该银行的所有存款,并告诉在场的围观客户以后不要到该网点办理任何业务。

作为一线的银行大堂经理,客户带着需求来到营业网点,期待着银行大堂经理及其相关银行员工给予专业的解决和卓越的服务待遇。从服务表层看,银行大堂经理需要呈现温馨的微笑、礼貌的询问、认真的办理、专业性的解说。从服务的根本看,银行大堂经理需要熟练的运用存储程序、条件制度、理财方案等专业知识,协助相关工作人员在最快的时间里办理好客户所需业务,获得顾客的满意与信任。当然,在这个期间,成熟的工作经验是达到最快时速最富专业方法解决问题的捷径。通过经验,银行大堂经理可以快速通过客户的经济状况、想法需求,提供专业的指导建议。但客观的讲,业务不熟,服务粗疏,责任心不强,难以超越客户的期望值。特别是客户在提出需要办理专业性很强的业务时,工作人员应该反映出相关业务的基本常识,同时主动提示客户相关的办法,或者打电话去别的网点帮助客户落实解决问题的资源。

银行大堂经理应该记住,以下的不良行为可能会降低超越客户期望值的效果,或者招致客户的忠诚度的极度下降:

没有立即回复客户打来的电话;

在客户面前,轻视你的竞争对手;

让客户一直处在着急等待之中;

未事先约定就登门拜访;

对客户的需求未能立即做出反应;

当事情发展未依自己的期望进行时而对客户显示出抱怨的情绪；

与客户争执；

没有礼貌的感谢客户；

当提供给客户没有兴趣的服务时，还表现出不悦的态度；

未能经常性与客户沟通而且可能已经影响到了客户关系的维系；

未能理解客户所崇尚的事业；

……

☺ **问题诊断**：阅读下面资料后，指出网点银行大堂经理及其相关工作人员在遵循"超越客户期望"的经营理念方面，存在哪些工作细节上面的疏漏？

程先生到某行网点准备办理一笔7天通知存款的销户业务，他已于7天前到该网点做过通知程序。程先生收取钱款及利息清单时，当场表示异议："是不是算错了，怎么利息少一大截呢？"柜员当时肯定的讲："这是系统自动计算产生的，不会错的！"程先生非常纳闷，无奈地走出了银行。10天后，程先生打来电话给银行大堂经理，描述其在上海出差办业务时，把本行的业务回单拿给沪银的柜员看。沪行柜员告诉客户：您在销户前到网点柜台做过通知程序，就应按通知存款的利率计息。从回单看利息是按活期计算，当然少一大截了。接听电话后，银行大堂经理感觉事情严重，马上报告网点经理。网点经理责成会计主管认真核实业务程序和内容，发现柜员办理销户时没有输入通知编号。通知编号是客户前往柜台办理通知时随即产生的，客户销户时输入通知编号电脑就自动按通知利率计算，否则就按活期利率计算。事后，该网点按照规定进行了抹账处理并及时把利息差补给了程先生，并向程先生进行了赔礼道歉。

第四课　要有自己的服务绝活

劳模许振超是"文革"时期的"老三届"，世界一流的技术专家。"绝活"是怎样练成的？许振超的解释很简单：多想，多学，熟能生巧，巧能生精。在青岛湾集装箱码头有限责任公司工作时，许振超一小时能吊运60个标准箱，其创造的"无声响操作"让外国船员瞠目结舌。许振超说，在40米高空的桥吊驾驶室中，要将地面集装箱上，只有十几厘米大的锁孔齐齐对上，是件很难的事。但就这样一个小的环节，既涉及装卸运输的效率，也影响着机械和物品的安全。"无声响操作"中对锁孔的环节，许振超练了两年多。他说，这套"绝活"的关键就在手上。把集装箱吊起、放下时，要控制好吊具速度，吊具起落的力度要柔，又准又稳地把集装箱抓起、放下，这样才能做到不出响声。在那些苦练的日子里，晚上睡觉他的手都在痛。现在，许振超"玩桥吊"游刃有余，他通过控制小车水平运行速度和吊具垂直升降之间的角度，进到了人机合一的境界。他的操作，只需用眼上扫集装箱边角，下瞄船上装箱位置，手握操纵杆变速跟进找垂线，打眼一瞄，定位就有了。工友们都很佩服他。1990年，一台桥吊出了故障，国外专家在青岛港仅干了12天就拿走了4.3万元人民币。而当时公司上百人忙活一天一夜，也不过挣个三四万块钱。能不能自己修桥吊？许振超着魔似的钻研。可碰到控制电路板时，就束手无策了，因为所有的技术难点都在电路板上。他的脑海中一个大胆的设想跳了出来：用桥吊的控制板倒推电路图。桥吊上最神秘的就是电力拖动系统，掌握这个系统必须要有完整的电路图。有了这张图，就等于解剖了桥吊的全身电路神经，再处理起故障就轻松多了。可是外国公司为了保护自己的尖端技术，不提供控制板资料。为了"解剖麻雀"，那段日子，每天下班，他带着借来的备用控制板，一头扎进自己的小屋里反复揣摩。为了分辨细如发丝、若隐若现的线路，他用玻璃板制作了一个简易支架，将电路板放在玻璃上，通过强光使模板上的线路清晰显现出来，然后再一笔一笔地绘制草图。这样，一晚上要连续干几个小时，眼睛累得看不清了，就到冰箱里取出事先准备的毛巾，捂上清凉一会儿。2000多个焊点，已经够麻烦了，它们之间怎样连接，学问更大，一个点前后左右可能有4条连线，每一条连线可能又延伸出两条，两条再变成4条，最多的要连接二三十个点。每个点、每条线，他都要用万用表试了再试。后来，青岛港新桥吊技术升级了，但美国通用电器公司的电力拖动系统使用了带夹层的印刷电路板。为了一根信号线，他苦苦地查了一个多星期，那段时间，他就连在为老岳父陪床时，都一直把模板揣在怀里，苦思冥想。从瑞典的BBC到美国的GE，许振超前后用了整整4年的时间，一共倒推了不同型号的12块电路模板，绘制、标注了厚厚的两本图纸作为桥吊的技术手册，成了桥吊排查故障的得力"助手"，也为寻找价格便宜的替代零部件提供了方便，为企业节省了不小的维修费用。2003年1月，集团领导对他说："打破世界纪录，就用你振超的名字来命名这个港口品牌。"同年4月27日夜，许振超团队在中海阿莱西亚轮上打响了创造新纪录的攻坚战。船上的重箱占60%以上，配载又不均衡。但他想，纪录是人创造的，他们就是要用真枪实弹创出新的世界纪录。晚上20时20分，在320米长的巨轮船边，8台桥吊一字排开。8个集装箱几乎同时带着呼啸声落下船来。船上、船下相互联系、密切配合，大型拖车在码头上穿梭不停，安装在桥吊上的大型钟表指针在一秒一秒地划过，记录着这次不同凡响的作业。到次日凌晨2时47分，在准确计算的时间内，他们以6小时27分钟的高速度，完成了全船3400个标准箱的装卸，创出了每小时单机效率70.3自然箱和单船效率339自然箱的世界纪录。"振超效率"由此诞生。5个月后，他率领团队又把每小时单船339自然箱的纪录提高到了每小时381自然箱，再次刷新了世界纪录。

对于服务企业来讲，"绝活"代表的是一种技术进步，反映着一种先进的经营理念。"绝活"受益者除了创造者本人，更多的是广大消费者。服务行业的"绝活"多了，有助于百姓生活质量的改善。哪个行业中的创造发明多，哪个行业的发展就快；哪个行业"专家""智多星"多，哪个行业就拥有了摧营拔寨的"急先锋"。哪个行业能把职工的聪明才智激发出来，哪个行业肯定会不断实现新的超越。

银行大堂经理要清楚：要想练成绝世武功，自己先要知道自己适合练习的武功。职业人首先要做的是总结提炼自身存在的优点，看看通过自身提炼，自己比别人更加擅长一点的是什么。总结一下，查找适合自己的绝活，可以参考一下方法：从自己的技术长处去进行定位；从自己的技术兴趣出发去定位；从同事对你的技术能力肯定去定位。练就自己的"绝活"需要离开舒适的区域。人天生就是有惰性，喜欢待在自己认为舒适的区域。这就是为什么很多人在自己的工作岗位上待了一辈子，却很少有机会能脱颖而出的原因。同时，很多人总是很享受和盲目崇拜自己目前所掌握的那点"能耐"，从而忽视了其他技能的学习。但是随着时代的发展，目前的"能耐"可能已经跟不上技术和社会的发展了，让你越发的吃力起来。所以，有的时候逼的自己去学习新的知识，苦练新的技术，这个过程必然是很痛苦的、很寂寞的。从自己熟悉的知识领域，跨度到一个陌生的领域去，那是很痛苦的一件经历。需要强调的是，要想练就一项"绝活"，必然投入大量的时间。或许在你看来这会影响到正常的工作和生活，因为人的精力是有限的，在精力分散的情况下，必然会失去一些东西。但是，职业人的生涯就是面临着不停的选择，处处要衡量两个事物间的平衡关系。在短时间内的练习有可能会让你失去自信，这是正常的表现，毕竟在自己不熟悉的领域做不熟悉的事情，换做谁都会有此想法。但只要把基础打牢了，后面也就自然而然的顺手起来，这是一个过程。切勿感觉自己通过一段时间的努力，好像没有得到任何的回报而放弃苦练。而且"绝活"的练就需要大量重复的训练。技能不是一蹴而就的，都是要通过不断的练习、练习、练习之后才获得的。坚持一个星期可以，有的意志力好的坚持一个月，但是坚持两年三年甚至更长的时间就不是常人能达到的，需要有惊人的耐性和观察提炼。

客观的讲，能够身怀绝技、拥有"绝活"本领的银行大堂经理毕竟是"小众群体"和"凤毛麟角"，对于大多数的普通银行大堂经理来讲，符合"四勤"要求，提升其履职能力，不断提升客户满意度，增强营销竞争能力，可能来得更加现实和容易达标一些。其中，"脑勤"的要求是指加强银行大堂经理对新业务、新产品知识的学习，要求银行大堂经理利用休息时间加强学习，提高自身的综合业务素质，熟练掌握产品和服务知识信息、自助服务渠道使用方法以及各项规章制度。同时，认真理解领会产品宣传、引导客户、发展业务的知识和技能，不断提升培养、识别、挖掘优质客户的能力，全面展现大堂经理的良好素质与职业形象。"眼勤"的要求是指客户一进入银行营业大厅，大堂经理首先要准确识别客户身份，做好服务引导；同时，关注柜员办理业务情况，一旦柜台需要帮助，大堂经理要协助柜员做好客户的工作。"嘴勤"是指银行大堂经理要积极主动向客户推介、营销产品，对中高端客户重点讲解各项新业务，推荐新产品，对小额取款及转账、查询客户分流引导至自助区办理业务。与客户多沟通，经常了解客户需求，及时反馈有关信息。同时，寻找每一位客户与其他客户不同的细节，尽量为每一位客户提供差别化的服务，及时处理客户意见，提高客户满意度。"腿勤"是指银行大堂经理要做好大厅秩序的维护工作，根据柜面客户排队及其等候情况，及时对客户进行分流及其引导，减少客户等候业务办理时间。指导客户习惯使用智能设备办理业务，加强对自助设备进行检查，防范犯罪分子乘机窃取客户物品、客户账号及密码，密切关注营业场所动态，切实维护网点客户的资金及人身安全。

案例 5-7： 尽管才 30 岁，但王辉俨然是静安区支行的一名年轻老骨干。"这个小伙子善于创造不平凡的业绩，他带领支行获得过许多荣誉。"说起王辉，静安区支行的原负责人现在分行行长很是欣赏：娴熟的工作技巧，热情洋溢的精神面貌，可亲可近的服务形象，王辉一直受到行内行外一致好评。从银行大堂经理做到支行经理，八年如一日服务一线。"2012 年我应聘到这家银行后，这八年一直都在一线，我的工作很普通。"王辉说，大学一毕业就从银行网点银行大堂经理做起，到现在的支行经理一职，干的始终是"平凡工作"。话虽这么讲，王辉始终以饱满的热情对待自己的工作，同事、客户都说这个年轻人非常敬业爱岗，有"绝活"。作为支行工作人员的一员，加班加点是常事，一次，为了确保客户当天能够顺利承兑银行承兑汇票，王辉陪同对公柜员直到客户领取完最后一张银票，已经是 23 点了。"银行工作总免不了加班，深夜回家也时有发生，年纪轻轻，加班并没什么。"在做好本职工作的同时,王辉凭借多年来在银行基层一线工作积累下来的丰富经验,尽心尽责的为客户提供高附加值服务。王辉工作网点所在的静安区里面老年人很多,新版人民币流通后对于怎样辨别真伪还不熟悉。王辉带着同事连续两周冒着近40摄氏度的高温,走进10多个社区为老人们详细讲解如何辨别新版人民币真伪的知识。无论酷暑严寒,在王辉看来,只要客户有需求,他就会立即响应客户。静安区支行是业务繁忙的分行营业部,根据工作需要,王辉从2014年开始调整到柜员工作岗位。王辉在每天快节奏高强度的工作时间后,坚持训练点钞这门技能。"点验钞技能的训练过程极其枯燥,但又是一个非常有技术含量需要精雕细琢的技能,既要点得快,又要训练出反假钞的能力,所以我跟前辈们学习。角度、姿势,反复练习了不知多少遍。"据王辉讲,为了参加一年一度的总行技能大比武,他基本是每天下班后取消一切业余活动,每晚独自训练到深夜。日常工作再加上辛勤备战,技能比武结束后,他为此瘦了整整10斤。通过几年的艰苦训练及行内的各项比赛的历练,2014年至今,王辉每年都不缺席总行技能比赛点钞项目个人第一名、团体第一名的荣誉。"最快8分钟点完23把,23把就是23万元。"王辉说,他要把点钞这个拿手好活练到炉火纯青。王辉用其优质的服务感动着客户。"谢谢小王,没想到专程跑来为我们服务。"客户李先生激动地握着王辉的手,诚挚地对他表示谢意。李先生的父亲是网点的老客户,由于老父亲长期卧病不起,意识已经不清楚了,但是他在本行仍有存款。李先生为老人看病要用钱,想从老人账户中取款,但没有办法做密码重置,因而没办法取钱。王辉得知这一情况后,立马赶到医院,为老人及其家属全程进行录音、摄像,最终在保证遵守银行各项制度的前提下,帮助李先生取出了钱。王辉说,做到网点负责人这个职位后,首先要自己以身作则,为客户带来优质服务,在此基础上,他还要带临柜同事及新人开展业务知识和服务技能的培训,提高临柜同事的技能和服务意识。去年,在人民银行反假比赛中,王辉带领行里的应届毕业生参加比赛,凭借赛前精心指导,新员工们夺得了综合团体第三的好成绩,也是行内的历史突破。"虽然才30岁,他已是我们的年轻老骨干了。"静安区支行原负责人讲……

案例5-8:当你走进朝阳路支行营业大厅,迎接您的是大堂经理蔡宇琪灿烂的笑脸和温馨的话语。作为一名银行大堂服务的全面能手,蔡宇琪已经成为了营业网点的金字招牌。为了以饱满的精神面貌和优良的服务形象迎接冬奥会,小蔡很早就进入"备战"状态,学习标准的服务礼仪,力求在服务上好上加好,同时苦练外语和手语特殊技能。她以自己完善的服务表现诠释着对奥运理念的理解。小蔡时刻履行好自己的职责,展现高品质的智慧大堂服务形象。每天早晨小蔡都会提前到网点,检查宣传资料是否摆放整齐,大厅的桌椅是否摆放有序,各类机具使用是否正常运行。她每天精神饱满地接待客户,引导大堂里面排队的客户使用智能设备办理业务,妥善分流客户到综合柜员窗口处理复杂业务,向客户宣传本行的产品,积极解决客户所面临的问题。作为营业网点面对客户的第一张面孔,她每天需要接待各种业务需求的客户,需要用精湛的专业知识和技能服务于客户。小蔡刻苦学习服务技能和产品知识,练就了全面的业务本领。对于客户提出的疑难问题,她都能快速、清晰的给予解答,起到了分担柜员和客户经理压力的作用。冬奥服务对蔡宇琪来说最大的难题就是外语服务。为了更好服务外宾和即将到来的国外运动员,小蔡努力学习英语,结合自己在工作中经常遇到的客户提问和解答对话译成英语,一有时间就反复练习,并经常跑到北京几个著名的"英语角"找外语熟练的同志或外国友人进行对话,想尽办法跨越语言障碍。一天中午,一位外国朋友急匆匆的走进营业大厅,蔡宇琪在简单的交流后得知客户来自美国,到北京景点旅游急需兑换些人民币使用。蔡宇琪马上将客户引导到柜员窗口，安排柜员帮助客户快速办理了相关业务。而后，小蔡为客户送上冰水帮助客户消暑，又亲自将外国友人送上出租车，嘱咐司机将客户送到下榻的酒店。外国朋友隔着车窗紧紧握着蔡宇琪的手连声道谢，蔡宇琪则用熟练的英语回答着客户。为了能在冬残奥期间为残疾运动员提供更加优质的服务，小蔡要求自己先从学习简单的手语开始，目前已经能够流畅的运用哑语为客户提供温馨周到的服务。一日，一位大妈用轮椅推着位老大爷来在网点门前左右为难，蔡宇琪看到后急忙到门口询问，得知老人想给贫困山区的学校捐款，走了附近几家网点门前都有台阶或者障碍物不方便轮椅出入。蔡宇琪组织两位大堂引导员帮助老人将轮椅推进了大厅，而后热情为老人提供汇款路径，帮助老人填写汇款单。得知老人的孩子工作非常忙，几乎没有时间照顾老人，蔡宇琪在征得老人的同意后互留了联系方式，嘱咐老人有什么需要可以直接给她打电话。这之后，小蔡时不时打个电话询问一下老人的生活起居。一个月后，一位年青女士来网点购买了一份10万元的财产保险，她就是老人的孩子，她握着蔡宇琪的双手说："谢谢你对我父亲的关怀和对我工作的支持。"……

"绝活"有大有小、有高有低、类别五花八门。只要是你的服务技能出众，都可以称作"绝活"。练习"绝活"的过程，也是一个不断自我提升的过程，是一个不断形成新的"段位"水平的过程。最低的"绝活"可能被同事认为是"雕虫小技"，而位于塔尖的"绝活"会被同行仰视称作"绝世武功"。银行大堂经理不论"绝技"大小，都是服务客户的本领，都会让你从众多的银行大堂经理中脱颖而出。

学习研讨：下面是一篇关于"机器人"银行大堂经理的报道，请你阅读后谈一谈银行大堂经理怎样面对"机器人"的专业表现而形成自己的"独门绝活"？

2015年9月17日，在北京，交通银行某网点迎来了一位新的银行大堂经理，它就是智能机器人"娇娇"。"娇娇"的个子大概只有成人身高的一半左右，下身是白色的，上身是黑色的，头部就像是一个显示器，整体看起来十分的呆萌。在银行大厅里面的取号机旁，机器人"娇娇"尽职尽责地做好自己的工作。它的"绝活"是记忆力超强，除了对业务十分熟悉外，还能记住曾经交流过的客户，并能主动和客户交流。至于查询业务、帮助客户解决问题、引导客户到柜员窗口……机器人"娇娇"样样都能做到。"您好，我叫'娇娇'……"某位客户在北京交通银行某网点营业大厅里面办理业务时发现，一个身着"白色工作服"、系着标志性丝巾的机器人正在大厅门口向前来办理业务的客户们热情的打着招呼。原来，这个呆萌的"大堂经理"是该网点"重金"聘请的第一名机器人"银行大堂经理"。一位姓张女客户一进入营业大厅，迎面就看见了这名特殊的"银行大堂经理"。张女士好奇的上下打量了"娇娇"一番，随口问了一句："你会做点什么呢？"话音刚落，就听见"娇娇"用标准流利的普通话回答道："交通银行的业务，'娇娇'基本都知道。""我想查询一下我的信用卡业务，该拨打哪个客服电话？我还想办理一张储蓄卡，该如何申请呢？"对于张女士的疑问，"娇娇"眨眨眼睛后随即给予了准确的回答和相应的指引。顺利办理完业务后，张女士对机器人"银行大堂经理"赞不绝口："这小家伙真有两下子，有它在，不仅提升了银行大堂的服务质量，还节省了客户的排队时间哪！"在投放机器人的网点，几乎每一位进入大厅的客户都要与"娇娇"沟通交流一番。通过与"娇娇"的互动，客户们还领略到了"娇娇"除了自身业务过硬外，还有多手哄客户娱乐的"绝活"，如可以根据客户给出的指令唱歌、讲故事，还能配合音乐跳几段简单的舞蹈。工作不忙时，它还能和进入银行大厅的小朋友沟通、玩耍。新年伊始,"娇娇"陆续在交通银行各网点进行投放服务,受到许多客户特别是小朋友的喜爱,逗得客户现场哈哈大笑!完全就像是个小孩子,但工作起来就是很专业的工作人员,智商一点不比银行大堂经理低!"娇娇"目前的主要功能是定位于社交,能够熟练准确地向客户提供工位指引和介绍银行的各类业务工作。"娇娇"上岗以后,为客户带来了更多的乐趣,同时也让银行大厅的服务变得更简单、快捷。据悉,交通银行当前已经在全国多个城市网点投放机器人"娇娇",让其为更多的客户服务。想必未来的机器人或许可以代替银行大堂经理发挥更大的专业作用。

第五课　客户满意度调查

联邦快递(FedEx Corp)隶属于美国联邦快递集团,是一家国际性速递集团。联邦快递为客户提供涵盖运输、电子商务及其商业运作一系列的全面服务,集团旗下超过2.6万名员工和承包商恪守品行道德和职业操守的最高标准,并最大程度满足客户需求,屡次被评为全球最受尊敬和最可信赖的雇主。1973年4月17日联邦快递(FedEx)首次开门营业,它发运了8个包裹,7个是工作人员的试运件。没有想到的是,这成为了一个行业诞生的标志:隔夜速递。尤其令学生们感到兴奋的是,联邦快递的首席执行官是在耶鲁大学撰写其毕业论文中首次勾勒出运营的设想。进入2018财年,联邦快递全年收入从2017财年的603亿美元增加到655亿美元,增幅接近9%。营业利润从54亿美元增至57.3亿美元,净利润从上年32.7亿美元增至41.7亿美元。数据显示,2018年,联邦快递的国际业务收入占比是42%,是国际快递行业绝对的行业"霸主"。联邦快递有两个宏伟目标:每一次交流和交易都要达到百分之百的客户满意;处理每一个包裹都要百分之百的达到要求。早期,联邦快递将客户满意度和服务表现定义为准时送达包裹所占的百分比。而后,通过多年的客户投诉记录分析发现,准时送达只是客户满意中的一个标准,还有其他因素影响和反映着客户的满意度。联邦快递总结出了客户满意度应该包含避免8种服务失败的类型,具体是:送达日期错误;送达日期没错,但时间延误;发运遗漏;包裹丢失;对客户的错误通知;账单及相关资料错误;服务人员表现不佳;包裹损坏。联邦快递坚信,对客户而言,满意的标准不仅仅只是准时送达。另外,联邦快递坚持每天跟踪12个服务质量指标,以从总体上衡量客户的满意度。联邦快递所享有的客户满意度在采用从"完全满意"到"完全不满意"的五分法调查中,最高客户满意度达94%。这使联邦快递成为美国历史上第一个在成立后的最初10年里销售额能够超过10亿美元的公司。

客户满意度,也叫客户满意指数。是对服务性行业的客户满意度调查系统的简称,具体来讲是指客户期望值与客户体验的匹配程度。客户满意度最能体现"顾客至上"的价值理念。银行是企业,银行依存于客户的忠诚,因此应理解客户当前和未来存在和产生的需求,银行需要满足客户要求并争取超越客户期望。国际上普遍推崇的质量管理体系能够帮助企业增进客户满意度。若客户要求产品具有满足其需求和期望的特性,在任何情况下,产品的可接受性则都是由客户最终确定的。但是，客户的需求和期望是随时不断变化的，客户当时满意不等于以后都满意。若客户提出要求才去满足，银行则已经处于被动的位置了，且必然会有被忽略的方面。要获得主动，银行必须通过定期和不定期的客户满意度调查来了解不断变化的客户需求和期望，并持续不断地改进产品和提供产品的过程，真正做到"顾客至上"。

  银行进行客户满意度调查，不只是为了得到一个综合统计指数结果，而是要通过调查活动，发现影响客户满意度的关键因素，以便在提高客户满意度的过程中制定有效的客户满意策略。客户满意度的测量始终要考虑竞争对手的情况，并进行比较，确定银行与其主要竞争对手在满足期望和要求方面成功的程度。这样可以使商业银行做到知己知彼，制定合适的竞争策略。客户满意度调查贯穿银行经营活动的全过程，从设计产品之初就考虑到客户的需求和期望，使其提供的产品或服务得到客户的认可，并能够获得客户的满意。银行在定期的顾客满意度调查中会越来越了解自己的客户，会准确的预测到客户的需求和期望的变化。银行不用花更多的时间和精力去做大规模的市场调研，新产品的研制也会少走甚至不走弯路，在很大程度上减少了银行业务经费的开支，压缩了成本，利用有限的资源最大限度提高银行的经济收益。

  客户满意度的概念最早由美国学者 Cardozo 于 1965 年首次引入营销领域，引起了广大学者的高度重视，随着客户满意思想在金融、营销、质量管理等层面的不断深入与融合发展，对客户满意度也产生了不同角度上的解析。一种观点认为，客户满意度是购买消费行为发生后的感受，是消费经历的事后结果；另一种观点则认为客户满意度是事后对消费行为的评价，其核心组成部分即评价过程。综合上述两种观点，客户满意度应该是指客户对消费前期预期与实际感知之间的价值差异评价。因此，影响客户满意度的因素主要表现在客户的主观需求、对产品服务的感知价值、两者间的差异、产品服务的价格质量等等。对客户主观需求的观察，不仅要看其得到满足的程度，更应判断客户的需求层次以进行针对性的满足。客户对产品服务的感知价值越高，其满意度越高。而期望与实际感知质量差异因人而异，商业银行要做的就是满足于各个客户这种感知差异的最小发展。金融产品与服务质量是满足客户需求的能力表现，其质量越高，客户的感知价值越好，客户越满意。在消费原理上，客户对产品服务价格与质量的衡量存在一定程度上的联结，因此适当提升产品服务价格可能有助于客户满意度的提升。

  商业银行之间的竞争体现在产品及其服务多个方面，产品和服务最终会落实在客户对商业银行的满意和认可方面。如何通过产品和服务改进工作，提升客户满意度，增强银行竞争实力显得至关重要。商业银行的客户满意度研究则是根据银行的短期或长期目标找出有效影响客户满意度的潜在因素，实时改进工作，调整服务，最大程度提高客户满意度与忠诚度，最终实现银行与客户的双赢。

  银行顾客满意度的构建是一个复杂的系统性工程，透过该系统借助多种方式和渠道收集客户的意见，不断实时修正评测指标，及时调整银行的经营环境、产品及其服务，监测调整后的客户满意度，切实提高客户满意度和银行的效益。而在构建银行客户满意度系统之前应结合商业银行的自身情况找出影响客户满意度的影响因素，通过这些因素的分析判断其对客户满意度的影响程度，再依据这些因素来确定具体的观测变量，在模型构建完成后通过观测变量的调整实现模型的优化。商业银行顾客满意的影响因素大体有以下几个方面：

  1. 银行信誉。我国的商业银行以国有控股银行及其股份制银行为主，客户对于银行的选择权很大。国有银行凭借其历史底蕴，国家政策倾斜和大量人才资源，科技研发优势吸引着客户；而股份制银行则凭借其灵活的政策，高水平的服务吸引着客户；我国目前还有大量的地方性中小商业银行则凭借服务地方经济的特点在及其优势占有相关业务的市场份额并不可小觑。银行信誉总体而言就是在民众中的形象，银行的规模、效益、网点方便程度、新科技应用程度都会影响到客户的信誉感受。

2. 金融服务。服务竞争已经是商业银行间竞争的新蓝海，优质的服务更有利于使其与其他银行区别开来、增强卖点，增强客户的活跃度。客户在踏进银行网点时所感受的很多事物都会影响其对该家银行的客户满意度。服务人员的衣着、服务意识、业务素养都会影响客户对银行服务的整体评价。高素质的服务人员在营销过程中会使成功率大大提高。银行要注重员工特别是银行大堂经理的培训，增加客户对服务人员依赖感，促进购买行为的产生，提高客户满意度。服务环境包括银行营业网点的外部和内部环境。银行环境的舒适度会直接影响客户的感受，会让客户觉得该银行是否值得信赖。舒适度与便捷度是改善服务环境，从而提升顾客满意度的重要方法。需要强调的是，互联网技术尤其是移动互联技术的普及和各类移动智能终端的广泛应用，颠覆了商业银行的传统服务渠道。特别是手机银行、智能银行等新兴服务渠道逐渐受到新生代客户的欢迎，传统渠道和新兴渠道的多元融合使得银行服务渠道更加多样，客户的服务满意度会越高。目前，银行业竞争的越来越激烈，银行业基础服务的同质化倾向越来越明显。在大多数情况下，商业银行服务差异的关键在于增值服务的优劣。商业银行的增值服务越多、越能满足客户的需求、越能为客户提供更好的体验，客户的满意度自然也会提升。

3. 产品。在银行业中，产品自身的优势才是最大程度上吸引客户的关键，而低廉的结算及其业务收费，富于特色的金融服务都会帮助商业银行在同业竞争中产生较大的优势。目前，许多地方商业银行发行的借记卡普遍实行跨行及其异地取款转账免收中间业务手续费的做法，而股份制银行利用自身机制灵活的优势，信用卡申请门槛相对低，同时相关商户优惠活动较多；国有商业银行金融服务方面更加全面和规范，服务网点更加广泛都是商业银行获得客户满意度的支撑点。

4. 客户需求。近年来，随着社会发展水平与居民知识水平的普遍提高，尤其是互联网对传统银行产品的冲击，银行客户对产品需求呈多样和个性发展的趋势，工薪阶层的大众用户由于收入有限，其需求主要以资产稳健增值为目标的金融产品为主；面对即将考虑成家的白领阶层，受到生活观念与消费习惯的影响，主要热衷于无抵押信贷类的产品以满足其生活需求与保障生活水平质量；对于高收入客户群，由于手头有多余的资金往往偏爱高风险的投资类的产品。在顾客需求多样条件下，银行需要稳定扩大自己的客户群，占有更大的市场份额，需要"客户至上"的理念来提供其产品的种类及品质。

5. 投诉反馈。客户投诉主要是在客户接受银行提供的产品或服务所达到的实际感受低于其预先的期望值的情况下产生的。而银行采取怎样的积极措施来减少客户产生投诉的因素，会对客户满意度产生直接的作用。投诉渠道不畅、处理效果不佳，响应速度缓慢不利于投诉问题的快速解决和矛盾迅速缓解。客户的投诉无疑是对银行服务不满的潜在宣传，媒体介入后会对银行的声誉产生巨大破坏作用。商业银行要正视客户的批评与投诉，不断提高其服务质量，使银行的客户满意度持久不衰。

6. 客户关怀。对客户的关怀可以看作是银行金融服务的延伸，好的客户服务不仅是在厅堂或电话里解决客户关注的问题，更重要的是能否通过主动与客户定期或者不定期的沟通了解客户的潜在需求，及时调整银行产品和服务，最大程度满足客户需求提升及其服务质量提升的需要，这对于提升银行的口碑同样有着显著的作用。

对客户满意度的调查工作是一个极其精细的工作，需要对调查方案特别是调查指标、调查方式、调查范围进行专业性极强的反复论证。客户满意度调查工作的基本步骤如下：

1. 客户评价信息收集。客户信息的收集是整个评价系统运行的基础，因此客户信息的收集应该存在于整个流程的各个环节。对于客户信息收集应尽可能贴近客户并采取多种方式：一是客户投诉反馈机制的建立，商业银行应在大厅显著位置设置意见箱，有条件的银行应设置投诉窗口，或者通过开通网站及手机移动端的投诉接口，照顾到不同年龄层次、不同用户的投诉反馈渠道及其习惯，及时获取客户投诉类的建议；二是在银行柜员服务窗口设置服务评价器及时收集客户对柜员服务的满意度数据；三是委托专业咨询公司采用专业化的调查手段，针对银行服务不同类型的问题展开有针对性的调研，获得更为专业的客户满意度反馈；四是关注客户流失的主要原因，便于日后采取有效措施优化产品结构和提升服务能力；五是采用陌生客户拜访模式，调查客户真实服务感受。

2. 调查信息的分析检测及整合。客户反馈的数据中主观文字描述性信息一般具有杂乱无序的特征，需要富有经验的专业人员对收集信息采取分析手段过滤掉那些无用的信息，然后将初步得到的文字信息采取分类归纳处理。目前对客户信息的采集基本都是采取客观题与主观题相结合的方式，便于银行工作人员采用定性分析处理无法定量分析的数据，对于可量化的数据则主要采取定量分析方式。目前主要使用应用统计软件中的信度和效度检验、回归分析功能完成，再根据模型利用数据分析软件综合分析得到相关调查数值。

3. 客户满意度因素分析。在综合分析了客户满意度的数据后，对于满意和不满意的数据应结合对应的部门进行具体分析，通过分析这些数据回归到具体的影响因素（观测变量）中，对于那些引起顾客不满意的影响因素应及时调整，同时对那些顾客满意的影响因素仍然需要观察在其修正后其数据的变化幅度。

4. 产品或者服务改进。客户满意度数据分析结果得出后，应由分管工作负责人集结各个具体部门组成工作小组，将改进意见快速有效地落实到具体工作中去。商业银行对客户的意见应结合银行的标准流程加以分析，采取修补措施还是局部流程再造和改进。商业银行的客户满意系统是一个不断循环往复的系统，每次收到的反馈信息都应进入系统并不断得到修改和完善，最大限度提升商业银行的产品和服务水平。

在数据的搜集上，目前大多数商业银行采用客户问卷调查的方式，问卷发放对象是银行的存量客户。一是为了保证问卷调查的全面性、客观性和独立性，要求在客户的调查范围上，既包括一年以内的客户也包括一年以上的客户，既包括贡献度小的普通客户也包括贡献度大的VIP客户，应尽可能涵盖各个年龄段、各种学历水平的客户。二是在调查的过程中做到由客户独立完成，不能含有任何诱导性成份在内，在最大程度上做到调查数据的真实客观。目前大部分商业银行的调查问卷由两部分组成：第一部分是客户的基础信息，包括客户的性别、年龄、学历、成为银行客户的年限、居住地、客户类型；第二部分是满意度及影响因素评价，由客户对银行服务整体满意情况及不同维度的产品及其服务评价信息指标组成。商业银行客户满意度调查基础数据信息采集方案的统计结果表格式如表5-1所示。

表 5-1　商业银行客户满意度调查基础数据信息采集方案的统计结果表

被调查客户结构	明细分类	人数统计（人）	所占比例（%）
客户性别结构	男	543	55.98
	女	427	44.02
客户年龄结构	20 岁以下	124	12.78
	21 岁~30 岁	182	18.76
	31 岁~40 岁	199	20.52
	41 岁~50 岁	214	22.06
	51 岁以上	251	25.88
客户学历结构	初中及以下	197	20.31
	高中	228	23.51
	专科或本科	470	48.45
	研究生以上	75	7.73
客户年限结构	1 年以下	182	18.76
	1~3 年	279	28.76
	3~5 年	252	25.98
	5 年以上	257	26.49
客户类型结构	普通客户	569	58.66
	VIP 客户	401	41.34
合计		970	100.00

案例 5-9：中国工商银行北海市分行 2011 年 11 月 13 日进行的投资理财客户调查问卷的格式及其主要内容如下（格式及其内容有调整）：

尊敬的客户：

您好！为了更好地了解本银行的产品和服务是否满足您的期望，我们开展这次客户调查，本卷旨在关注您的投资理财需求和期望，以便让我们进一步金融投资理财产品、提高理财服务水平，为您提供更贴心的投资理财服务，请完成这份简单的问卷，我们十分感谢来自您的反馈，以提高我们对您的服务，谢谢您的合作。

我们保证为您保密，保证该问卷不作其他用途。

1. 您的个人基本资料

性别：男○ 女○

学历：初中○高中或中专○大专或本科○硕士○博士○

年龄：18~25 周岁○26~35 周岁○36~45 周岁○46~60 周岁○60 周岁以上○

家庭年总收入：5 万元人民币以下○5 万元~10 万元人民币○10 万元~20 万元人民币○20 万元~50 万元人民币○50 万元~100 万元人民币○100 万元人民币以上○

消费习惯：使用储蓄卡支付○使用现金支付○使用信用卡支付○

居住房屋：自有住房○按揭住房○租用住房○

您所属的单位：行政事业单位○社会团体○国有企业○民营企业○公司制企业○其他企

业○

请选择您认为重要的指标：您认为银行的知名度重要○ 您认为银行的产品种类齐全重要○ 您认为银行办理业务手续简便重要○ 您认为银行的营业环境优雅重要○您认为银行服务渠道使用方便重要○ 您认为理财经理值得信任重要○ 您认为理财经理服务热情重要○理财经理的个人修养重要○ 理财经理的专业水平重要○ 理财经理为客户资料保密重要○

2. 您在过去的投资中，认为自己所承担的风险程度为：○很低○较低○一般 ○较高○很高

3. 您选择过的投资工具主要有：○定期储蓄 ○基金 ○股票 ○国债 ○保险 ○外汇 ○其他

4. 您在选择投资工具时主要关注的因素是：○产品的投资风险和收益 ○金融机构成员是否专业 ○该机构的信誉与品牌 ○舆论的推荐

5. 您理财的主要目标是：○合理安排资金 ○提高生活水平 ○资产增值 ○医疗及养老 ○家人教育 ○其他

6. 您希望能够更多了解的投资理财工具是：○储蓄 ○基金 ○股票 ○国债 ○ 保险 ○外汇 ○信托 ○实业投资

7. 您习惯了解更多金融理财信息的主要渠道是：○报纸 ○电视 ○广播○专业讲座○银行客户服务介绍 ○网络

8. 今年以来，您在投资证券或基金的投资回报率是：○-30%甚至更低○-30% ~ 0 ○0~30% ○30%及以上

9. 您满意的理财产品金额起点是：○1万元○2万元○3万元○5万元○10万元○10万元以上

10. 您满意的理财产品投资期限是：○一周 ○月度产品○1年期○2年期○3年期○5年期○5年以上

问卷就进行到这，感谢您的参与和支持！

案例5-10：农业银行2019年顾客满意度调查采取了网上问答的方式，其调查题目的主要内容如下（格式及其内容有调整）：

1. 您最近一次到农业银行网点办理业务的时间在？○最近一周左右○最近一个月左右○最近三个月左右 ○半年左右 ○一年左右 ○非农业银行客户

2. 请问您办理或者接受过下列农业银行哪类产品或者服务？○信用卡○信贷业务○保险产品（代销）○代发业务（代发工资/福利/补贴/养老金等）○贵金属○以上都没有

3. 您收到我行为您代发的工资、福利费、补贴、养老金等全年总金额的大概范围是○5万元以下○5万元（含）~10万元○10万元（含）~50万元○50万元及以上

4. 您收到我行为您代发的工资、福利费、补贴、养老金后留存的比例大概是○10%以下○10%（含）~30%○30%（含）~50%○50%及以上

5. 根据您在农业银行办理业务的感受，对农业银行以下方面进行评价？其中1分代表非常不满意，10分代表非常满意。

总体而言，您对农业银行的整体品牌形象如何评价：○1 ○2 ○3 ○4 ○5 ○6 ○7 ○8 ○9 ○10

总体而言，您对农业银行综合服务质量的满意程度是：○1 ○2 ○3 ○4 ○5 ○6 ○7 ○8

○9○10

请问您对银行网点内部环境如何评价？○1○2○3○4○5○6○7○8○9○10

请问您对农业银行网点内部服务设施如何评价？○1○2○3○4○5○6○7○8○9○10

您对农业银行网点内部人员服务态度与行为如何评价？○1○2○3○4○5○6○7○8○9○10

您对农业银行网点内部人员的服务效率及其专业性如何评价？○1○2○3○4○5○6○7○8○9○10

您对农业银行机具使用的流畅度感觉如何？○1○2○3○4○5○6○7○8○9○10

您对农业银行网点个人客户经理的服务质量（需求响应时间、用语态度、解答问题的专业性、客户关系维护）如何评价？○1○2○3○4○5○6○7○8○9○10

您对农业银行营业网点贵宾服务专区的环境（专区装潢、营业秩序等）如何进行评价？○1○2○3○4○5○6○7○8○9○10

您对农业银行网点贵宾服务的整体印象是：○1○2○3○4○5○6○7○8○9○10

综合以上情况，您对农业银行的整体满意度（形象、感知、产品及其服务）是：○1○2○3○4○5○6○7○8○9○10

6. 您在农业银行总资产的规模是？○10万元（不含）以下○10万元~50万元（不含）○50万元~500万元（不含）○500万元及以上○属于企业客户

7. 您是否愿意推荐别人办理农行业务？○十分愿意○比较愿意○一般○不愿意○很不愿意

8. 除农业银行外，您最经常去的其他商业银行是？○中国银行○工商银行○建设银行○交通银行○邮储银行○农商银行○其他银行○不去其他银行

您怎样评价上题中所选相关银行网点的整体服务○1○2○3○4○5○6○7○8○9○10

您觉得上题中所选相关银行的各项产品及其服务与农业银行对比，处于什么水平？

信用卡服务○比农业银行好○与农业银行持平○比农业银行差○未体验过

信贷服务○比农业银行好○与农业银行持平○比农业银行差○未体验过

保险服务○比农业银行好○与农业银行持平○比农业银行差○未体验过

贵金属服务○比农业银行好○与农业银行持平○比农业银行差○未体验过

贵宾服务○比农业银行好○与农业银行持平○比农业银行差○未体验过

您以为上题中所选该银行产部分品或服务比农业银行差，能具体描述一下差的原因吗？

9. 您愿意把农业银行推荐给您身边的亲朋好友吗？○1○2○3○4○5○6○7○8○9○10

接下来我们将请您回答几条关于您的个人背景的问题，您所回答的数据仅作为数据分析使用且保密，请您放心作答。

1. 请问您的性别是：○男○女

2. 请问您的年龄是：○不满18岁○18~30岁○31~40岁○41~50岁○51~60岁○61~65岁○65岁以上

3. 请问您的受教育程度是：○小学及以下○初中/技校○高中/中专○本科/大专○研究生及以上

4. 请问您的职业是：○公司高层管理人员○公司中层管理者○公司普通员工○公务员/老师/律师/医生○个体户和承包商○农林牧副渔劳动者○自由职业者○离退休人员○在校学

生○其他

5. 请问您的家庭月平均收入（指您和您配偶的工资、奖金、津贴等所有可支配收入，若单身则仅包括本人）在什么范围？○5千元以下○5千元（不含）~1万元○1万元（不含）~2万元○2万元（不含）~3万元○3万元（不含）~5万元○5万元（不含）~10万元○10万元以上

6. 请问您的工作生活区域是？○县城及以下○地级市和县级市○省会城市和直辖市

感谢您的参与，祝您生活愉快！

银行客户满意度的调查题目设计应该遵循问题简短的原则，能够采用同样的方式提供给所有的被调查客户，问题应该采用受访者习惯使用的词汇。在设计调查题目时，可以是就商业银行的目标客户群进行的专题性调查题目，也可以是覆盖所有客户群的商业银行主要经营服务数据调查，还可以是从客户哪里获得其他银行同类产品或者服务的感受信息数据。客户满意度调查应该获得商业银行所想要知道的客户对产品和服务的所有最主要的感受信息，特别是通过客户对其他银行产品或者服务的感受信息的掌握，查找到自己的不足和差距。客户满意度调查应该视作商业银行未来改善服务和积极参与竞争的法宝。

☞**模拟调查**：请你走访一下已经开业半年左右的相关智慧银行网点并进行客户服务相关感知，而后设计一张服务于智慧银行网点的客户满意度调查表，写出基本的数据分析报告。

附录：

中国银行业营业网点大堂经理服务规范

第一章 总 则

第一条 为促进中国银行业营业网点服务水平的提高，根据《中国银行业文明服务公约》《中国银行业文明服务公约实施细则》《中国银行业文明规范服务工作指引》《中国银行业柜面服务规范》，制定本规范。

第二条 本规范旨在推动各会员单位及其辖属网点采取有效措施加强营业网点大堂服务规范化管理，提高大堂服务水平。

第三条 本规范所称大堂经理是指在营业网点大厅内从事客户引导分流、业务指导咨询、秩序维护等职责的工作人员。

第四条 各会员单位及其相关各级管理者须为大堂经理履行职责提供必需的资源。

第五条 本规范适用于中国银行业协会会员单位。

第二章 大堂经理岗位任职要求

第六条 大堂经理基本素质主要包括：
（一）认同客户至上的服务理念，具有较强的服务意识。
（二）正直诚信，客观公正，遵纪守法。
（三）有爱心，有亲和力，具有良好的沟通表达能力。
（四）仪表端庄，形象大方。
（五）有责任心，认真细致，爱岗敬业。
（六）具有一定的现场管理能力、观察能力和应变能力。

第七条 大堂经理技能要求主要包括：
（一）具有与大堂经理岗位相适应的专业资质。
（二）较好地掌握银行业务知识，熟悉本行业务流程和产品功能，并能熟练使用银行电子设备。
（三）普通话标准，有条件的网点尽可能配备具有英语表达能力的服务人员。
（四）具有一定的电脑操作技能。

第三章 大堂经理职业操守要求

第八条 大堂经理职业操守要求主要包括：
（一）具有风险防范意识。
（二）遵守保密纪律，不得私自保留客户资料，或将客户信息带离岗位或泄漏给第三方。
（三）不得进行任何不诚实、欺骗、欺诈等有损银行信誉，误导客户的行为。
（四）不得口头或书面对同业的产品及服务进行不当的表述、评论。
（五）不得为客户办理任何交易业务。

第四章 大堂经理岗位职责

第九条 大堂经理岗位职责主要包括：
（一）根据客户的需求，指引客户到营业厅不同功能区域办理业务。
（二）受理客户咨询，及时解答客户疑问。
（三）指导客户填写单据，指导客户使用自助设备、网上银行。
（四）维持服务秩序，维护环境卫生。
（五）回复客户意见。
（六）处理客户投诉，无法处理的情况下，及时向上级报告。
（七）做好班前准备、班后整理工作。
第十条 网点营业期间，大堂经理应值守工作岗位，履行岗位职责。

第五章 营业前的服务

第十一条 大堂经理自查仪容仪表，并对网点其他员工的仪容仪表是否符合规定提出相关建议。
第十二条 对于已配备叫号系统的网点，应及时开启叫号机，检查设备运行是否正常。
第十三条 对凭证填写台等辅助服务区域进行检查，检查为客户提供的点钞机等辅助服务工具运行状况是否正常。
第十四条 检查宣传资料、相关业务凭证、意见簿等，是否摆放整齐，种类是否齐全、适时，及时更换过时的业务或宣传资料。
第十五条 巡视营业大厅及在行自助服务区的卫生状况，检查营业环境是否整洁美观，确保营业厅客户进出通道畅通。
第十六条 检查利率牌、外汇汇率牌、查询机等设备信息显示是否正常。

第六章 营业中的服务

第十七条 大堂经理与客户交流时，大堂经理须态度良好，言语简洁，语速平稳，努力保持微笑。对熟悉的客户应主动尊称其姓或职务，使客户有亲切感。

第十八条　当了解到客户业务需求后，大堂经理应按照服务礼仪规范，及时引导分流客户到相应功能区域办理业务。

第十九条　大堂经理应注意观察客户的需要，及时帮助有需求的客户。

第二十条　当客户咨询银行产品或服务时，大堂经理可简要进行介绍。当客户有需要时，大堂经理应迅速、礼貌地将客户推荐给有关专职人员接受咨询或办理业务。

第二十一条　大堂经理应加强在叫号机、自助服务区等区域的巡视，及时指导有疑惑的客户正确操作，对客户的不当操作予以及时提醒，帮助客户维护信息安全。

第二十二条　遇到客户投诉，应引导投诉客户到营业厅洽谈室或其他相对封闭区域，予以及时安抚，了解客户投诉原因。对于难以处理的投诉，应及时向上级报告。

处理客户投诉时，大堂经理应注意及时为客户送上茶水，做好相关服务，努力稳定客户情绪。

第二十三条　当营业厅客流量较大，出现严重排队，大堂经理应及时向上级汇报，根据网点统一安排，做好客户疏导。

第二十四条　应注意查阅客户意见簿上的意见和建议，及时回复。

第二十五条　积极维护客户等候秩序，对不遵守排队秩序的客户予以礼貌地提醒。

第二十六条　整理填单台面，及时清理客户废弃的凭条、申请书等单据。

第二十七条　巡视营业大厅卫生状况，及时维护营业环境，保持整洁美观。

第二十八条　大堂经理应注意为老人、孕妇、残障等特殊客户提供周到的服务，如有必要，需引导客户到优先服务窗口办理。

第二十九条　遇到网点服务突发事件，按照中国银行业营业网点服务突发事件应急预案开展处理工作，并及时向上级汇报。

第七章　营业终的服务

第三十条　营业结束时，协助营业大厅内客户及时完成业务办理，做好清场工作。

第三十一条　关闭营业大厅内叫号机、点钞机、显示屏等夜间无需使用的电子设备。

第三十二条　整理环境卫生，及时补充各类单据凭条和宣传资料。

第三十三条　归纳总结客户意见簿和其他途径收集的客户意见，提出相关改进建议，传递反馈给网点有关部门。

第三十四条　整理维护营业厅各项设施设备，确保符合本单位营业厅服务环境管理要求。

第八章　附　　则

第三十五条　各会员单位及其分支机构可在本规范指导下结合实际制定本单位大堂经理服务工作实施细则。

第三十六条　本规范由中国银行业协会自律工作委员会负责解释和修改。

第三十七条　本规范由中国银行业协会自律工作委员会常务委员会审议通过后实施。